D1719213

Martin Senger

12°33´81´´Ost

Voll umweltbewusst ans Meer –
1111km untrainiert durch Deutschland

Impressum

Bibliografische Information der Deutschen Nationalbibliothek:
Die Deutsche Nationalbibliothek verzeichnet diese
Publikation in der Deutschen Nationalbibliografie; detaillierte bibliografische Daten sind im Internet über
http://dnb.dnb.de abrufbar.

Herstellung und Verlag: BoD – Books on Demand,
Norderstedt

ISBN: 978-3-7504-1707-2

EINS

Auf jeder Wanderschaft gibt es diesen einen Punkt oder Moment, an dem die dem Wanderer intrinsisch gegebene Motivation eine gewisse Delle bekommt. Beziehungsweise eher einen Totalschaden. Ich rede jetzt nicht von den üblichen körperlichen Missständen, die zum Weitwanderalltag gehören, wie das Weihwasser ins Becken. Ausgeleierte Knie die jeden Schritt mit mindestens seltsamen wenn nicht überaus bedrohlichen Knarzgeräuschen kommentieren, blutige Blasen an 70% der Zehen, die recht interessante Farbkombinationen in die Socken zaubern und mit jedem Schritt daran erinnern, wie schön es doch ist, einfach nur in Crocs durch den Garten zu schleichen. Nicht von ungesund angeschwollenen oder auch gerne mal komplett aufgeschürften Fersen, die den anatomisch neugierigen Menschen erwarten lassen, dass die Achillessehne eventuell von innen zu sehen sein könnte. Ja schau mal, da issie ja...

Zwei Fußsohlen, die irgendwie völlig deformiert sind und nur noch in der Umgebung der bekannten Wanderschuhe halbwegs zufrieden sind – an barfuß gehen nicht mehr zu denken. Nicht die pickelübersähten Schultern, die sämtliche bereits 30 Jahre zurückliegenden Pubertätsprobleme in den Schatten stellen - gepaart mit Rücken im 5ten Grad. Finger, die auf doppelte Größe angeschwollen sind. Dank an die Fliehkraft der natürlichen Gehbewegung, die mir das restliche Blut, was es nicht in die Socken geschafft hat, in die beiden seitlichen Extremitäten presst. Tennisarm durch immer gleiches monotones Schwingen. Mir tuts meistens und umfangreich überall weh. Aber alles Standard.

Die Frage aufzuwerfen, wie und ob ich die nächsten 2km auch noch schaffe, sind wiederkehrende Gedanken. Mit Fehlfunktionen oder Protestnoten eines degenerativ verweichlichten und damit anfälligen Körpers muss der Durchschnittswanderer ohne Zweifel klarkommen – außer die Tagesetappen unterschreiten regelmäßig die 15km Marke. Aber auch endlose Straßen, die jegliche Aufregung vermissen lassen und die Begeisterung in Mitleidenschaft ziehen können tägliche Realität sein. Das alles gehört zum Fernwanderalltag und ist nicht der besonderen Rede wert. Ich hingegen spreche von der größeren Sinnkrise, die alle oben genannten Probleme schlagartig in den Vordergrund rückt – zu Lasten des unerschütterlichen Frohsinns über das eigene freie Tun, der Freude auf den nächsten Wegabschnitt, der Neugier auf den Ausblick nach der kommenden Kurve, des Interesses an Landschaft, Menschen und Orten. Ich meine diesen einen Moment, der nur mit diesem einzigen treffenden Wort zu beschreiben ist.

Als geneigter Leser und Wanderer hatten Sie das ja sicherlich auch schon.

FUCK!

Irgendwo im Bayerischen.

Ich bin auf dem Frankenweg unterwegs, der mit wunderschöner Wegführung durch oder vielmehr über den fränkischen Alb kurvt. Wiesen, Wälder, Hügel und schroffe Felsen. Stille Orte und perfekte Kulinarik – stand genauso im Internet – gesehen hab ich es ja leider noch nicht. Meine Erfahrung der letzten drei Tage ist Wasser von oben, von vorne und sogar von unten. Manchmal auch von hinten, aber das krieg ich zum Glück nicht so recht mit und es ist in Form von Rückenwind eher eine positive Nebenerscheinung.

Die Wiesengräser hängen über Kilometer in den Weg und warten darauf, dass irgendein Depp vorbeikommt, um ihre kiloschwere Wasserladung in seine Schuhe zu kippen. Der

Depp bin ich, denn sonst ist zu dieser Frühherbstzeit natürlich keiner unterwegs und so sammele ich gefühlte Tonnen an Wasser ein. Goretex hin oder her – nach 2 Stunden geben meine Schuhe ihren Widerstand auf und damit ist Polen offen. Oder auch Holland in Not – angesichts des Wassers trifft es das wohl eher. Ob die Hersteller bewusst dafür gesorgt haben, dass sich der Wasserfest-Effekt in diesem Moment umdreht und das Eingesammelte nicht mehr hinausgelassen wird, weiß ich bis heute nicht. Vielleicht eine normale physikalische Notwendigkeit. Jedenfalls wurde mein angesichts der Situation noch durchaus freundliches Beschwerdemail, das ich zwei Abende vorher ans Marketing von Salomon formuliert hatte, bis heute nicht beantwortet. Ich werde vielleicht doch nochmal etwas freundlicher nachfragen müssen. Vielleicht nehm ich diesmal die Beschimpfungen raus.

Irgendein kluger Mensch flüsterte mir mal mit sanfter Stimme ins Ohr, dass Wandern im Regen gar nicht so schlimm wäre. Erstens ginge das Meiste sowieso vorbei und letztlich wäre auch nur das nass *werden* unangenehm. Das nass *sein* selbst dann gar nicht mehr wild. Jetzt erinnere ich mich auch, das war doch Hauptfeldwebel Schmidt. Grundausbildung vor dem 30km Marsch im Dreckwetter. Eine dieser haltlosen Motivationsrethoriken, die man dem naiven Neuling genau einmal unterjubeln kann. Ich war natürlich schon beim ersten Mal skeptisch.

Nass sein und wandern ist schlichtweg Kacke, moderne Funktionsbekleidung hin oder her. Egal ob Sie die Regenjacke nehmen, Gore- Sympa- oder Sonstwastex oder auch Friesennerz, falls Sie die 5 Kilo dafür nicht scheuen, undicht ist irgendwann jedes Konzept. Ich trage bei diesem Mistwetter einen Poncho, der immerhin den Regen abhält – dafür herrscht darunter grundsätzlich ein feuchtes Mikroklima, was einen dann halt im eigenen Wasser stehen oder gehen lässt. Infra- statt Extrowasser. Oder auch Pest statt Cholera. Der Übergang von Schweiß zu Regen befindet sich irgendwo im oberen Kniebereich, nämlich dort wo auch der größte Poncho sein Ende hat - außer ich gehe gleich im Zelt und riskiere, für ein Gründungsmitglied des Ku-Klux-Klan, Außenstelle Rimsting, gehalten zu werden.

Wobei - bei dem Wetter vermutlich eh wurscht – ohnehin keiner draußen.

Das abperlende Wasser läuft also einen Meter unterhalb der Schultern auf die Oberschenkel. Schön die ganze gesammelte Menge, also eher Regenrinne statt verteilte Dachbewässerung. Wie ich es so schreibe, bin ich schon gar nicht mehr sicher, ob diese Poncho-Sache so schlau war. Ich bin kein Wissenschaftler, aber ich würde mal die These aufstellen, dass die Wassermenge, die man abkriegt oder auffängt, am Ende wohl immer die Gleiche ist. Poncho, Funktionsbekleidung, Regenjacke hin oder her. Völlig egal – das Meiste geht tatsächlich vorbei – auch wenn ich noch eine Weile trotz besserem Wissen auf die angekündigte mentale Entlastung gehofft hatte – es bleibt noch immer genug, um einen Scheißtag zu haben. Also langer Rede: gehen Sie doch mal 25 Kilometer mit 5 Liter Wasser in den Schuhen, durchnässten Hosen und obenrum Dschungelklima durch Franken und melden Sie Sich dann bitte gerne bei mir und erzählen wie's war. Vielleicht besuchen wir auch anschließend gemeinsam den oben genannten Experten und diskutieren mal unsere Erfahrungen mit ihm. Ich bring den Baseballschläger mit.

Und damit nähern wir uns zielstrebig meinem No-Go-Moment und der damit einhergehenden Erkenntnis, dass ich total bescheuert sein muss, hier rumzulaufen.

In meinem Fall also nach drei Tagen Sauwetter in Franken. Ich hatte mich so auf den Weg gefreut, die sanfte Hügellandschaft, die Bergabbrüche, die Wiesen und Dörfer. Durchsetzt von ruhigen und bunten Wäldern. Das milde Klima im Frühherbst, Picknick und Pausen auf Wiesen oder in gemütlichen Weinstuben oder Einkehren. Der Weg bis dahin hatte vieles gehalten, ich interpretierte den

Wetterbericht mit gerade mal 20% Regenwahrscheinlichkeit optimistisch und sprang beschwingt aus dem Hotel.

Als es zu regnen begann.

Drei Tage später stehe ich am Ortsausgang von Klein-Hinterfranken-Kaff, wie oben beschrieben klatschnass und ansatzweise desillusioniert. Ich versuche mit meinen verbliebenen Kenntnissen der Stochastik zu errechnen, mit welcher Wahrscheinlichkeit drei Tage zu je 20% Regenwahrscheinlichkeit zu einem derartigen Dauerregen führen können und nehme mir parallel vor, dem ZDF Wetterstudio unabhängig vom Ergebnis eine Paketbombe zu schicken.

Mit Zurücklegen – also 0.2x0.2x0.2 – somit stapfe ich gerade durch eine unter 1prozent wahrscheinliche Flut. Hätte ich drauf Optionen gekauft, wäre ich jetzt steinreich und könnte mir die Wanderzeiten aussuchen – wenn es noch eines Beweises bedurfte, dass Geld doch glücklich macht, hier wäre er. Mitten in Franken also die Lösung, na sowas. Wer hätte das vermutet.

Meine Füße sind aufgequollen und von Blasen übersäht – die alte Bundeswehr-Regel: aufpieksen und fest abkleben funktioniert durch das Wasserdauerfeuer nicht recht – die Pflaster sind irgendwo bei Kilometer 10 zu den Zehen vorgepaddelt und formen das Fußbett dort jetzt etwas weniger ergonomisch aus. Was letztlich wiederum den Fuß vor ganz neue Herausforderungen stellt. So humple ich eher als ich gehe durch die herbstliche Kälte und wünsche mich irgendwo ans Meer.

Oder Sauna, Sauna wär grad auch gut.

In so einer Situation braucht es eine souveräne Eigenmotivation. Da gibt es keinen, der hinter oder vor einem herläuft und für den jeweils nächsten Schritt sorgt, nein, hier ist Männlichkeit und Selbstbewusstsein gefragt. Ich könnte natürlich abschalten und mich einfach in mein Schicksal ergeben, den Abschnitt hinter mich bringen und der Gewissheit vertrauen, dass jeder noch so lange Regen wieder

Trockenheit zur Folge hat. Um bei der Wahrscheinlichkeits-rechnung zu bleiben – je länger es regnet, desto größer wird ja schließlich die Wahrscheinlichkeit, dass es in Kürze auf-reißt. Aber nachdem mein Weg ja Spaß machen soll und es weniger darum geht, einfach nur Entfernungen hinter mich zu bringen, gelingt mir dieser Eintritt in einen Istjaauch-schonallesegalzustand nicht recht. Es nähert sich stattdes-sen der Unhold. Oder das Unhold, um hier keine Gender-debatte loszutreten. Ich merke es erst nicht, fühle es nicht kommen, aber es ist auf dem Weg in meine Richtung. Ver-mutlich von Hinten, Miststück hinterfotziges. Und plötzlich und völlig unversehens ist es da und steht mir mit Fülle und Macht im Weg. Mitten drauf.

Wenn Sie Kinder haben, kennen Sie deren Reaktion auf das Unhold. Plötzliches Stehenbleiben. Arme verschränktes erbarmungswürdiges Geheule, Fuß Aufstampfen und „ich kann nicht meheheher" Gewinsel. Gefolgt von der Ankün-digung, keinen einzigen Schritt mehr zu gehen. Nun ist diese Theatralik bei Kindern meist durch die Aussicht auf einen Apfelstrudel, eine Portion Pommes oder so was in der Art schnell wieder einzufangen und dann geht's natürlich doch wieder. Bei Erwachsenen ist das Problem – sobald erst einmal eingetreten – etwas schwerwiegender. Birgt es doch die Gefahr des selbstbestimmten Aufgebens in sich – gibt halt keine Eltern mit Pommes, die motivieren. Bei mir wars somit nicht mehr mit Aussicht auf warmes Hotelzimmer o-der Suppe getan, sondern tiefgründiger. Ich war schlicht und ergreifend tiefenfrustriert. Und fertig. Plus Sinnkrise jenseits der Motivation

Nun äußere ich sowas natürlich nicht durch oben be-schriebenes lautstarkes Geheule und Gejammer wie bei meinen Kindern. Hallo? Ich bin schließlich erwachsen. Stattdessen lasse ich mich auf der Stelle in die Wiese sinken, schmeiße den Rucksack von mir und gehe nach einigen Flü-chen in lautloses Weinen über. Mann hat ja Stolz.

5 Minuten später ebbt der Heulkrampf ab und ich bin wieder einiger Gedanken jenseits von Selbstmitleid fähig. Als sachlich und objektiv veranlagte Führungskraft im Urlaub laufen langsam die üblichen Logikketten ab. Was mach ich hier? Wer hat mich auf die Idee gebracht und kann ich es ihm/ihr in die Schuhe schieben? Auch jetzt, 3 Monate später, noch? Sauwetter, Scheißweg, Drecksidee, warum sitz ich eigentlich nicht in Ägypten am Strand, so wie Michaela das vorgeschlagen hatte? Warum hat sie sich nicht durchgesetzt, wenn es ihr doch so wichtig war? Ihre Schuld, ganz eindeutig. Stattdessen dackel ich hier durch die Walachei, mein ausgepumpter Körper schlottert vor Kälte obwohl ich schwitze wie das allgemein bekannte deutsches Haustier (7 Buchstaben), ich bin fix und alle und mir reichts. Und zwar großflächig.

Die letzten Sätze sind keine Gedanken geblieben – ein paar Worte haben Ihren Weg etwas lauter als unter vollkommen beherrschten Menschen üblich in den Waldrand gefunden und echoen hämisch zurück. Wo ich schon dabei bin, schleudere ich gleich noch ein paar etwas weniger sachliche Sätze hinterher. Den Eichhörnchen ist es vermutlich eh Wurscht.

Sodann gelange ich zu der Einsicht, dass Gott entweder schwerhörig ist oder Kritikstöße seiner Schäfchen grundsätzlich ignoriert. Insbesondere wenn sie unterhalb der Gürtellinie angesiedelt sind oder sogar Geschlechtsverkehr innerhalb der Dreifaltigkeit vorschlagen. Ich sitze also nach meinem verbalen Austritt aus der Kirche immer noch im Regen, es ist immer noch richtig kalt und meine Situation hat sich keinen Millimeter verändert. Außer dass der Rucksack jetzt auch triefnass ist, aber was solls schon. Nach 5 weiteren Gedenkminuten und Abwägen aller Alternativen kommt die Einsicht, dass hier Sitzenzubleiben die schlechteste aller möglichen Optionen ist und vermutlich recht schnell in Unterkühlung endet. Und zum Sterben ist es mir inzwischen dann doch wieder zu früh, obwohl ich es eben in meinem Selbstmitleidsloch noch erwogen hatte. Also hilft es nichts…hoch und weiter. Ich komme mühsam auf die Beine …. Stocksteif oder 20 Jahre gealtert. Kann man ohne Frost einfrieren?

Ich wuchte den Rucksack auf seinen Platz, fummle den Poncho wieder drüber, was angesichts der klebrigen Nässe eine nicht zu unterschätzende Übung und Anstrengung ist, aber endlich sitzt alles irgendwie so, wie es soll und ich mache die ersten vorsichtigen Schritte. Wie immer nach einer Pause tut alles noch viel mehr weh als vorher und ich frage mich ernstlich, ob ich überhaupt noch die Wiese in der nächsten Stunde hinter mich bringen können werde. Die ersten 100 Schritte sind die Hölle. Die nächsten 100 sind dagegen - immer noch die Hölle, entgegen der Erfahrung, dass sich der Körper wieder einläuft. Was mich schon wieder wütend macht, warum ich mich überhaupt hingesetzt habe. Sehr gut, Wut ist eine hervorragende Heizung und ein genialer Antreiber. Wut auf sich selbst eine fantastische – wenn auch meist völlig sinnlose – Beschäftigung für den Kopf. Nächstes Mal läuft es doch wieder ähnlich ab.

Es dauert sicherlich 10 Minuten bis ich wieder halbwegs rund gehe. Betonung auf halbwegs. Ich trotte vorsichtig und langsam weiter, was mich wärmt und das Blut wieder in Zirkulation bringt. Der Körper ist ein erstaunliches Instrument von unerwarteter Zähigkeit und Widerstandsfähigkeit. Eben noch fast am Ende, jetzt geht's plötzlich wieder.

Die Heulerei ist versiegt, die Wut legt sich ebenfalls nach einiger Zeit und der klare Menschenverstand hat endlich wieder die Oberhand, was mich statt sinnlos auf Gott loszuschimpfen dazu übergehen lässt, den Wettergott zum Ziel meiner Überlegungen und Vorwürfe zu machen. Wer war das noch? Ich bemühe meine humanistische Schulbildung und denke nach, wer für Regen zuständig ist. Schließlich will ich kein allgemeines Mobbing des göttlichen Apparates betreiben oder undifferenzierte Systemkritik loslassen, sondern konstruktive Verbesserungsvorschläge einbringen und diese dem zuständigen Minister im Kabinett zukommen lassen. Oder zumindest seinem persönlichen Assi.

Zeus fällt mir ein. Das war zwar auch der Chef der Regierung, aber die Blitze hat er immer noch selbst geschleudert. Die wirklich wichtigen Dinge delegiert man einfach nicht.

Ich verwende die nächsten 3 Kilometer damit, einen weiteren Beschwerdebrief – diesmal an Zeus - zu formulieren, in dem ich mein erhebliches Missfallen über die derzeitige Wettersituation ausdrücke. Nicht so, dass das hier alles Scheiße wäre – schließlich ist Wasser wichtig und die Flora freuts ebenso wie die zuständige Abteilung im Landwirtschafts- und Heimatministerium. Aber ich rege an, ob es nicht langsam des Guten etwas zu viel wäre und vielleicht noch etwas des wichtigen Rohstoffes für schlechtere Zeiten im Tank bzw. in der Hinterhand bleiben sollte. Ich verbleibe mit freundlichen Grüßen an den lieben Zeus. Oder lieber den sehr verehrten Herrn Zeus? Hier schwanke ich ein paar hundert Meter, bevor ich mich für das Duzen entscheide. Schließlich sind wir beide Altgriechen. Unterschrift drunter und ab mit der Gedankenmail. Dank LTE wird umgehend der erfolgreiche Versand bestätigt, blaue LED blinkt in meinem Kopf. Ich fühle die Vibration. Ach ne, das war Kältezittern.

Vermutlich wird dieser Brief erfolgreich, weil jeder Regen dann doch irgendwann mal aufhört und die korrekte Formulierung nun doch einige Zeit in Anspruch genommen hat. Allerdings macht Gott ja nun auch nicht einfach die Schleuse zu, nur weil sich da einer beschwert. Obwohl, schön formuliert vom Senger, nicht wahr. Regen kann ich hier nicht einfach einstellen aber tun wir doch mal was anderes für ihn. Denn Zeus hört im Gegensatz zu anderen nicht näher genannten Kabinettsmitgliedern einfach zu und auch der Verkehrsminister. Ne Moment, der ist CSU, der peilt grundsätzlich nix.

Also Zeus ist es und klatscht mir jetzt einen Bahnhof vor die Füße.

Sie wissen ja: diese Institution, der immer nachgesagt wird, sie wäre alt, unkomfortabel, zu teuer und meistens ohnehin zu spät. Meine Erfahrungen mit der Bahn bestätigten immer genau dieses. Ein paar Jahre des Pendelns von meinem Heimatort nach München. Jeden Tag eine Stunde morgens hin und abends zurück – also laut Plan, natürlich nicht in echt, was glauben Sie denn. Jedes Einzelne dieser Urteile aus eigener Erfahrung bestätigt. Wie vermutlich die meisten Pendlerzüge immer überfüllt, laut, stickig und hochgradig unpünktlich. Und mich wunderte auch schon immer, dass irgendwie alle Selbstmörder in Deutschland die Strecke Rosenheim – München zu bevorzugen scheinen. Schöne Gegend für den letzten Atemzug vielleicht. Die „Personen im Gleis" oder auch „Personenschaden" wurden als Erklärung für die obligate Verspätung zumindest inflationär oft bemüht.

Gut, lieber in Rosenheim tot im Gleis als in Frankfurt überm Zaun.

Wie auch immer. Der Feld- und Wiesenbahnhof Unterhinterfrankenkaff liegt direkt am Frankenweg, also wirklich direkt. Kann man quasi gar nicht drum herum gehen, sondern wird direkt über den Bahnhof geführt. Fehlt eigentlich nur noch die große Hinweistafel „Abkack-Kandidaten bitte genau hier stehen bleiben und ein Versagerticket ziehen". Wasserfestes Wartehäuschen mit Bank und ein nicht durch Graffiti verschönerter und damit lesbarer Fahrplan. Und als i-Tüpfelchen der Verführung: Ticketautomat. Da summt er so leise vor sich hin, leuchtet schwach und ist die Verführung in Maschinengestalt. Fehlt nur noch die Stimme vom Bahnvorsitzenden, der mich ansäuselt und zum nur heute reduzierten Fahrenstattfrankenweglaufenticket-Kauf animiert.

Zum Glück fährt um die Zeit eh kein Zug.

Ich lasse meinen Rucksack auf die Bank fallen und schwebe angesichts plötzlicher 15 Kilo weniger zur Infotafel. Nicht weil ich mir angesichts dieses Minibahnhofes auf einem Sonntagnachmittag im Frühherbst große Hoffnungen mache, aber als Finanzleiter interessieren mich Zahlen natürlich in jeder Form und Darstellung. Immer und überall. Und mal nachschauen sollte doch erlaubt sein, nicht wahr? Auch wenn ich natürlich zum Wandern hier bin.

Der nächste Zug fährt genau eine Viertelstunde später und genau dorthin, wo mein nächstes Hotel steht. Er kommt nicht zu spät, er ist trocken und warm und strahlt eine Sonntag-nachmittags-Ruhe und Behaglichkeit aus, die Vielen beim Bahnfahren längst abhandengekommen ist.

Ich könnte Ihnen jetzt trotzdem sagen, dass ich stark geblieben bin und mich durchgekämpft hab. Die letzten 7 Kilometer stolz weitergegangen bin und dem Wetter ins Gesicht gelacht hab. Jeden Regentropfen bei Aufklatschen gefeiert und jede Pfütze extra tief betreten. Ich wäre Ihr Held, richtig? Oder sie würden sagen, „was für ein Depp". Oder beides...schön blöd aber immerhin hat er Eier, der Senger.

Aber woher wüsste ich dann, wie schön so ein Zug sein kann?

Erfahrungen beim Wandern kommen in unterschiedlicher Frequenz und facettenreich daher – sie sind nuanciert und erschließen sich teilweise erst Wochen oder Monate später. Es vergeht noch heute kaum ein Tag, an dem ich nicht das Rauschen der Wälder vor einem Sturm in der Rhön höre – obwohl das jetzt 5 Jahre her ist und es nur Momente auf meiner langen Tour waren. Aber so trage ich eben auch immer noch diese 10-minütige Zugfahrt in meinem Herzen. In dem Produkt von Herrn Lutz, so wie er es sich immer vorgestellt hat. Wo mir wieder warm wurde, ich Ruhe und Geborgenheit gespürt habe und Trockenheit neu erfahren durfte. Und unser letztlich dann doch recht

ordentlich funktionierendes Nahverkehrssystem lieben gelernt habe – eine Zuneigung, die bis heute anhält – so un-
fundiert sie auch sein mag und so oft sie danach dann auch
gleich wieder enttäuscht wurde. Aber ich bin endgültig und
für immer Bahn Fan. Hab die Ehre und die Eier ganz weit
nach hinten gepackt und den Augenblick selten intensiver
gespürt. Reinhold Messner wird es mir trotz seines gelebten
Purismus und seiner unnachgiebigen Fokussiertheit verzei-
hen. Dafür ist er halt der Messner und durch die Antarktis
marschiert. Und hat 5 Burgen.

Ich geh halt nur durch Deutschland und kürze 7 Km ab.
Irgendwann geh ich genau diesen Abschnitt noch nach.
Verspochen. Werde ich extra hinfahren, die anderthalb
Stunden auf einem Bein abhüpfen und die Lücke schließen.
Schon aus Prinzip. Da staunen Sie, was? Und dann wieder
die Bahn zurückfahren.

Vermutlich mit deutlicher Verspätung.

Z W E I

Ich kann heute nicht mehr sagen, wann und warum ich auf die überragende Idee gekommen bin, Deutschland zu durchqueren. Beziehungsweise zu durchlängsen. Ist schon ne Weile her, so wie man eben nicht jede Idee sofort in die Tat umsetzen kann oder will. Hape war grade mal weg, Bryson frühstückte mit Bären und die Bücherläden waren auch sonst voll von mehr oder eher weniger sprachbegabten Erzählern, die üblicherweise den Himalaya überquert hatten. Mindestens. Das aber dann alternativ auf nur einem Bein, im Rollstuhl (und dann auch gleich weiter bis Malaysia – vielleicht die Bremsen kaputt?), barfuß, mit zwei Kindern unter 5 oder auch in der Karawane mit Lamas, auf Ski oder zur Hälfte mit dem Gleitschirm. Usw.

In unserer Hochleistungsgesellschaft wird anscheinend nur beachtet, was größer, extremer, verrückter klingt – und letztlich – machen wir uns nichts vor - folgen diese Trips denn auch gerne mal weniger dem Selbstzweck, sondern nicht zuletzt auch der guten Vermarktbarkeit. Mindestens ein Bildband muss am Ende rauskommen, wenn es nicht gleich die 3-Jahre Multimediarundtour durch alle mittelgroßen Städte Deutschlands ist. Ich empfehle die Lektüre der Veranstaltungskalender von Bad Tölz oder Berchtesgaden. Letztlich finanzieren viele von uns begeistert die Lebenskonzepte einiger Weniger, die dann bevorzugt von unglaublicher Selbsterfahrung, Grenzverschiebung und Rekordsetzung erzählen und an deren Lippen wir mit Begeisterung hängen und uns sagen, dass wir sowas ganz sicher auch mal machen.

Montag aber erstmal wieder ins Büro.

Natürlich gibt es dann auch die stilleren Exemplare, die das „normale" Wandern an sich in den Vordergrund rücken – nur waren die auch nicht so richtig beeindruckend, so wie der Stichwortgeber von Harald Schmidt plötzlich zum – Sie erinnern sich – „Wanderexperten" wurde, weil er einige Male von a nach b auf eigenen Füßen gegangen war und das Ganze der breiteren Öffentlichkeit zu Gehör brachte. Hatte sicherlich auch gar nichts damit zu tun, dass er ja schon medial bekannt war und damit über kostenlose Werbung großer Reichweite verfügte.

Ganz zu schweigen von der Fernsehreportage Wunderschön, in der alle paar Wochen jemand mit Minirucksack zu betrachten ist, wie er oder sie auf Wandersteigen Deutschlands den nächsten Gastgarten oder eine Burg am Weg findet. Immerhin wird dieser Einkehrschwung regelmäßig von wunderschönen (der Name ist Programm) Landschaftsaufnahmen heimatlicher Freizeitgegenden unterlegt und ist insofern für den geneigten Zuschauer natürlich durchaus verführerisch. Erst in den Outtakes während des Abspanns wird einem dann klar, wie oft Tamina Kallert begeistert in einen eiskalten See laufen musste, bis die Aufnahme korrekt im Kasten war, was der Spontanität des zuvor gezeigten Films einen gewissen Knacks verpasst. Bei all dem fragte ich mich, ob es das wesentliche Merkmal eines Wanderexperten sein musste, Tips zu Schuhwerk, Wanderstöcken und Wegmarkierungen zu geben oder ob es überhaupt Experten brauchte.

Ich für meinen Teil wurde von meinen Eltern bereits in frühen Kindesjahren durch sämtliche Mittelgebirge Deutschlands geschleift, ich kannte mit 10 in der Rhön jeden Stein mit Vornamen und hatte zu Beginn meiner Pubertät sicherlich schon einige tausend gekennzeichnete Wanderkilometer auf dem Buckel. Beziehungsweise in Beinen und Knien. 99% der Kinder und Jugendlichen, die dieser Begeisterung ihrer Eltern ebenso schonungslos ausgesetzt sind, quittieren spätestens mit Eintritt der Pubertät den aktiven Wanderdienst und ziehen sich dauerhaft auf eine standsichere Couch zurück – ich gehöre allerdings zu dem restlichen Prozent - lief immer begeistert mit bzw. auch voraus und lernte. Und nach der Pubertät auch gleich weiter und so geht es bis heute. Eigentlich fühlte ich mich selbst inzwischen auch als Wanderexperte – oben genannte Schule und die folgende Erfahrung im Bewusstsein. Mir machte keiner mehr was vor, mehr Experte ging eigentlich gar nicht. Und nicht zuletzt deshalb wollte ich auch mal länger los. Also wohin mit meinem geballten Expertenwissen und all der Energie? Welches Projekt sollte es sein?

Pilgern in Frankreich, Spanien oder sonst wo kommt mal überhaupt nicht in Frage. Wo ist der Sinn, erst ein paar hundert oder auch gerne tausend Kilometer zum Startpunkt einer Wanderung zurückzulegen, die dann durch eine mäßig anregende Gegend führt, in der man alles ist aber sicherlich und vor allem mal nicht allein, sich in sündhaft teuren Unterkünften die Betten mit anderen zwei- und mehrbeinigen Mitbewohnern und lauten Nebenschläfern teilt – nur um am Ende von 39 Etappen den ganzen Weg auch wieder zurückzufahren. Wie mit dem Auto zum Jogging. Bill Bryson lehnte das mit Recht bereits ab – ging dann aber auch nicht so ganz zuhause los als er dem Appalachian Trail folgte. Immerhin wars nicht weit zum Einstieg.

Da war ich schon eher von einem Göran Kropp fasziniert, der die „by fair means" Debatte des Extrembergsteigens, die eigentlich „nur" besagte, dass man ohne künstlichen Sauerstoff und nur mit der Ausrüstung, die man selber tragen konnte, den Gipfel erreichen wollte, mal auf seine ganz eigene Art interpretierte und in skandinavisch fröhlicher Lockerheit mit dem Fahrrad von seinem Wohnort in Schweden startete, in einem Schwung bis zum Mount Everest Basislager fuhr und dann auch noch eben auf den Berg stieg. Also auf den besagten – nicht irgendeinen. Erfolgreich, wie in einem spannenden Buch dokumentiert. Ich weiß heute nicht mehr, ob er auch noch zurückfuhr aber das sei ihm nachgesehen. Wenn er nach der höhenbedingten Sauerstoffarmut in der Todeszone noch halbwegs bei Verstand war, hat er sein Rad in Nepal verkloppt und sich in den nächsten Flieger nach Hause gesetzt. Immerhin hat natürlich auch er hinterher gleich mal ein Buch geschrieben. Blöderweise war er zwar im richtigen Jahr vor Ort aber dann doch nicht live anwesend, als 1995 der inzwischen weithin bekannte Wetterumschwung am Everest mehrere Bergsteiger von zwei Expeditionen vorzeitig aus dem Leben nahm. Denn sind wir doch ehrlich, live-Schilderungen der Überlebenden von Tragödien verkaufen sich immer noch besser, als wenn man nur Farbfotografien der in Schlafsäcke eingewickelten liegengelassenen Toten im Buch hat – und Krakauer statt Kropp hat dann eben das dicke Geld gemacht.

Zurück zum Anfang: dieser Gedanke war der Richtige. Der Ansatz, direkt zuhause loszugehen und das by fair means war faszinierend und konsequent und bettelte quasi darum, auch von mir umgesetzt zu werden.

Es bedurfte noch ein paar kleinerer Anpassungen - Fahrrad fuhr ich nicht so gerne und ganz nach Asien wollte ich dann auch nicht. Höhen oberhalb 3000m vertrage ich gar nicht gut, wie ich seit einem Marsch auf den Hochkönig im Salzburger Land weiß und Gletscherspalten waren mir insgesamt viel zu gefährlich.

(Wenn ich obiges nochmal lese, bin ich echt ein ganz schöner Schisser und ein ziemliches Weichei noch dazu. Na gut, nicht jeder ist perfekt in seinem Dasein.)

Die nächste völlig naheliegende Idee bei gründlicher Abwägung all dieser Parameter war dann also direkt zuhause aus der Tür zu fallen (ich lebe am Chiemsee in Bayern), loszugehen und das weit. Und am Stück.

So.

Die Alpen sind von mir aus nahe, was erklärt, dass der übliche Weg der (Weit-)Wanderer aus dem Großraum München in Richtung Süden ist. Letztlich ist man von hier aus schneller am Mittelmeer als in Berlin. Wettervorteile und Gardasee geben da wohl auch noch einen nicht unbedeutenden Ausschlag – und natürlich sind die Alpen ungleich spannender anzusehen als so ein deutsches Mittelgebirge – oder noch schlimmer, die norddeutsche Tiefebene. Folgerichtig gibt es zig Alpenüberquerungsrouten und – Möglichkeiten. Zu Fuß, mit dem Bike, geführt, in der Gruppe, zu zweit, mit Gepäcktransport usw. usw. Eben der ganz normale Tourimuswahnsinn.

Ich wollte trotzdem lieber in die andere Richtung. Die Ostsee lockte und dort wollte ich irgendwie hin und zwar mit Zeit und – heutzutage nicht so ganz unwichtig - ökologisch nachhaltig. Die Sonne, damals glaubte ich noch, es gäbe eine für meinen Trip, wäre im Rücken mit bester Sicht, grundsätzlich ginge es bergab (also jetzt nicht im übertragenen Sinn, sondern real) und es wären immerhin über tausend Kilometer nach Norden. Den langen Tagen und kurzen Nächten entgegen, den Westwind im Gesicht durch mein Heimatland, was ich teilweise weniger kenne als den Westen der USA oder ein Mallorca – womit ich wohl nicht so ganz alleine bin in Deutschland.

Ich nahm also einen Atlas, zog einen Strich von Rimsting genau nach Norden und endete in Dierhagen an der Ostsee – mitten im Nationalpark „Vorpommersche Boddenlandschaft". Kleiner Winkel war nötig, weil sonst genau nördlich die tschechische Republik zu durchqueren war und ich wollte eben in Deutschland bleiben und keinen vielleicht auch noch illegalen Grenzübertritt vollziehen. Verhaftung nach nur 300km – wie peinlich. Wobei eigentlich ist ja EU – aber ob die das da auch wissen, ist nicht sicher.

Nachdem der grundsätzliche Plan stand, ging es um die Umsetzung. Ich konnte natürlich auch einfach einen Kompass nehmen, immer Grundrichtung Nord weitergehen und schauen, wo ich herauskommen würde. Vermutlich wie jeder andere in der Wüste mit Schlagseite und ich würde aufgrund des stärkeren linken Fußes irgendwann in Moskaus stehen. Klang also besser als die Umsetzung einfach sein würde. Eine wagemutige, spannende Idee - war mir aber einfach etwas zu unsicher – etwas mehr Plan musste es schon sein. Vielleicht beim Rückweg dann nach Marschkompasszahl.

Es stellte sich also als Nächstes die Frage der Wegführung. Deutschland ist zwar durchzogen von gefühlt Millionen Kilometern Wanderwegen – alle markiert und beschildert – aber meist nur lokal angelegt und für den Weitwanderer unzusammenhängend, wenn er in Richtungen will, die so im großen Plan der Wandervereinigungen nicht vorgesehen sind. Es gibt einige Fernwege, entweder mit Zertifikat des deutschen Wanderinstituts oder in der europäischen Version – nur waren die alle genau dort, wo ich sie überhaupt nicht brauchen konnte. Durch mein Dorf führt sogar eine Variante des Jakobsweges mit der gleichen Problematik – er geht a) in die falsche Richtung und dann b) bevorzugt direkt an der Autobahn entlang, weil die alten Pilgerwege auch früher schon auf den üblichen Hauptverkehrsrouten verliefen – und die sind heute eben vielfach eher wanderunfreundlich ausgebaut. Wobei…mal Pannenstreifenwandern in Betracht gezogen? Temporäre Aufmerksamkeit bis hin zum zweifelhaften Ruhm wäre wohl sicher – und mehrfache Nennung auf Bayern 3 und Antenne Bayern ganz sicher auch.

Und auch nicht schlecht für die Multivisionsshow in Bad Tölz. Wobei...

Nach diesem kurzen Gedankenausflug entscheide ich mich für eine Kombination aus selbst zu suchenden Wegen um zunächst mal Richtung Norden zu kommen, und dann den großen Linien von Fernwanderwegen zu folgen. Ein paar Kilometer dem Altmühltal-Panoramaweg, diesen in den Frankenweg eingetauscht. Hinter Nürnberg herum Richtung Rhön auf dem E6, dann den Hochrhöner Richtung Erzgebirge. Es würden einige lose Etappen folgen, bevor wieder ein Wanderweg zu nutzen war. Südlich des Harzes würde ich dann zuletzt erneut auf den E6 kommen und diesem ein Weile folgen. Allerdings nicht bis zum Schluss, weil der ins nördliche Schleswig-Holstein läuft statt nach

MeckPomm, aber das war dann jetzt mal so. Irgendwo würde ich halt abbiegen müssen. Zu dem Zeitpunkt hatte ich auch noch keine Ahnung, dass der E6 eher übersichtlich beschildert ist und ich ihn sowieso ständig verlieren würde. Aber ich greife vor.

Nachdem die Wegführung einigermaßen klar ist, nehme ich noch ein paar Änderungen vor, um die Sehenswürdigkeiten Deutschlands nicht links (oder auch rechts) liegenzulassen. Allein in meiner Wahlheimat Bayern gibt es haufenweise zauberhafte kleine Städte, Burgen, Schlösser, Kulturgüter mit Welterbe Status und und und und. Das meiste ist mir lediglich aus den Antenne Bayern Staumeldungen ein Begriff – dagewesen bin ich trotz aller guten Vorsätze nie. Das muss sich ändern und zwar dringend und somit unterziehe ich meine Tourführung weiteren zahlreichen Anpassungen.

Am Ende stehe bzw. sitze ich vor einer großen Deutschlandkarte, schaue auf mein Werk, was inzwischen eher einer riesigen Spiralnudel denn einer Linie ähnelt und vom ursprünglichen Plan bis zur Unkenntlichkeit umgemarmelt worden ist. Ich erwäge eine Weile, alles wieder über Bord zu werfen, schließlich habe ich inzwischen ein paar hundert Kilometer an Umwegen dazu geplant. Mit einem Gefühl zwischen Ehrfurcht, Nurfurcht aber doch einer gewissen professionellen Befriedigung stelle ich bei Nachrechnen fest, dass ich mein Vorhaben um gut 25% verlängert habe. Was war ich nur für ein toller Wanderer – an der Karte gar kein Problem.

Sofort erinnere ich mich an meinen Brigadekommandeur, der in der Offizier-Ausbildung bei einem größeren internationalen Manöver vor der Karte stand, seine Truppenteile begutachtete und am Ende der Lagebeurteilung seinen Entschluss mit knappen Worten beschrieb: „...und deshalb habe ich meine Brigade...verschoben!". Er fuhr auf der Karte entlang und steckte ein paar Fähnchen um. In der Realität packten daraufhin rund 5000 Soldaten ihre Sachen, schütteten Ihre gerade ausgehobenen Gräben wieder zu, nur um sich 1 Kilometer weiter westlich neue zu buddeln. Ich war einer von ihnen. Aber was gelernt fürs Leben: Maßstab hat Bedeutung.

Und oben sitzen erhebliche Vorteile, auch körperlich.

Als die Route grob feststeht, stellt sich die Frage nach der Logistik. In einem romantischen Anfall beschließe ich, die Sache tatsächlich puristisch anzugehen, by fair means, und meine Unterkunft am Mann zu haben. Ich kaufe mir also ein total leichtes Einpersonenzelt, eine sündhaft teure Isomatte und einen ebenso gearteten Schlafsack, beide auch total leicht. Stolz baue ich das Ganze im Garten auf, liege einen lauen Frühlingsabend in und vor meiner neuen Behausung und komme mir vor wie Graf Koks auf Urlaub. Dann baue ich alles wieder ab, gehe unter die Dusche und in mein warmes Bett, wo ich mir ausrechne, was 5 Kilo mehr Ausrüstung plus nochmal mehr Essen, Wasser und Brennstoff mal 1000 plus 10% Kilometer Sicherheitsreserve an mehr Fitness bedeuten würden. Ich komme auf 8000 Tonnen extra und bin erneut absolut beindruckt von mir. Einmal im Leben ein mittelgroßes Schiff hochwuchten. Geil.

Oder total bescheuert, könnte auch sein.

Später träume ich von unzähligen Nächten in Zelten oder Schneehöhlen bei der Bundeswehr, bekomme sofort Erinnerungen an die brettharten BW- Isomatten und sehe mich mit Wölfen und riesigen Igeln kämpfen. Wildschweine besuchen mich oder kauen meine Heringe auf, die gesamte Unter- und Halbwelt des Polizeiruf 110 wohnt plötzlich am Rande meines Weges, sodass ich jeden Tag Absperrbänder durchkreuze und Zeugenaussagen geben muss. Und am Ende – quasi als schrecklicher Höhepunkt - explodiert dann auch noch der Gaskocher mit der letzten Bohnensuppe.

Riesensauerei sage ich Ihnen!

Ich bin jetzt kein Traumdeuter – aber ich würde mal sagen, die ganze „Ich-übernachte-tapfer-draußen-Geschichte" war mir nicht so recht geheuer. Als ich hochschrecke bin ich schweißgebadet. Phantomschmerzen von der Traum-Isomatte. Kann man sich eigentlich Rücken erträumen? Es fühlt sich zumindest an, als ob ich zumindest das geschafft hätte. Ich wälze mich hin und her, bis ich wieder irgendwie richtig liege und dämmere wieder weg. Meine Gedanken gehen schweben, so im warmen Bett erscheinen die Naturgewalten weit weniger dramatisch und nach kurzer Zeit überwiegen wieder die Hochglanzgedanken. Schneefall und Sturm verwandeln sich in Frühlingswind. Regen kommt abhanden. Ich wandere nur noch in herbstlicher Sonne, Blick weit in die Ferne. Klare Sicht 3000km weit. Ausgeruht und strotzend vor Kraft und Spaß. Wandern ist inzwischen völlig anstrengungsfrei und hochbefriedigend. So wie sich Tamina Kallert ohne einmal zu schnaufen durch die deutsche Landschaft moderiert. Wiesen mit Morgentau und unzähligen Spinnennetzen. Bänke, die zum Rasten einladen. Nein, Bänke und Tischkombinationen! Und das an jeder Wegekreuzung. Kategorie 4 ** (siehe weiter hinten), Minimum. Überall wunderschöne bunte Tafeln mit Wanderwegen, Entfernungsangaben und Sehenswürdigkeiten. Cafés an Bächen und Seen. Freude, Ruhe, Stille, Entspannung, Schönheit. Ich bin begeistert als ich wieder einschlafe.

So beschwingt fällt mir zuletzt auch wieder meine bisher letzte Nacht im Zelt ein.

Ich hatte mir vor Jahren ein neues Auto bei einem Euro-Importeur in Kassel bestellt. War viel günstiger als beim freundlichen Händler meines örtlichen Vertrauens, der später beim Thema Wartung und Garantie dann gar nicht mehr soo freundlich war. Aber ich greife schon wieder vor.

Als es an die Abholung ging, und ich erstmals das Kleingedruckte las, kamen dann doch ein paar kleinere Bedenken hoch. Einerseits wurde seitens des Händlers Bargeld verlangt, was einerseits unüblich klang und angesichts der Summe auch ein gewisses Problem an sich bedeutete – außerdem wurde bei Überprüfen der Adresse klar, dass der

Begriff „in Kassel" nichts mit den reellen Stadtgrenzen zu tun hatte, sondern eher als grobe geographische Regionsangabe zu verstehen war. Auch der Begriff „Import/Export" im Namen selbst war mir anfangs gar nicht aufgefallen. Google Maps gabs noch nicht – aber die Anreiseinformationen ließen erahnen, dass die Bude in irgendeinem Industriegebiet in der weiteren Peripherie beheimatet war – ob Kassel überhaupt in Sichtweite war, ist mir bis heute unklar geblieben. Immerhin gab es sowas wie eine Busverbindung vom ausgelagerten Kasseler ICE Bahnhof in die richtige Richtung. Nachdem Geld und Urlaubstage knapp waren, wollte ich den Wagen an einem Samstag abholen – der Händler hatte von 8 bis 12 offen – und nun versuchen Sie mal an einem Vormittag mit der guten deutschen Bahn von Rosenheim nach Kassel und weiter ins Outback zu gelangen. Vielleicht heute eine klitzekleine Chance (wobei – die Pünktlichkeit wird's vermasseln) – damals schlichtweg unmöglich. Als Lösung wählte ich den günstigsten und für mich damals völlig logischen Weg. Bundeswehroffizier-Style. Ich besorgte die 40.000 Mark bei meiner Bank, die mir einen unverdächtigen Briefumschlag übergaben, setzte mich am Freitagmachmittag mit dem Rucksack in einen Zug nach Kassel und lies mich dann abends mit dem letzten Bus ca. 2km vom Ziel-Industriegebiet entfernt mitten im Wald absetzen. Nicht ohne ein paar skeptische Blicke des Busfahrers, aber mir wars ja sowas von egal. Dann wanderte ich nach Kompass Richtung Händler, und schlug auf der Hälfte des Weges, mitten im Wald mein Zelt auf - beziehungsweise meine Bundeswehr Zeltbahn, also so eine Art Poncho. Das musste reichen für die paar lächerlichen Stunden. Hochzufrieden mit mir selbst saß ich also nachts um 10 in der pechschwarzen Dunkelheit unter einer Tanne, tätschelte meinen dicken Geldumschlag, kaute eine Trockenwurst, zischte eine Cola und freute mich wie ein Schnitzel über meine Situation und diese ungemein dreiste und lustige Idee.

Parallel bekam meine Frau diverse Nervenzusammenbrüche, da sie mich bereits erfroren, beraubt und ermordet oder alles zusammen irgendwo im Wald liegen sah. Oder eventuell von Wildschweinen gefressen, auch nicht optimal. Damals lag ihr wohl noch was an mir – unter den heutigen Rahmenbedingungen würde ich vermuten, dass es eher die Sorge um das Geld wäre, was unter Umständen nie gefunden und somit im Vermögensausgleich fehlen würde. Nun ja, die Zeiten ändern sich.

Ich hingegen kroch fröhlich in den Schlafsack und träumte mich meinem Traumauto entgegen. Beziehungsweise versuchte es, weil an dem Abend natürlich der Wintereinbruch in Hessen einsetzte und es bei plötzlich minus 5 Grad heftig zu schneien begann. Ich döste 2-3 Stunden, schlotterte den Rest der Nacht in meinem nassen Schlafsack und buddelte mich morgens um 5 aus dem entstandenen Loch. Das Auto war mir zu dem Zeitpunkt bereits mehr oder weniger egal – allerdings war ich auch noch nicht soweit, das Geld in ein schönes Feuer zu investieren. Und Streichhölzer hatte ich zum Glück eh nicht dabei.

Die restlichen 3 Stunden wanderte ich 5-mal um das Industriegebiet herum, bis Kassel und zurück, damit mir warm wurde und unterhielt mich mit den Rehen am Futtertrog, bis ich endlich um 8 Uhr den Händler behelligen durfte. Industriegebiet, nicht ganz schick, nicht ganz heruntergekommen. So mittel-ok halt. Oben der Schriftzug des Händlers, fensterlose Halle. Stahltür mit dem Wort „Büro" drauf, daneben ein breites Rolltor. Keine Klingel, Tür abgeschlossen. Aber es war eindeutig nach 8 also klopfte ich an der Bürotür, die sich auch umgehend öffnete.

Ich muss ein recht interessantes Bild für ihn abgegeben haben - ungewaschen, durchgefroren, schlammig und hungrig. Eingepackt in drei Lagen Klamotten, Schal und Mütze – überaus konspirativ. Ich gab also quasi das Gegenbild des Verkäufers ab, der im Armani-Anzug und Mantel mit Fellkragen inclusive Goldkette und gegelten Haaren aus 2,10m auf mich herabsah und grinsend mit einem des Deutschen eher unähnlichen Gruß bedachte. Mittelosteuropa – so viel war mal klar. Bestimmt rumänische Automafia klingelte irgendwo in meinem Hinterhirn und ich beschloss ab jetzt immer auf Michaela zu hören, wenn Sie mir bei eigentlich jedem meiner Vorhaben grundsätzlich beginnenden Schwachsinn attestierte und apokalyptische Folgeszenarien ausmalte. In Farbe.

Aber nun war ich halt mal hier.

Ich grunzte einen Morgengruß zurück und kam unmittelbar zur Sache. Senger der Name, wir hätten einen Termin. Der Volvo. Wo der Wagen herkäme wollte ich beiläufig und mutig wissen – und das war mal gar kein guter Start.

„Iss EUROPA-Import. Rumänien." verstand ich aus zusammengekniffenem Gesicht – und Rambo zündete sich erstmal eine an.

„Ähh…Rumänien ist aber ja gar nicht in der EU?", klugschiss ich. „Dann ist das ja gar kein EU-Import."

„Hast Du Recht, Freund. Habe auch nie gesagt, EU-Import. Habe immer geschrieben Euro-Import. Euro für Europa. Weißt Du?" Er grinste mich souverän an. Oder spöttisch? Ich konnte es nicht so ganz erkennen aus meinen müden Augen.

Fand ich allerdings gar nicht komisch. Wie zum Beweis, dass ich auf der Leitung stand, wiederholte ich. „Das ist gar kein EU-Import?"

„Ne, nix EU-Import. EURO-Import! Aber Rumänien iss Beitrittskandidat, weißt Du. In paar Jahren hast Du quasi EU-Auto!" Sein Grinsen wurde breiter, als er diesen Argumentationsbogen zog. Ich stand offensichtlich einem überaus progressiven Vordenker der Gemeinschaft von morgen gegenüber – zwei Köpfe größer als ich – mit einer völlig nachvollziehbaren Logik. Ich hingegen fand das weder einleuchtend noch sonderlich lustig. Vielleicht wollte ich ihn auch nicht so recht verstehen. Irgendwo zwischen sauer, verdrießlich und unsicher sah ich ihn an und wusste erstmal nicht, wie ich dem begegnen sollte. Schlagfertigkeit ist jetzt nicht so mein Ding, wissen Sie. Die guten Sprüche kommen bei mir immer 10 Sekunden zu spät, das ist einfach nix. Beispiel siehe weiter unten.

„EU-Import ist ja jetzt nicht gleich EURO-Import" meinte ich lahm und wenig überzeugend. „Ich will ja schließlich auch kein Auto aus Russland." Setzte ich hinterher. Was Russland jetzt genau damit zu tun hatte, war mir auch schleierhaft, aber da war es auch schon draußen.

„Heeh Kollegah. Hab ich gesagt, russisches Auto? Rumänien ist nich Russland, klar? Wo iss jetzt Problem, eh? Ich hab Auto, Du hast Geld, kein Problem eh?"

Musterte mich skeptisch von oben nach unten und sein Blick blieb an meinen Matschhosen hängen.

„Du hast doch Geld, oder?"

Wie immer in solcher Situation reagiere ich instinktiv – blöd bzw. kontraproduktiv, nämlich ehrlich. „Klar, habe ich das Geld dabei. Komplette Summe…" Als ich mir auf die Zunge biss, war es aber auch schon wieder raus. Super hingekriegt, Martin. Schön den Kopf unter die Guillotine geschoben statt in die andere Richtung. 1a gemacht, Du Depp. Anscheinend schüttelte ich bei dem Gedanken den Kopf, denn mein gegenüber wurde noch etwas verschlossener.

„Na, was jetzt. Dann iss doch alles klar, Kollegah. Wo iss Problem? Komm wir schauen Wagen und regeln Papierkram."

Wie auf Kommando öffnete sich bei diesem Satz die Tür zum Verkaufsraum oder Büro oder was immer dort so war und sein Bruder oder Cousin oder bester Kumpel trat auf den Plan. Stichwort: regeln. Gleiches Aussehen, etwas anderes After Shave, noch festere Statur. Auch mit Kippe. Und ich war mir inzwischen absolut sicher, dass sich unter der Lederjacke eine Waffe ausbeulte. Wusste ich doch aus dem Tatort, wie so was aussah. Fernsehen bildet, verdammter Mist. Nun gut, am Ende hatte ich noch so viel Verstand, dass die Situation vielleicht im Fernsehen so abläuft, aber das hier war immer noch Deutschland und der Typ will ein Geschäft machen und mich nicht berauben oder umlegen, hallo? Warum auch, machte doch gar keinen Sinn.

Also eigentlich.

So schnell wie mein Mut erstarkte war er auch schon wieder weg. Ich ergab mich in mein Schicksal und folgte dem ersten in die Halle. Rucksack immer noch hinten drauf… auch eher unvorteilhaft, wenn man schnell abhauen möchte, aber der Gedanke kam mir natürlich auch wieder nicht recht. Ich erwartete allerdings inzwischen einen halbkaputten Lada statt des schönen Volvos, den ich mir ausgesucht hatte….

Ich könnte das jetzt noch weiter ausdehnen – aber am Ende hatten die Beiden einen Heidenspaß mit mir. Natürlich war der Wagen nicht aus Russland und auch nicht aus Rumänien oder sonst wo ostwärts des ehemaligen eisernen Vorhanges. Sondern ein völlig normaler Volvo-Re-import. EU – nicht EURO. Genau wie abgebildet und versprochen. Als Fazit hatte ich am Ende ein Auto aus Belgien, zwei neue beste Freunde, die sich und ihren Enkeln die Geschichte vermutlich heute noch als Schenkelklopfer erzählen (Ey, weißt Du noch, der komische Matschdeutsche mit seinem Rumänien-Import, eh), ein paar zerstörte Vorurteile und zuletzt auch noch einen Schnaps auf den Kauf drin. Und mir war wieder richtig schön warm.

Was wusste Pessimisten-Michaela schon davon, wie man Geschäfte macht!

Ich erwache mit einem Grinsen im Gesicht. Das hält sich für die folgenden 10 Sekunden bis sich die Schlafsacknacht wieder in den Vordergrund meines Denkapparates wuchtet. Am folgenden Tag überlasse ich das Zelt meiner ältesten Tochter, die meinen Enthusiasmus für irrationale Ideen geerbt hat und sofort verkündet, damit nach dem Abi durch Alaska zu touren.

„Wieso denn Alaska?" will ich wissen. Warum nicht erst mal ne Nummer kleiner?

„Oh, Papa." Augenverdrehen und Seufzen. Sie hätte davon ein paar Fotos gesehen, und das wäre total cool mit ihrem Hund dort zu touren. Diese Weite und Wildnis. Keine Menschen!

„Ja eben. Ich verstehe ja die „keine Menschen-Sache" aber Wildnis. Tiere, Wetter, Schnee, unausweichlicher Tod. Letztlich doch dieser Vogelbeobachter, den der Grizzly aus dem Zelt gezogen hat, hast Du das nicht gelesen? Wie lange denn und wo überhaupt? Alaska ist ja recht groß…"

„K.A. – wird sich schon finden", meint sie unbestimmt. „Danke Daddy, Du bist der Beste." Dreht sich um und fliegt die Treppe hoch. Zelt liegt noch auf dem Tisch.

Ob sie je gehen wird?

Das restliche Zeug setze ich umgehend bei eBay rein und beginne, Hotels entlang meiner Route zu googlen. Überhaupt bin ich rund 50 und aus dem Zeltalter deutlich raus! Und war da nicht auch noch dieser Schwur angesichts einer -20 Grad kalten Nacht im Winterbiwak, dass das jetzt endgültig die letzte Sache im Zelt war? Nun gut – den hab ich für Urlaub in jungen Jahren mehrfach gebrochen…aber irgendwann muss man ja mal anfangen…

Ich hab auf meiner Wanderung so einiges bereut – wie Sie aus der Einleitung vielleicht entnehmen konnten - aber dieser Traum war ein Wink des Schicksals. Echt ehrlich und schon wieder einer. Ich werde Ihnen an dieser Stelle keine Wandertipps geben – die stehen ja schließlich auch alle im Anhang - aber unterschätzen Sie niemals die positive Energie einer warmen Dusche, das kuschelige Hotelbett in einer zugegebenermaßen immer noch allzu oft vorhandenen 80er Jahre Einrichtung und letztlich - die Küche eines Landgasthofes nach 30 Kilometern Wandern. Und wenn's nur Pommes/ Currywurst ist, Hauptsache nicht selbst geschleppt oder auf der Isomatte genossen.

D R E I

Warum ich?
Letztlich haben es meine Eltern vermasselt.

Eher bescheidenen Lebensumständen geschuldet standen sie vor der Aufgabe, uns Kindern – und sich selbst – ein
bis zwei regelmäßige Urlaube im Jahr zu gönnen, die aber
gleichzeitig – zumindest in meinen jungen Jahren – nichts
oder nicht viel kosten durften. Wie Zufall und Stammbaum
es wollten, hatte mein Vater einen angeheirateten neuen
Bruder des Ehemannes seiner Schwester.
Wer hat aufgepasst? Na, was ist das?
Dieser Schwippschwager wiederum besaß einen Bauern-
hof in Ebersberg in der Rhön und darauf stand ein kleines
Hexenhäuschen zur Vermietung. Es war klein, hatte ultra-
niedrige Deckenbalken, die mindestens 3 Kopfbeulen je
Woche Urlaub für meinen Vater bedeuteten, und war auch
sonst überaus spartanisch eingerichtet. Eigentlich war es
immer kalt, da es keine Heizung gab, sondern lediglich altersschwache Ölöfen in jedem zweiten Zimmer – das Haus
war natürlich der Zeit gemäß gänzlich ungedämmt und
hätte folgerichtig keiner aktuellen deutschen Bau-Norm
standgehalten. Vermutlich wäre es ohne Bestandsschutz jederzeit ein Fall für die Abrissbirne gewesen - aber es war
gemütlich, stand strategisch günstig direkt zwischen den
beiden Hofeinfahrten, sodass jeder Trecker an uns Kindern
vorbeimusste und insofern liebten wir diese Urlaube mit
Tieren, im Stall, dem Heuboden und auf dem Feld und natürlich auch mit den ersten absolut gemeingefährlichen
Fahrkünsten mit 8 auf dem Schlepper.
Nun hatten meine Eltern allerdings neben dieser für sie
überaus simplen Kinderbespaßung – wir waren effektiv
morgens vor dem Aufstehen zur Tür raus und konnten spät

abends fix und fertig wieder eingesammelt werden - noch den Anspruch, ihre Kinder nicht nur auf dem Hof abzuladen und die Beine hochzulegen. Stattdessen verkörperten sie das Motto „gesunder Geist im gesunden Körper", was verlangte, dass man mindestens einmal am Tag an die frische Luft kam und sich dabei zu bewegen hatte. Und damit meinten sie nicht die gute Luft im Stall oder auf dem Hof und ganz selbstverständlich auch nicht die Dieselabgase auf dem Trecker – sondern die gesunde Luft des Naturparkes Rhön. Inzwischen aufgestiegen zum Biosphärenreservat – was der hochtrabende Name für das gleiche Kindertrauma ist – Wandern. Einmal am Tag wurde also gewandert, mindestens 4-5 Stunden. Bei Wind und Wetter und jeder Jahreszeit, weil wir aufgrund weiter oben genannter Umstände sowohl Oster-, Pfingst-, Sommer-, Herbst- und Weihnachtsferien dort verbrachten. Und wenn es welche gab, auch noch die Winterferien. Andere fuhren zum Skifahren – wir gingen wandern. Wir erschlossen die Gegend quasi zu Fuß – und nachdem wir dort gefühlt 20x Urlaub machten, kannte ich denn auch irgendwann jedem Wanderkilometer. Zusätzlich wurden meine Eltern zunehmend leichtsinniger – man könnte auch sagen – rücksichtsloser und die Geschichte mit dem Hofurlaub rückte zunehmend zugunsten etwas ausgedehnterer Tagesetappen in den Hintergrund. Konstant blieb dagegen das Lebensmotto meiner alten Herrschaften: nicht mehr können oder gar aufgeben ist eine Geisteshaltung und die ist im Hause Senger schlicht nicht existent. Was sich nahtlos zu den anderen gelebten Tugenden wie Pflichterfüllung, nie-krank-sein und schon gar nicht jammern, Sparsamkeit und Gottesfurcht reihte.

Katholische Wirtschaftswunderfamilie halt.

Zusätzlich stiegen im Lauf der Jahre sowohl das verfügbare Urlaubsbudget als auch die Ansprüche meiner Eltern und sie dehnten Ihren Einflussbereich folgerichtig weiter aus – wobei die Kernanforderungen „Mittelgebirge" und

„in Deutschland" zunächst unangetastet blieben. Und so kenne ich heute also nicht nur die Rhön, sondern ebenso Harz, Eifel, Sauerland, Bayerischen und Schwarzwald und natürlich das Fichtelgebirge. In geringerer Intensität vielleicht - aber nennen Sie mir einfach mal irgendeinen Ort in diesen Gebieten und ich sag Ihnen wo der liegt, und welche Wanderwege durchgehen.

Dass ich mich nie bei Wetten, Dass!? angemeldet habe, erschließt sich mir bis heute nicht.

Meine Schulkameraden legten sich im Sommer in Ägypten an den Strand – in spulte ungezählte Kilometer mit meinen Eltern durch die Natur. Und, was ich bei aller Ironie mit der ich dies schreibe, niemals vergessen werde: es machte mir Spaß! Vielleicht lag es an meinen Eltern, die moderne pädagogische Konzepte des 21. Jahrhunderts (machen sie die Wanderung spannend, spielen sie Spiele, entdecken sie die Natur, belohnen Sie mit Eis) schon 40 Jahre vorher verinnerlicht hatten und grundsätzlich ein Einkehren in Gasthöfen mit Wiener Schnitzel, Pommes und Spezi ins Programm einbauten. Oder ich war einfach nur ein dumpfer Spätstarter, auch möglich. Aber ich war – im Gegensatz zu meiner Schwester – rundum mit dem Programm zufrieden.

Wenn ich Gleiches oder auch nur Ähnliches („kommt, wir gehen mal eine Stunde mit dem Hund") heute an meinen Kindern austesten will, hat die erste gerade heute Hausaufgaben ohne Ende, die zweite kriegt akuten Rücken (mit 11....schlechtes Erbgut halt) und die dritte hält mir einen Vortrag über die Gefahren der Natur im Allgemeinen unter besonderer Beachtung der Chiemsee Region. Borreliose, Fuchsbandwurm, Gelbfieber, alles lauert hier quasi gleich hinter der Tür. Von innen gesehen. Angeblich wäre kürzlich auch ein wilder Bär gesichtet worden. Jawohl in Prien!

Seither spare ich mir denn auch meistens Vorschläge, mal auf eine Berghütte zu gehen und dort zu übernachten. Das Augenrollen meiner Töchter gepaart mit der Aufzählung all dessen, was bei so einer Bergwanderung an nachrichten-tauglichen Katastrophen passieren könnte und sicherlich auch würde, sprengt regelmäßig meine Motivationsversuche. Eine Zeit lang probierte ich noch die Eismasche – aber, dass auf der letzten Hütte der versprochene Germknödel grade aus war, hat zugegebenermaßen nicht wirklich geholfen. Pädagogisch gesehen. Seit Leonie zu allem Überfluss noch das Seminar „totsichere Verhandlungsstrategien" ohne mein Wissen aber mithilfe meiner Kreditkarte (149EUR!) online belegt hat, kommt sie immer mit dem Totschlagargument, dass so eine Tour ja letztlich wieder am Ausgangspunkt enden würde und somit schon per se völlig sinnlos wäre.

Gibt ja auch gar kein WLAN da oben.

Ich hingegen hatte früher nicht nur kein WLAN, sondern insgesamt kein Netz oder auch Smartphone und war deshalb vermutlich erfreulich unvoreingenommen bezüglich Hüttenübernachtungen. Ich wanderte seit 4 durch die deutsche Walachei, vorher fuhr meine Mutter mich vermutlich im Kinderwagen durch, stand mit 5 zum ersten Mal auf der Wasserkuppe und mit 6 auf der Aiblinger Hütte, entdeckte die Maare in der Eifel mit 8, das Fichtelgebirge mit 9 und bekam mit 10 als bis dato jüngster Berliner überhaupt die goldene Ehrennadel des Tourimusverbandes Rhön für den 25. Besuch. Und das war erst der Anfang. Als es und ich kurz vor 12 war, beschlossen meine Eltern, dass immer nur deutsches Mittelgebirge dann doch nicht die Antwort auf ihre erste aufkommen Lebenskrise – meine Mutter war 40 und mein Vater kurz dahinter - sein konnte. Sie fassten den mutigen Entschluss, jetzt dann doch mal was ganz anderes zu machen.

Österreichische Alpen.

Ich rechne es Ihnen bis heute hoch an, dass Sie es – ganz souveränes Familienmanagement – bei dieser strategischen Zielrichtung beließen und mir die praktische organisatorische Umsetzung quasi im Alleingang überließen. Auf meine Schwester war hier nicht zu zählen, also war ich auf mich gestellt und plante generalstabsmäßig unseren Urlaub. Es begann mit der Auswahl der Unterkunft. Meine Eltern versorgten mich mit Katalogen, ich wählte drei Hotels aus, stellte sie einzeln mit Pro und Kontra dem Elternbeirat vor und durfte meinen Favoriten durchsetzen. Mein Vater übernahm noch die nötigen Telefonate und somit waren 3 Wochen Sommerurlaub in Oberösterreich im Stodertal gebucht. Eine Entscheidung, die sich auch im Nachhinein als ausgezeichnet herausstellte – wir sollten noch mehrmals wiederkommen.

Wer hats geplant? Eben.

Nachdem die Unterkunft klar war, besorgten mir meine Eltern drei Wanderkarten des Urlaubsortes und der umliegenden Region und überließen sie mir mit der vagen Aufforderung, ich können ja mal ein paar Ziele für uns heraussuchen. Was ich natürlich gerne übernahm.

Ganz der Mittelgebirgserfahrene setze ich rund 3 kindgerechte Entfernungskilometer pro Stunde Wanderung an, legte ein Maximum von 6 Stunden am Tag fest und kam so auf 9 Kilometer Reichweite pro Wanderung. Mit dieser Faustformel ging ich an die Karten und plante. 20 Tage Urlaub standen zur Verfügung, 2-3 Ruhetage sollten reichen und natürlich musste etwas Auswahl her, und so legte ich 25 wahnsinnig interessante Routen fest und zeichnete sie gleich auf den Karten ein. Befriedigt betrachtete ich mein Werk. Nahezu alle Wanderwege auf der ausgefalteten Karte von einem halben Quadratmeter waren orange hinterlegt, ich hatte es geschafft, alle wichtigen Gipfel der Region abzudecken – darunter echte Schwergewichte wie den Großen Priel (höchster Berg des Toten Gebirges), Warscheneck, Großer Bosruck und Phyrgas, den Hohen Nock und – als Krönung sozusagen – den Grimming. Stolz setzte ich zügig einen erneuten Termin mit dem Elternbeirat an und präsentierte in Hochglanz und mit Laserpointer, was wir im Urlaub so alles erleben würden.

Anders als die Unterkunftsgeschichte, lief dieser Termin allerdings nicht ganz so rund. Meine Eltern schluckten kurz, sagten erst aha und soso – bevor sie mich belustigt darüber aufklärten, dass jeder dieser Gipfel weit über 2000 Meter hoch wäre - also nicht so ganz Rhön – und der Große Grimming noch dazu ein reiner Berg für Kletterer wäre. Also etwas zu heftig.

Aber da geht ein Wanderweg hoch, zeigte ich?

Ja, aber der ist gepunktet.

Und?

Gepunktet heißt Steig und ist nur für Geübte. Außerdem schaffen wir in den Alpen nur maximal 300 Höhenmeter pro Stunde. Und das auch nicht 4 Stunden am Stück – also zumindest wir nicht ohne Übung – und die haben wir nicht. Und Entfernung ist nix im Hochgebirge. Überleg noch mal neu, Martin.

Riesenenttäuschung. Ich sammelte leise die Karten zusammen und verzog mich in mein Zimmer. Was war das denn jetzt? Ich wollte wandern, meine Eltern hatten diese hervorragende Alpenidee und wenn's ans Eingemachte ging, dann kniffen sie? Also nicht erst vor Ort, sondern schon hier in Berlin?

Nach diesem frustrierenden Dämpfer wollte ich erst mal einen Monat nichts mehr von Österreich, Stodertal oder Totem Gebirge hören oder sehen. Das Thema war durch. Komplett. Sollten sie doch selbst zusehen. Erst irgendwann im Juni 1979 – 4 Wochen vor Urlaub und auf fünftes Nachfragen meiner Mutter, ob inzwischen vielleicht ein vorzeigbarer Plan B in der finalen Entwicklungsphase wäre – war ich dann doch wieder mental in der Lage, mich mit dem Thema zu beschäftigen.

Ich setzte mich erneut an die Karten und begann zu lesen und zu verstehen. Mit etwas Abstand zur gekränkten Eitelkeit rechnete ich nach, dass ich mir und meiner Familie in den 3 Wochen rund 15.000 Höhenmeter eingeschenkt hätte – einfache Strecke. Wobei runter konnte ja nun nicht so schwer sein, oder? Meine Eltern hatten also schon das eine oder andere Argument für ihre Position, das wurde mir langsam deutlich. Dass ich nebenbei den Alpencross erfunden hatte, war damals weder mir noch der interessierten Allgemeinheit bewusst – die Idee hat wieder so ein anderer Wichtigtuer abgekupfert. Ich speckte unser Programm etwas ab, legte neue Routen in blau statt orange fest und halbierte das Programm. Den Großen Priel als höchsten Berg der Region ließ ich im Programm. Aufgeben war schließlich eine Geisteshaltung. 1900 Höhenmeter – rund 4 Stunden rauf sollten ja wohl reichen.

6 Wochen später, gegen 13:30 stand ich nach 8 Stunden mühsamer Plackerei in sengender Sonne unter dem riesigen rostroten Gipfelkreuz dieser Kalkpyramide und war sprachlos. Erstmals lag mir buchstäblich die Welt zu Füssen. Der Blick ging über hunderte Kilometer weit über kalkweiße Gipfel, Hänge und Grate. Ich meinte den Großglockner ebenso zu erkennen wie den Dachstein oder was auf der Karte noch so eingezeichnet war. Nicht, dass ich irgendeine Ahnung von der Gegend hatte, aber der Großglockner war laut Schulwissen der höchste Berg in Österreich, also musste der Höchste Punkt, den ich sah, ja wohl zwangsläufig der Großglockner sein. Logisch, oder? In der Tiefe lagen Wälder und Wiesen, die Häuser von Hinterstoder waren mit bloßem Auge kaum mehr zu erkennen. Das viele Wasser, was wir unterwegs gequert hatten, war ebenso wenig zu erahnen wie wir das Prielschutzhaus, die 1000 Meter unter uns liegende Schutzhütte, nicht mehr so einfach ausmachen konnten. Die Stille war vollkommen. Ein leichter Wind ging und hin und wieder war das leichte Rauschen zu hören, wenn eine Krähe elegant an uns vorbeisegelte – immer darauf aus, ob nicht etwas von der Brotzeit zu Boden ging. Es war majestätisch. Wir waren um 4:30 aufgestanden um pünktlich gegen halb 6 loszukommen und gegen Mittag locker ober zu sein. Eine Mischung aus Vorfreude, Abenteuer und einem Heidenrespekt machte sich breit. Aus der Nähe

sah dieser Berg aus, wie wohl der Mount Everest aussehen musste: riesig! Das Gipfelkreuz bereits im Tal deutlich zu erkennen, so klar war die Luft. Hier oben war es sicher 5 Meter groß. Kein Nebel weit und breit. Im Verlauf des Weges wurde allerdings klar, dass dieses Kreuz absichtlich so groß war. Ich meinte, es jeden Moment zu erreichen, mit der Hand greifen zu können. Es lag immer genau 5 Minuten entfernt. Also maximal. Wir standen insofern 6 Stunden lang immer genau gerade davor. Ich bin mir völlig sicher, Michael Ende war hier oben und hat nach der Tour den Scheinriesen erfunden.

Es stellte sich allerdings auch heraus, dass meine Eltern mit Ihren Bedenken in Berlin genau richtig lagen. Wandern ist eine Sache – Bergsteigen eine ganz andere. Letztlich waren wir alle drei – meine Schwester wurde wohlweislich im Tal bei Freunden abgestellt – ja im Hochgebirge ungeübt. Wir hatten zwar jeder 15 Abzeichen der deutschen Mittelgebirgsidylle am Wanderstock – aber das hier war ne andere Nummer. Und während ich immerhin noch den jugendlichen Leichtsinn und die Kondition des 12jährigen Fußballers (BSC Berlin!) aufbringen konnte, keuchten meine Eltern den Weg förmlich hinauf, Steilstufe um Steilstufe, Kehre um Kehre, Schneefeld um Schneefeld und zuletzt auch noch den mit Stahlseilen versicherten Abschnitt, bei dem meine Mutter schon bergauf Stoßgebete zum Himmel sandte und den Allmächtigen immer wieder daran erinnerte, dass sie diejenige wäre, die ihn hier regelmäßig in der Kirche besucht und ob ihm so viel Zuneigung nicht auch was wert wäre, jetzt, wo sie sie einmal bräuchte. Denn sie habe keine Ahnung, wie sie da jemals wieder runterkommen sollte.

Am Gipfelgrat ging es aber schon besser und sie murmelte nur noch, dass ihr dieses Geisteshaltungsthema in der beschissenen Senger-Familie schon immer auf den Geist gegangen wäre. Aber sowas von.

Solche Beschwerden waren mir glücklicherweise fremd, war ich doch mit dem sprichwörtlichen jugendlichen Leichtsinn ebenso ausgestattet wie mit Schwindelfreiheit und dem Bewusstsein, dass mir sowieso in diesem Leben nichts passieren könnte – eine Überzeugung, die leider mit zunehmendem Alter immer weiter schwindet. Sie kennen das sicher. Ob dies wiederum mit dem Näherrücken des eigenen Ablebens, der aufgebauten Lebenserfahrung oder einfach der Kenntnis all dessen, was eben mal total blöd laufen kann, zu tun hat, weiß ich bis heute nicht. Vielleicht sind es auch meine Kinder, die mir mit ihrer eigenen Leichtigkeit inzwischen dazu verhelfen, jeden möglichen Unfall, der einem so zustoßen kann, ohne Vorlauf in Gedanken zu visualisieren. In Cinecolor. Ich werde jedenfalls immer stolzer auf meine Eltern, dass sie diese Aktion mit uns durchgezogen haben.

Ich sage absichtlich mit uns! Wir hatten nämlich auch noch einen lebenden Bremsklotz dabei. Herr Deppendorf aus Oldenburg, Tischnachbar im Ferienhof, der im abendlichen Weingelage entschieden hatte, dass er auch Geisteshaltung besäße und uns begleiten wollte. Und meine Eltern hatten natürlich im geistreichen Schwung zugesagt. Prost.

Selbst schuld. Hicks.

Hierzu sollte noch Folgendes gesagt werden: hatten meine Eltern schon keine Erfahrung im Hochgebirge, war es doch so, dass sich hier der Blinde an die Einäugigen hängte. Bauchumfang 100, Kondition 0, Blasen an den Füssen ab Stunde 2 – aber mit dem stoischen Willen des Westfalen ausgestattet, schleppte sich Herr Deppendorf Schritt um Schritt den Berg hinauf. Leider in halbem Tempo gegenüber meinen Eltern. Ein Einsatz der Bergwacht war bei unserer Truppe insofern eigentlich vorprogrammiert.

Wie erwähnt brauchten wir rund ein Tagespensum um nach oben zu kommen – wir mussten aber ja auch wieder runter. Über Steiganlage, Schneefeld und endlose Schutthänge – mit einem Leichtverletzten, der schon vorab hätte auf der Hütte bleiben sollten. Ich glaube, wir haben lange nicht mehr so ein Glück gehabt, wie an diesem 15.Juli 1979, dass wir abends um 8 fix und fertig, aber voller Endorphine wohlbehalten wieder auf dem Ferienhof eintrafen und der versammelten Urlaubergruppe unter vielen Ahs und Ohs von unserem Abenteuer erzählen konnten. Wobei unfairer Weise natürlich der Verletzte den meisten Zuspruch bekam – und nicht etwa die, die sein Überleben erst möglich gemacht hatten.

Und ich?

In mir wurde damals ein Schalter umgelegt, der bis heute nicht in die Ausgangsstellung zurückkonnte. Als Berliner bin ich nach Süden gezogen, bin zu den Gebirgsjägern der Bundeswehr gegangen und hiergeblieben. Heute – 40 Jahre später – stand ich auf ungezählten Alpengipfeln, Berghütten und Bergwegen. Einige Touren waren echt eng, aber bisher immer Glück gehabt - beim Bund habe ich Kameraden beerdigt, für die es am Berg nicht so gut lief. Ein Studiumskamerad ist nicht mehr aus dem Himalaja zurückgekehrt – Lawine erwischt. Ein Wehrdienstleistender ist in meinem Bataillon am Berg gestorben, Überanstrengung und eiskaltes windiges Wetter. Hat sich damals bis zum Gipfel hochgekämpft, sich einfach nur hingesetzt und ist an Ort und Stelle gestorben. In Minuten. Er hatte Haltung – geholfen hat es ihm nicht. Meinen Zug hab ich Blödmann – anstatt sie zu umgehen - durch eine Steilstelle mit enormem Steinschlag geführt, und mit viel Glück hat keiner einen abbekommen – außer mir, als ich – wie immer indisponiert – den runterkommenden Stein im Reflex auffangen wollte. Wie blöd kann man sein. Zum Glück nur faustgroß, was wohl meine Hand und mich selbst am Leben gelassen hat. Danach stand ich tatsächlich noch in so manchen Situationen, die vor lauter „ach ja" echt ganz anders hätten ausgehen können – was einem aber irgendwie immer erst hinterher in der Hütte oder zuhause so richtig klar wurde. Immer wachte da irgendwie jemand über mich und sorgte dafür, dass es bei allem Leichtsinn und allem "ach das wird schon" am Ende auch geworden ist. Damals ebenso wie in den folgenden Jahren bis heute, wo ich knie- und konditionsbedingt kaum noch in die hohen Höhen komme.

An die meisten „meiner" Gipfel erinnere ich mich kaum noch – aber den Großen Priel, 2514m, meinen ersten großen Berg, vergesse ich nie. Wie ich eingangs sagte: meine Eltern haben es vermasselt.

Wandern ist halt auch eine Geisteshaltung.

VIER

Rimsting 47°88′25′′ Nord 12°33′81′′ Ost

Rimsting – Wasserburg – Dorfen – Wartenberg

Und irgendwann ist der Tag, an dem es losgeht. Die Planung – nicht, dass es jetzt Wochen der Vorbereitung bedurfte – steht seit langem. Im Prinzip hätten auch ein bis zwei Stunden gereicht, aber als ordentlicher Deutscher liegt mir losgehen ohne Planung von hause aus völlig fern. Lieber dreimal zu viel geplant als einmal unvorbereitet losgegangen.

Keine großartige Anfahrt über tausende Kilometer, keine lange Flug- und Anreiseplanung und Durchführung nötig. Kein Auto am Flughafen oder Warten auf die verspätete Bahn, um nach Spanien oder Südfrankreich zu kommen, Jakob zu spielen und dann mal weg zu sein. Damit natürlich auch kein vorsichtiges Einstimmen auf den Start, aber was solls. Es geht los. Tür auf, Rucksack geschultert, raus und auf dem Weg. Einfach so – so einfach.

Ich drehe mich nochmal um, drücke meine bedröbbelte Familie, und gehe – los. Als ob ich zum Bäcker will oder meinetwegen auf n Berg gehe, zur Tür heraus, die Auffahrt runter und dann rechts die Straße hoch. Nur geht es eben nicht zum Supermarkt, sondern zur Ostsee.

Memo:

Dazu sei an dieser Stelle angemerkt, dass ich als Normalsterblicher mit Kindern / Familie, Hypotheken bis zum Hals und einem 50 Stunden-Job nicht den Luxus genieße, den viele Singles oder junge Paare in Ihren Reise- oder Abenteuerberichten ausleben. Aussteigen oder unbezahlten Urlaub kann man sicher in bestimmten Lebenslagen nehmen, bevorzugt wenn man finanziell

45

oben durch ist oder in jungen Jahren, mit entsprechendem finanziellem Polster. Oder natürlich als Beamter, wenn man ohnehin keinerlei Zukunftsängste mit sich schleppt. Als Lehrer lässt sich super in dem Bewusstsein auf die Kacke hauen, dass der Dienstherr einen garantiert raushaut und mit Prämie und Handkuss wieder aufnimmt, wenn man sich irgendwann mal ausgetobt hat. Ich gönne es von Herzen allen Weltenbummlern, die sich ihren Traum erfüllen – als Standard-Arbeitnehmer und halbwegs verantwortungsvoller Vater und Ehemann einen gesamten Jahresurlaub für einen Egotrip draufzugeben, kommt nicht immer gut an und ist für mich auch keine Option. Schon rein ethisch betrachtet. Und die Kids hatten partout keinen Bock auf 6 Wochen Latschen. Genau genommen ja nicht mal 6 Stunden.

Zudem ist der durchschnittliche private deutsche Arbeitgeber eher unentspannt, wenn man ihn auf 6 Wochen Jahresurlaub plus ein paar Überstunden am Stück anspricht. Konkret in meiner Firma lief das dann so:

„Mensch, Hr. Senger, das ist ja mal ne ganze tolle Idee, die Sie da haben. Bis zur Ostsee also? Das ist ja mal ein Weg. Klasse. Im Sommer sagen sie? In einem Stück? Toll, auch für sie persönlich. Irgendsowas wollte ich auch schon immer mal machen. Einfach mal abhauen und durch die Welt gehen…"

Es geht so weiter in dem Stil mit lauter mehr oder weniger rhetorischen Fragen und während er das alles sagt, dreht er langsam auf seinem Stuhl ab und genauso verliert sich seine Stimme im off und wird plötzlich ganz versonnen. Warm sogar. Kenn ich so gar nicht, der harte Hund hat ja ne ganz andere Seite. Gutes Zeichen. Ich lass ihn mal ein wenig schwelgen.

Schweigen. Seufzen. Er sitzt mit dem Rücken zu mir und starrt zum Fenster raus, wo 20km südlich eine grüne Frühlings-Alpenkette unter blauem Himmel aufgereiht steht und ist auf einmal ganz weit weg. Macht keine Anstalten, in naher Zukunft wieder zurückzukehren. Irgendwann räuspere ich mich mal vorsichtig. Er dreht sich abrupt um. Ist wieder im Hier. Husten.

„Ähm. Genau. Ich sag Ihnen was: wenn der Laden gut weiterläuft, obwohl Sie 3 (!) Wochen am Stück im Urlaub sind, dann

können Sie ja auch gleich wegbleiben und wir sparen uns Ihre Position. Was halten Sie davon? Einverstanden?"

Eiskaltes Lächeln inklusive.

Lief doch echt gut.

Im Rausgehen ruft er mir noch nach, ich soll mich unbedingt von unterwegs mal melden und erzählen, wie es so ist. Vielleicht ein kleiner Beitrag für die Firmenzeitung?

Bei dieser Grundstimmung 6+ Wochen Urlaub einfach einzureichen, zeugt alternativ von einem gnadenlosen Optimismus oder auch einem Leck-mich-doch-Chef-Ansatz – beides kann ich leider nicht aufbringen – schon vor der Konsequenz graut mir ein wenig und ich bin mir nicht sicher, wie die Kinder es unter einer Brücke so finden. Dazu liegt mir auch noch was an meinem Job. Es müsste also erst im Bereich Job oder Familie ein gravierender Einschnitt passieren, bis der Weg am Stück zurückgelegt werden kann. Oder halt als Rentner – bei der derzeitigen Inflation des Renteneintrittsalters würde das so mit 85 sein. Alles keine wirklichen Alternativen.

Als Lösung wähle ich zunächst die Möglichkeit der Stückelung. Erst also mal die drei Wochen Urlaub plus Wochenende davor und danach. Das macht 23 Tage und dann muss ich halt weitersehen. Dieses vom Sinn des Ganzen bereits abweichende Konzept ist mir schmerzlich bewusst und wenn Sie mich verurteilen wollen, wäre jetzt der geeignete Zeitpunkt dafür.

Die Geschichte geht dann übrigens so zuende, dass meine Firma 1 Jahr später von der Konkurrenz übernommen wird. Der neue Investor nimmt mir (und einigen anderen) die Entscheidung, wo wir gerne arbeiten würden, auch umgehend und sehr gerne ab und entscheidet für uns, dass es zumindest nicht mehr in der x-Straße in Rosenheim sein wird. Und auch, ob ich meinen Job mag, wird plötzlich einigermaßen irrelevant. Wenig später habe ich dann also plötzlich und sehr unerwartet etwas mehr Zeit und gehe den zweiten Abschnitt, ohne das nochmal mit meinem Chef zu besprechen. Auch deshalb, weil ich gar keinen Chef mehr

habe und der Chef auch nicht mehr Chef ist und sich seinerseits
nach einer anderen Firma umsieht. Ob er vorher seinem Wander-
wunsch nachgegangen ist, habe ich bisher nicht erfahren. Ich hoffe
für ihn, dass er nicht immer noch aus dem Fenster schaut.

Ich gehe also die Straße hoch, nicht zum Supermarkt, sondern nach Dierhagen an die Ostsee. 47°88′25′′ Nördlicher
Breite und 12°33′81′′ Östlicher Länge lese ich von meinem
Handy ab. Startpunkt. Genau auf diesem Längengrad stehe
ich jetzt, an einem frühherbstlichen Septembertag 2018. Der
heiße Sommer liegt hinter uns, die flirrende Hitze des Au-
gusts ist einem warmen, wohligen 24 Grad Gefühl gewichen. Der Wind streicht vom Chiemsee hoch hier nach Rimsting und lässt die Blätter, die die ersten noch ganz
schwachen und kaum zu erahnenden Färbungen zeigen,
leise rauschen. Eher ist es ein Wispern, was an diesem trägen Samstagmorgen über dem Ort liegt. Die Touristen-
schwärme des Sommers sind weitgehend verschwunden –
geblieben sind diejenigen, die sich nicht um Schulferien
kümmern müssen – ein Wohnmobil nach dem anderen
brummt durch die Hauptstraße Richtung Breitbrunn. Der
Chiemsee-Rundweg ist um diese Jahreszeit geflutet von
Ü60-Radfahrern, die auf Ihren sauschnellen e-Bikes und
ohne, dass die eigene Reaktionsfähigkeit in gleichem Umfang zugenommen hätte, zu einer veritablen Gefahr für jeden unachtsamen Fußgänger werden. Für Hunde wird
schon gar nicht mehr gebremst. Alles strömt entweder hier
herum oder in die Berge – ich hingegen nehme die umge-
kehrte Richtung, kehre den Alpen den Rücken und gehe
nach Norden.
Seltsam fühlt es sich an, die Straße, die ich üblicherweise
mit dem Auto zum Wertstoffhof und dem Reitstall der Kinder mehrmals die Woche hinter mich bringe, jetzt zu Fuß zu
nehmen. Ok – beim Joggen führt mich der Weg manchmal
hier entlang – aber noch nie mit Rucksack. Hinter dem Reitstall – ich grüße fröhlich die verdutzten Reitlehrer - verlässt

der Waldweg einstweilen die Gemeinde und ich tauche erstmals ein in das, was die nächsten tausend Kilometer meinen Rhythmus bestimmen soll: Wälder, Wiesen, Schotter- und Waldwege. Grüne Landschaft, unterbrochen von Bächen und Flüssen, Ortschaften und Weilern – aber vor allem eben Ruhe und Natur. Sofort stelle ich fest, dass die Existenzlautstärke abnimmt, die Geräusche unseres modernen Industriestaates, die auch in der oberbayerischen Idylle nicht wegzudiskutieren sind bis zur Nicht-mehr-Wahrnehmbarkeit in den Hintergrund treten und von natürlicher Tonkulisse abgelöst werden. Vögel zwitschern und freuen sich ignorant über die Erderwärmung, sacht streicht der Wind durch die Bäume. Und sofort stellt sich auch etwas ein, was sich auf dem gesamten Weg nicht ändern sollte:

Es ist keiner mehr da außer mir.

Das ist jetzt weniger die erfreute Diagnose eines autistischen Egozentrikers, sondern eine stille und sachliche Feststellung. Sobald ich Orte verlassen habe um mich auf dem Wegenetz Deutschlands fortzubewegen, wurde es schlagartig leer. Alle weg. Und dies sollte sich durch die nächsten Tage und Wochen ziehen. Natürlich finde ich Menschen in Städten und Gemeinden, aber je kleiner der Ort, desto unwahrscheinlicher – auch am helllichten Tag. Träge Weiler in der Sonne oder im Regen. Plätschernde Dorfbrunnen und das Summen von Melkmaschinen oder anderen Geräten in Ställen und Höfen. Wanderboom hin oder her, Drang nach Natur so stark wie nie – aber mehr als mal ein Hund oder eine Katze ist nicht. Auf 1000 km sind mir im Wald nur eine Handvoll Leute begegnet – und die waren als Förster oder Jäger eher dienstlich unterwegs. Wir haben so unglaublich viel Platz zum Gehen, aber die hohe Bevölkerungsdichte Deutschlands scheint sich vorwiegend zu Hause oder in der Nähe einer Straße oder bevorzugter Plätze abzuspielen – im Wald und auf den Wiesen sind die Leute zumindest nicht. Da habe ich sehr genau nachgesehen.

Obiges mag nicht glauben, wer mal seinen Sommerurlaub im Alpenraum verbringt und eines schönen Sonntags auf irgendeine Alm geht – hier stehen ja schon die Kinderwägen an markierter Stelle sauber in einer Reihe neben hunderten Mountainbikes. Nachdem Letztere inzwischen alle e-betrieben zu bekommen sind, kommt inzwischen jeder Mitbürger locker an die schönen Plätze dieser Welt, die zuvor den fitten Enthusiasten vorbehalten war. In gleichem Umfang wird es aber auch unaushaltbarer und weniger idyllisch an diesen idyllischen Plätzen. Der Fokus auf die „Highlights" in den Bergen oder Mittelgebirgen bedingt allerdings als angenehmen Nebeneffekt eine gähnende Leere in der Walachei. Und genau die wollte ich ja auch haben.

Heutiges Ziel: Wasserburg am Inn. 25km

Ich verlasse den Wald oberhalb von Antwort – das heißt tatsächlich so - und finde mein Wandertempo. Ich muss mich erst daran gewöhnen, dass es nichts gibt, was mich treibt – die Rezeptionszeit des gebuchten Hotels einmal ausgenommen. Aber die ist erst heute Abend um 10 – und 13 Stunden für 25km sollte ich nicht mal brauchen, wenn ich mir unterwegs was Wichtiges breche. Also außer Hals. Langsam schlendern ist trotzdem nichts, da stellen sich durch die ungesunde Haltung sofort Rückenschmerzen ein. Mein Tempo sind und bleiben also die rund 5km pro Stunde – 6, wenn ich es eilig habe – 4, wenn ich gemütlich gehe. Ich brauche genau 52 Doppelschritte für 100 Meter – weiß ich seit der Orientierungsausbildung beim Bund und hat sich in den letzten 30 Jahren nicht geändert. Ich habe es nachgeprüft auf der örtlichen Sportbahn. Hätte ich einen Schrittzähler im Armband, wüsste ich jederzeit, wie weit hinter und noch vor mir liegt – hab ich aber nicht, ob das jetzt gut oder schlecht ist, weiß ich im Moment noch nicht so recht.

52 Doppelschritte auf Hundert Meter – also 520 pro Kilometer und heute 13000 davon. Luftlinie ohne links oder rechts abzuweichen. In der Realität kommen rund 20%

oben drauf, weil man natürlich nicht querfeldein geht. Also 30km gleich mal am ersten Tag. Nicht schlecht für den Anfang.

Ich quere Antwort, die kleine schöne Dorfkirche bleibt rechts liegen, ebenso wie die dörfliche Autowerkstatt, das Haus mit den Asylbewerbern und der große Hühnerhof. Alles noch bekannt von Gängen mit Hund oder wenn Micha, die die eindeutig fittere von uns beiden ist, mich mal zu diesen mörderischen 15km Joggingrunden überredet hatte. Wobei sie eher mit Druck und fiesen Tricks denn Überredung arbeitete, aber das gehört jetzt wirklich nicht hierher.

Denn jetzt kommt die erste Kreuzung, an der ich noch nie rechts gegangen bin, sondern immer links. Das große Unbekannte beginnt nach 2 Kilometern.

Links fließt nahezu lautlos ein Bach in Richtung Simssee, eine kleine Holzbrücke schwingt sich elegant über das Wasser, dahinter Wald und Wiese. Postkartenidylle in Oberbayern. Warum ich die eigentlich verlassen will, frage ich mich und wende mich rechts. Der Weg steigt an und windet sich Richtung Bad Endorf, was ich aber rechts liegenlassen werde. Drei grüne Heuballen gut verpackt in tonnenweise garantiert umweltfreundlicher Kunststofffolie liegen am Wegesrand und grinsen mich an. Jemand hat mit Edding große freche Gesichter darauf gemalt – beide freuen sich und bleiben schön in der Sonne liegen. Faulpelze. Die erste Stunde des Weges liegt hinter mir.

Etwas über zwei später mache ich die erste richtige Pause. Ich sitze an dem verlassenen Naturbadeteich von Schonstett. Die Sonne steht der Jahreszeit angemessen halbwegs hoch am Himmel, die Temperatur im absoluten Wohlfühlbereich liege ich auf der leeren Wiese, die sich vom Sommerbetrieb erholt. Meine Füße hängen ins Wasser – eine Wohltat nach jetzt fast 20 Kilometern und ich erwäge kurz, ein Bad zu nehmen. Allerdings schrecken mich die vielleicht 15 Grad, die das Wasser hat. Die Glocke der

Kirche auf dem Hügel mitten im Dorf – eigentlich besteht das Dorf zu 80% aus Kirchberg – der Rest sind ein paar Häuser schön im Oval im diesen weithin sichtbare Landerhebung – schlägt 1.

Eigentlich hatten meine Nachbarn versprochen, hier an dieser Stelle einen Versorgungspunkt aufzustellen und mich zu erwarten – das hatten sie jedenfalls bei der letzten Grillfeier angekündigt. Allerdings sind hier weit und breit kein Tisch, Anfeuerungsrufe oder geschnittene Bananenstücke auszumachen. Vermutlich habe ich meine Startzeit falsch bekanntgegeben – also müssen es die belegten Brote und ein Apfel auch tun. Ist mir bei diesem Wetter und der beruhigenden Stimmung auch egal.

Es fällt mir einigermaßen schwer, mich nach 1 Stunde wieder aufzuraffen und die Schuhe wieder anzuziehen – aber die letzten 10 oder so Kilometer wollen geschafft werden und ich kann noch nicht recht einschätzen, wie lange ich brauche. Der Hektiker in mir, der lieber zu früh als zu spät irgendwo auftaucht, ist nicht so schnell zu überlisten. Die Sonne im Rücken gehe ich weiter. Nach der Pause erstmal etwas unrund, die Füße müssen sich erst wieder gewöhnen, die Maschine in Schwung kommen.

Nach weniger hundert Metern erneut ein kleiner gurgelnder Bach – oder Fluss – wo verläuft eigentlich die Grenze zwischen beidem? Ich stehe auf der Brücke und schaue in das moorige Wasser der Murn, die in hunderten Kurven durch den Wald schlingert und sich langsam ihrem Ziel, dem Inn nähert, der irgendwo ein paar Kilometer westlich von mir verläuft. In Wasserburg werden wir uns dann wiedertreffen – ich frage mich, wer wohl eher da sein wird. Auch das lässt sich natürlich errechnen – Fließgeschwindigkeit mal Entfernung gegenüber Gehgeschwindigkeit usw. Wäre ich Mathelehrer, würde ich… ach was solls. Oder ich schmeiße etwas sehr Auffälliges ins Wasser und schaue dann in Wasserburg, ob ich es wiederfinde? Vielleicht meinen Rucksack, das wäre eine feine Sache, den in

Wasserburg wieder geliefert zu bekommen. Aber der würde natürlich hier an Ort und Stelle absaufen, also verdränge ich diesen Gedanken.

Ich löse mich von dem stillen Anblick des Wassers und gehe weiter Richtung Norden. Geradeaus kommt erstmals ein Stück querfeldein, was mir aber einen kilometerlangen Umweg ersparen soll. Ein kurzer Blick aufs Navi.... ich bin richtig. Dort vorne ist die entsprechende Wiese, auf die ich schnurstracks zugehe. Leider geht es nicht so reibungslos, wie gedacht – die Wiese ist eine Kuhweide und 40 Viecher schauen mich erwartungsfroh an. Na komm, Mensch, willkommen im Ring. Nur Du und wir, wie wärs. Links und rechts wären es jeweils 200m, um die Weide zu umgehen – ich blicke unschlüssig zwischen den Begrenzungen und den Rindern hin und her. Hat die eine da nicht eben gegrinst?

Ach was solls. Ich gebe mir einen Ruck und werfe ein Bein über den Zaun. Am Ende haben die mehr Angst vor mir als umgekehrt – oder sind neugierig, aber sicher nicht aggressiv. Richtig? Ich schlage die einschlägigen Warnungen auf immer mehr Almweiden in den Wind und gehe zügig und zielstrebig geradeaus durch die Herde, die mich interessiert betrachtet. Ein paar gehen zur Seite, einige bleiben stoisch stehen und schauen mich mit ihren schönen braunen Augen an. Hinter mir hat sich ein tapferer Einzelgänger entschlossen, zu folgen. Andere schließen sich an und ich sehe plötzlich aus, wie der Senner, der seine Herde führt. Fehlt der obligate Holzstab, der vermutlich nicht nur zum drauflehnen gedacht ist, sondern auch zur Verteidigung. Warum fällt mir sowas eigentlich immer erst ein, wenn es zu spät ist? Zum Glück halten sie einen Sicherheitsabstand und kommen nicht näher als 5 Meter an mich heran – also kein Grund zur Panik. Noch 50 Meter, die Weide ist wirklich größer als gedacht. Vor dem Zaun drehe ich mich noch einmal um – und die Gruppe bleibt stehen. 20 Augenpaare schauen mich fragend und neugierig an, als ob sie erwarteten, dass ich den Zaun öffne und sie in die Freiheit entlasse. Oder sie mitgehen wollten. Vielleicht ne kleine Motivationsansprache? „Na, die Damen? Wie siehts aus?" frage ich laut. „Auf nach Wasserburg? Oder lieber doch hierbleiben, wo es Euch gut geht?"

Tag 1 und ich rede also mit Kühen! Am Ende des Weges bin ich vermutlich ein brabbelnder Idiot, der die ganze Zeit unverständliche Worte vor sich hinmurmelt und der zivilisierten Welt keinen Zugang mehr bietet. Ich schüttele den Gedanken ab, wende mich entschlossen zum Weitergehen und steige über den Zaun. Weil ich steifer bin als gedacht und den Abstand falsch einschätze, krieg zum Abschied auch noch einen schönen veritablen Stromschlag an den Oberschenkel. Wow, das geht einmal komplett durch und es reißt mich förmlich in die Höhe. Lächerlich hopsend überqueren meine letzten Extremitäten den Zaun. Ich höre deutlich hämisches Gelächter aus der Kuhgruppe und zwinge mich, hier jetzt keine Diskussion anzufangen. Peinlich genug, das Bein nicht hoch genug gekriegt zu haben, da muss ich mich nicht auch noch dadurch outen, dass ich mit Kühen über Stromstärke und Frequenz diskutiere. Also grade machen und weiter. Haltung, Martin. Nach wenigen Metern drehe ich mich dann aber doch nochmal um und winke den Damen zu. Ich zittere ein wenig, so ein Stromstoß ist echt nicht ohne. Sie stehen unverändert und schauen mir belustigt nach. Einige haben schon wieder zu kauen begonnen – aber die eine bastelt immer noch am Stromgerät herum.

Mama Muh. Ich wusste es.

Die Sonne steht bereits tiefer am Himmel, als ich die Brücke über den Inn betrete und auf die wunderbare Altstadt von Wasserburg zugehe. Die Murn hat geholfen, den Inn zu einem stolzen Fluss anschwellen zu lassen, die Breite an dieser Stelle ist sicher über hundert Meter und aus dem trägen Wasser ist ein vielleicht nicht reißender aber immerhin flotter Strom geworden, der hier eine formvollendete 180

Grad Kehre hinlegt - eigentlich ist es sogar noch mehr als nur eine schnöde Kehre – und eine tropfenförmige Halbinsel geformt hat, auf der vor knapp 1000 Jahren die erste urkundlich erwähnte Besiedlung begann, die von der Brücke aus fast wie ein Trutzburg auftritt, weil die Häuser im Bogen immer entlang des Inn gebaut wurden und sich in mehreren Stockwerken 10 Meter oder mehr in die Höhe schrauben und wie eine Wand vor mir stehen. Das Stadttor ist offen und ich bin gespannt, wie es „drinnen" aussieht. Von außen könnte man meinen, dass der Inn Pegel auch gerne 20 Meter höher stehen könnte und dann doch nur einfach um die Stadt drumherum fließen würde, sobald der Stöpsel ins Tor geschoben würde. Tatsächlich ist an der Stadtmauer ein Pegelstand angezeichnet, der ablesen lässt, wann den Bewohnern das Wasser buchstäblich bis zum Hals stand. Zuletzt war es im Juni 2013 der Fall – damals ging das Wasser immerhin bis an die Unterseite der Brücke, die normalerweise 5-6 Meter über dem Wasserspiegel thront.

Heute allerdings wird der Sollabstand eingehalten, der Inn fließt mit begrenzter Kraft und die Häuser leuchten trocken und bunt in der Nachmittagssonne. Ich trete durch das Stadttor und stehe in einer überaus pittoresken Altstadt mit mehreren Kirchen, bunten und fröhlichen Häusern und jede Menge Stil und Leben. Ich liebe diese deutschen Altstädte, die glücklicherweise den Bombenkrieg mehr oder weniger komplett überstanden haben und in mir dieses entspannt warme Gefühl der Geborgenheit und Ruhe auslösen. Leider, und das fällt mir hier und jetzt direkt auf, haben die Stadtoberen es bis heute nicht geschafft – oder gewollt – den Verkehr aus der Stadt zu führen und so führt eine halbe Hauptstraße in einem Ring mitten durch die Altstadt, was die ganze Atmosphäre nachhaltig negativ beeinflusst. Nachdem mich mein Weg bereits durch die Vorstadt geführt hatte, konnte ich mich schon wieder an die Geräusche von Verkehr gewöhnen und an diesem Samstag hält er sich auch in Grenzen, aber nachdem das Rauschen des Inn hinter mir liegt und im Stadttor zunächst noch von Ruhe abgelöst wurde, macht jetzt jedes Auto einen ordentlichen Lärm, der von den Mauern der alten Stadt noch verstärkt wird. Ich setze mich erstmal etwas abseits in ein Eiscafé an der Kirche und genieße die vielleicht letzten drei Kugeln des Jahres. Oder vielleicht auch nur die letzten für heute – ich weiß noch nicht so recht.

Die umsitzenden Kunden sind allesamt ordentlich angezogen und saugen die letzten Sonnenstrahlen des Tages alternativ gierig oder entspannt auf, bei Latte Macchiato, Eiscreme und einer Zigarette lässt es sich wohl leben. Dagegen sehe ich mit meinem Rucksack einigermaßen fremdkörperartig aus – wobei der Gegensatz nicht so eklatant ist, dass ich angestarrt würde. Und in Bayern läuft natürlich gerne mal einer mit einem Rucksack vorbei.

So sehr ich das Eis genieße, so anstrengend finde ich bereits nach kurzer Zeit die Geräuschkulisse – die wenigen Wanderstunden haben bewirkt, dass ich die Stille bereits als Standardzustand verinnerlicht habe. Obwohl es hier objektiv betrachtet durchaus in mittleren Lärmrahmen zugeht wünschte ich mir, sofort weitergehen zu können. Also im Kopf. Physisch betrachtet bin ich nach den ersten 30 Kilometern einigermaßen im Eimer und das Café ist eine willkommene Raststation. Weitergehen wäre heute zu viel – und zudem habe ich hier mein erstes Hotel gebucht.

Ich wuchte mich hoch und mache mich auf die Suche nach meiner Unterkunft. Inzwischen steckt mir die Entfernung doch ordentlich in den Knochen und ich wackle ziemlich unrund durch die Altstadtgassen, froh dass es nicht mehr weit ist. Ich finde das Hotel und stelle mit Zufriedenheit fest, dass ich eine Seitengasse erwischt habe und der Verkehr hier kaum zu hören ist. Nach freundlicher Begrüßung durch die Rezeptionistin klettere ich bedächtig die drei Treppen hoch, lasse meinen Rucksack in die Ecke plumpsen und inspiziere meine Bleibe. Ohne das Gewicht am Rücken bewege ich mich plötzlich schwerelos wie auf dem Mond – könnte glatt wieder ein Stück weiter. Ruck-sacktransportservice fällt mir ein – aber ich verdränge die-sen Gedanken umgehend. Soweit kommts noch, dass ich mir das Gepäck nachfahren lasse. Nur über meine Leiche – und von dem Zustand bin ich noch weit weg. Ich falle glücklich und zufrieden aufs Bett. Jetzt Dusche, Ausruhen und dann schön essen gehen.

Das Leben ist gut zu mir!

Drei Tage später ist es das immer noch.

Zugegeben, am folgenden Tag, als ich erstmals mit so vie-len Kilometern in den Knochen die Treppe zum Frühstücks-raum runtergekrochen bin und mir erstmals in meinem Le-ben so einen Treppenlift als ernsthafte Alternative vorstellen konnte, gings mir gar nicht gut. Also wirklich gar nicht. Schönen Abend gehabt, nett und tief geschlafen, 8 Uhr Wecker, freudig aus dem Bett gewuchtet und …Booaah. Was ist das denn?

Mir tut quasi alles weh. Also Beine, Knie, Rücken – dafür habe ich ja noch Verständnis angesichts der hohen Korrela-tion zwischen Gehentfernung und den Instrumenten dafür, aber die ganzen anderen Körperteile haben nun wirklich kein Recht auf Auszeit. Was ihnen allerdings völlig egal ist. Die Unterarme brennen mit Muskelkater, der Hals ist ver-spannt wie nie gekannt und das Becken gibt deutlich hör- und fühlbare Knirschgeräusche von sich. Meine Kopfhaut meldet Haarspitzenkatarrh. Mindestens, wenn nicht gleich einen Tumor.

Zu dem Zeitpunkt habe ich den Weg zurück ins Zimmer erst noch vor mir. Und muss das Ganze ja dann auch noch mal runter – wobei ich mir bis heute nicht sicher bin, was von beidem mehr wehgetan hat. Ich denke runter ist übler.

Die folgenden 30km nach Dorfen sind wie folgt in aller Kürze zusammenfassbar: Ächz.

Natürlich bin ich fit, besitze vielleicht nicht mehr ganz Ideal- aber trotzdem noch lange kein Übergewicht, habe eine ordentliche Grundkondition und absolviere regelmäßig Joggingeinheiten und Bergtouren. Aber letztlich kann man sich auf lange Etappen des Wanderns vermutlich nur durch lange Etappen des Wanderns vorbereiten – und die habe ich nun mal nicht absolviert.

So beginne ich diesen zweiten Tag wie jemand, der neu laufen lernt. Im Zimmer wieder angekommen, schiebe ich erstmal das Losgehen noch etwas auf die lange Bank und wie ich mir dann irgendwann ein Herz fasse und die Treppe hinter mich bringe, geht die Gepäckakrobatik los. Den Rucksack von links nach rechts, mal mit mehr Gewicht auf den Hüften, mal mit mehr auf den Schultern, mal den Brustgurt zu, mal auf aber ich bin chronisch unzufrieden mit dem Ergebnis. Es tut immer noch weh. Dieses Prozedere wiederhole ich dann auch die nächsten Kilometer und bin vermutlich mehr am Rumzappeln als am Wandern. Mein Rucksack hat die gleichen 15 Kilo wie am Tag davor – auch wenn sie mir heute wie 20 vorkommen - keinen Schimmer mehr wie bei mir beim Bund irgendwelche Begeisterung mit 30kg aufkommen konnte. Nachdem meine Beine die ersten paar Kilometer damit verbringen, zusammen mit den Muskeln und Sehnen gegen jede Art der Fortbewegung heftig zu protestieren, wanke ich durch die Wasserburger Altstadt und versuche, meine lächerliche Erscheinung durch ein fröhliches Gesicht wettzumachen.

Trotz Tumor am Kopf.

Ich widerstehe der Gelegenheit, gleich am Café um die Ecke ein erstes kleines Päuschen einzulegen und auch den Versuchungen der nachfolgenden gefühlt 50 Cafés die bis zum Ortsausgang noch auf mich warten. Zum Glück gibt's in Wasserburg keinen Starbucks – einem Frapuccino Cookies & Cream wäre ich ohne Zweifel erlegen. Die Sirenen säuseln aber lediglich etwas von Latte Macchiato und Zimtschnecken, was weit weniger gefährlich ist. Die Intensität ist allerdings unerwartet - an wirklich jeder Ecke eine Überwindung und ich krieche durch die Gegend, als hätte ich erst 3 Tage vorher die ersten Schritte meines Lebens hingelegt. Gute Story eigentlich: jahrelang Gelähmter entdeckt das Laufen und geht gleich mal an die Ostsee. Ich feile in Gedanken an der Story und bin nach kurzer Zeit wild entschlossen, sie genauso dem ersten, der mitleidig fragen würde, zu erzählen. Vielleicht schaffe ich es noch ins lokale Käseblatt. Wobei, ich verwerfe den Gedanken. Wie peinlich ist das denn, warum stehe ich nicht zu meiner Geschichte? Es mag ja komisch aussehen, wie ich mich hier fortbewege aber es ist ehrlich und wahrhaftig. Ich habe mir diese Schmerzen mit voller Absicht und Nachdruck ERARBEITET. Jawohl. Also grade machen und mit Fassung tragen. Haltung, Martin.

Und irgendwann gehts.

Das Gestell gewöhnt sich an die stumpf monotonen Bewegungen, mein Gang wird runder, der Rücken verschmilzt quasi zur Einheit mit meinem Rucksack und der Kopf wird frei. Meine Schritte selbstverständlich, die Arme fallen in den normalen Rhythmus, und pumpen Blut in die Finger. Gut, Letzteres ist jetzt nicht der Brüller. Der Blick nach vorne und um mich herum nehme ich plötzlich wieder das Licht wahr. Die Geräusche der Natur dringen durch. Die menschliche Maschine muss und will bewegt werden und wenn sie erstmal in Schwung ist, gibt es keine Halten mehr. Die folgenden 30 Kilometer sind also schon fast in der Tasche.

Nachdem ich nach grober Richtung gehe und mir meinen Weg selbst suchen muss, ist auch mein Kopf ein wenig gefordert. Und sei es nur durch die Spannung, was hinter der nächsten Kurve kommt. Letztlich ziehe ich per Navi eine gerade Linie von Start- zum Zielpunkt, diese blaue Linie bestimmt meinen Tagesablauf, wenn ich ohne Wegmarkierung durch die Gegend stampfe. Natürlich ist so gut wie nie ein Weg, wo die Linie liegt – es sei denn ich gehe querfeldein – was allerdings wesentlich spannender klingt als es empfehlenswert ist. Denn querfeldein ist meistens nicht leicht – die schnellste Strecke zwischen zwei Punkten – das wusste schon mein Physiklehrer – ist der Umweg. Ich muss mir also geeignete Wege im Bereich der blauen Linie suchen. Das mache ich von hinten nach vorne – denn es bringt nichts, jetzt den naheliegenden Weg zu nehmen, wenn er 3 Kilometer weiter im Nirvana endet – oder einen riesigen Umweg zeitigt, sorry Hr. Bock. Es bedeutet zwar einiges an Hin- und Her während des Wanderns, selbst wenn ich mir die Route vorher im Hotel schon grob angesehen habe, aber am Ende macht es auch Spaß, die eigenen Wege zu suchen. Wie HRK. „Ich geh meine eigenen Wege, ein Ende ist nicht abzusehen. Eigene Wege sind schwer zu beschreiben, sie entstehen ja erst beim Gehn." Kurzerhand ernenne ich den Titel zu meinem Motto und lade es gleich mal auf Spotify. Und schon ein Ohrwurm. Mist.

Meinen Wanderablauf können Sie Sich dann etwa so vorstellen: an jeder zweiten Kreuzung heißt es Handy raus, Karte checken, Weg abgleichen und ggf. anpassen und wieder weiter. Manchmal geht das zügig und bereits in der Bewegung – je geübter ich werde, desto reibungsloser der Prozess – schließlich will ich nicht alle Nasen lang stehenbleiben und aus dem Rhythmus kommen. Das vielgelobte deutsche Mobilnetz ist allerdings nicht immer mein Freund – erfahrungsgemäß besteht eine enorm hohe Korrelation zwischen den beiden Komponenten „keine Ahnung wo ich bin" und „Funkloch". Wenn Sie Sich mal hoffnungslos verfranzt haben, können Sie sich aber mal ganz sicher sein, die nächsten 1000m ohne Netz zu navigieren. Dafür nach Sternen, Sonnenstand oder Windrichtung, ganz wie Sie mögen. Oder Sie haben ewig lang gerade mal nur das E von LTE, was das Laden der Karte auch ausschließt. E wie entspannt.

Gespannt bin ich, ob die Landschaft, so wie ich sie mir beim Betrachten der Karte vorstelle, auch in Natura so aussieht oder nicht. Letztlich ist auf Karte ja so ziemlich alles Technische abzulesen und visuell zu interpretieren – aber am Ende ist es immer noch zweidimensionales Material und das Blätterkleid der Bäume oder der Bodenbewuchs sind nicht darstellbar, ebenso wie der Zahn der Zeit trotz aller Kartenupdates vieles verändert. Dies erfahre ich mehrfach, als ich freudig auf insbesondere kleineren Wegen unterwegs bin, die plötzlich völlig überwuchert und kaum mehr gehbar, wenn überhaupt noch erkennbar sind. Eben noch Feldweg an einer Wiese – plötzlich nur noch Wegspuren vom Jäger, überwucherter Lehm, beginnender Baumbewuchs, Büsche und Stolperfallen. Oder – das absolute Highlight – neu angelegte Schonungen, deren Bäumen so dicht stehen, dass nicht mal ein Hase durchpasst. Vielleicht auch noch mit Zaun drumherum um jeden Gedanken auf ein „…da könnte ich doch sicher…" Schon im Keim zu ersticken. So spannend solche Etappen vielleicht noch in der Sonne sind – wer schlägt sich nicht gerne mal durchs Unterholz – so unangenehm sind diese Abschnitte bei Regen, wenn einem ständig nasse Äste ins Gesicht schlagen, es mir literweise Wasser auf die Hosen und in die Schuhe verteilt oder der Weg unversehens komplett aufgegeben wurde und nicht mehr erkennbar ist. Und dann noch ein paar Brombeersträucher obendrauf, um abends das Tagesergebnis auch auf dem Armen ablesen zu können.

So tobe ich durch die bayerische Voralpenregion, mal mit überaus befriedigenden und schönen Wegabschnitten, manchmal mit kompletter Trostlosigkeit gefühlt kilometerweiter Maisfelder in sengender Hitze, als ob ich mich nach Iowa verlaufen hätte, oder – etwas unschöner – feuchter Bewölkung. So sehr ich das eigene Orientieren und selbst Festlegen des Weges mag, es hat den entscheidenden Nachteil, dass ich höchstvermutlich nicht den schönsten Streckenabschnitt finden werde oder wähle, weil die kleinen schönen Wege nur sehr unvollständig auch in den genauesten Karten eingezeichnet sind und ich sie entweder deshalb nicht wählen kann oder mich nicht traue, weil ich mich weder auf Zustand noch Dauerhaftigkeit dieser Optionen verlassen möchte. Umso mehr freue ich mich auf die Etappen, in denen ich Abschnitten von Qualitätswanderwegen folgen werde. Hier übernimmt der Fachmann die Auswahl der jeweils schönsten Abschnitte. Er hat alle Optionen auf dem Tisch und die Möglichkeit, alles anzusehen, abzugehen und dann entsprechend festzulegen. Mit der geballten Macht des deutschen Wanderinstituts. Zusätzlich garantiert der örtliche Wanderverein die Instandhaltung und Begehbarkeit und praktischerweise ist dann auch alles so schön markiert – mit Wohlfühlzeichen alle 100m auch wenn es gar keine Abzweigung zum Verlaufen gab. Denn es beruhigt eben ungemein, wenn man weiß, dass man (a) richtig geht, (b) wo man ist und (c) wie weit es noch bis zum nächsten Zwischenziel ist.

Oder zum nächsten Wirtshaus. Was das Gleiche sein kann...aber trotzdem.

In aller Regel waren die Etappen des Frankenweges, des Altmühltal-Panoramasteiges und des Hochrhöners, denen ich gefolgt bin, schöner als die besten Etappen meiner selbst gesuchten Wege. Wobei auch die jetzt nicht ganz furchtbar waren, bitte verstehen Sie mich nicht falsch.

Haag hingegen ist allerdings nicht gerade ein Juwel - und die Umgebung leider auch nicht. Sanfte Wellen des Voralpenlandes, ein paar Wälder drumherum – aber letztlich viel zu viel Mais, langweilige Wege und ein Ortskern durch den die B12 führt. Nichts wie weiter nach Dorfen. Dort ist es eindeutig sehr viel netter und vor allem verkehrsberuhigt. Leider bekomme ich davon nicht so richtig viel mit, weil Tag 2 hinter mir liegt und die körperlichen Probleme, die ich morgens in Wasserburg erfahren musste, nicht viel besser geworden sind. Ich habe mich durch den Tag gebracht – immerhin – aber sobald ich aus dem Tritt komme und im Hotel angekommen bin, merke ich meinen Zustand wieder so richtig. Und der ist so richtig aua. Eigentlich ist er genau das Gegenteil von besser als gestern. Meine Füße fühlen sich an, wie komplett platt gelaufen, zwischen den

Schenkeln habe ich einen Ansatz von Wolf, die Schultern sehen ebenso aus und der ganze Rest, der vielfach zu wenig gewürdigt wird, ist auch nicht viel anders dran. Ich verbringe den Abend mit ausgiebiger Selbsterhaltung (=Liegen) und Wellness (1 Stunde Sitzdusche mit Wasserberieselung). Das Essen lasse ich gleich mal ausfallen, weil ich erst nicht hochkomme und dann die Küche eh zu hat. Wurscht, ich bin eh zu fett und sich morgen früh das nächste Mal zu bewegen reicht eindeutig.

Am nächsten Morgen geht's mir zunächst mal nicht so richtig besser, aber jetzt habe ich richtigen Hunger und am dritten Tag den ersten Pausentag einzulegen, ist keine Option. Also gar keine. Und insofern hoch mit der Kiste und los. Das ist allerdings leichter gesagt, als getan. Meine ersten Schritte muss ich irgendwie auf den Seiten der Füße vollziehen – gerades Auftreten ist nicht drin. Die Beine passen komplett dazu, es zieht die gesamten Unterschenkel – ausgehend von den Knien – bis in die Achillessehnen. Und der Rücken spottet jeder Beschreibung. So humple bzw. hopse ich irgendwie ins Bad um die Morgentoilette zu vollziehen und endlich wieder eine Treppe vor die Füße zu bekommen. Wie ich mich anziehen soll, weiß ich allerdings noch nicht so recht.

Das ist eine recht interessante Erfahrung, festzustellen wie man sich mit 80 oder 90 vielleicht fühlt, wie jeder Schritt schmerzt oder zumindest schwierig zu machen ist. Wie ich mich erstmals hinsetzen muss, um die Socken oder auch die Hosen anzubekommen – weil Bücken absolut ausgeschlossen ist. Auf die Knie gehen, um die Schuhe zuzubinden? Vergessen Sie das. Nur im Sitzen. Und versuchen Sie in so einer Lage auch mal das Abknien, um ein Foto von einem wunderschönen Pilz zu machen. Erst eine mittlere Expedition, um auf ein Knie nach unten zu kommen und dann hinterher mit dem Rucksack auch wieder nach oben. Also jetzt ohne zu einem Baum zu kriechen und sich an dem

Hochzuziehen! Allein die Vorstellung, auf allen Vieren übers Moos zu einem Baum zu kriechen und sich an dem hochzuschieben, ist ja schon wieder so lächerlich. Aber möglich im Ernstfall.

Nun ja, als ich Stunden später auf der Straße stehe und der Wille den ersten Sieg über den Körper feiern kann, bin ich zumindest soweit beweglich, dass ich die ersten Schritte machen kann. Na dann.

Der Abschnitt heute wird wieder lohnender als gestern. Ich umgehe den Flughafen München weitläufig auf der ostwärtigen Seite. Zwar kreuze ich irgendwann die Einflugschneise, aber diese eine Stunde ist eben so, und sowohl vorher als auch nachher ist vom Fluglärm erstaunlich wenig übrig. Dafür ist die Landschaft ein echter Höhepunkt. Nach den ersten Kilometern ist sogar das Drama des Morgens fast vergessen. Also fast. Ein Höhenzug verläuft fast rund um das Erdinger Moos und begrenzt es auf seiner rechten (ostwärtigen) Seite. Wälder, klein Wege, Hügellandschaft. Wiesen haben die Maisfelder zumindest an dieser Stelle verdrängt und sofort fühle ich mich wesentlich wohler. Es gibt kaum etwas Schöneres als einen Feldweg an einer Weide entlang zu wandern, die langsam in einen Wald führt. Der Weg von schattigem Blätterdach beschützt, Kühle und Ruhe gehen von der Waldseite aus – während auf der sonnigen Wiese die Kühe träge vor sich hin kauen. Die Wiese führt spitz in den Wald, am hintersten Ende kaum von einer großen Lichtung zu unterscheiden. Dort wo der Weg unter das Blätterdach taucht, steht der obligate Hochsitz eines Jägers, der den Rehen den Abend vermiesen möchte. Im Moment steht er in der Sonne und der Jäger ist noch ein paar Stunden weg, und so setze ich mich, lehne mich an das warme Holz und blinzle in die Nachmittagssonne. Noch 4 Kilometer bis zu meinem heutigen Ziel: Wartenberg.

Nichts Dolles auch in diesem Ort – aber immerhin geht die Bundesstraße als Umfahrung um den Kern herum und führt nicht mittendurch. Der Marktplatz ist schön gepflastert, der obligate Maibaum bewacht das Geschehen. Die örtliche Eisdiele hat auch jetzt im September noch geöffnet und natürlich muss ich auch erst hier wieder konsumieren, bevor ich im Hotel vor Ort einchecke. Überhaupt sollte eigentlich jeder Ort eine italienische Eisdiele haben, das sollte ähnlich wie mit Apotheken gesetzlich festgelegt werden. Pistacchio und Stracciatella nach 25 Kilometern. Unerreicht!

Nicht so ganz unerreicht ist das Hotel – auf meinem Trip sollte ich noch die unterschiedlichsten Kategorien kennenlernen. Kleine feine und liebevoll geführte Pensionen, nagelneu renoviert und mit Herz und Geschmack eingerichtet sind in manchen Regionen Deutschland immer noch schwer zu finden. Viel zu oft ist Hotel leider nur Unterkunft für eine Nacht und wird von den Gastgebern auch genauso interpretiert. Als sachliche Einrichtung. Die vor Ort ist zwar sauber aber strahlt mit ihren grünen Badeinrichtung den Charme meiner Jugend aus. Nicht falsch verstehen: meine Jugend war schön und ich mochte unser Bad in braun und gelb wirklich. Damals. Aber das bedeutet in diesem Fall leider, dass die letzte größere Renovierung rund 40 Jahre her ist. Der Teppich auf dem Boden dürfte ein ähnliches Alter haben und solche Heizkörper habe ich das letzte Mal vor sicherlich 25 Jahren im Finanzamt Berchtesgaden gesehen. Immerhin ist alles es sauber und ein erster Test des Bettes fällt auch positiv aus. Ich hieve mich in die Dusche und hoffe auf einen ordentlichen Duschkopf – was sich als vergeblich herausstellt. Immerhin kommt noch Wasser heraus und warm ist es auch – da kann ich darüber hinwegsehen, dass das Bad alles aber nicht wirklich behindertengerecht ist. Denn immerhin fühle ich mich auch wieder einmal genau so. In Ermangelung einer schönen Walk-In Dusche wuchte ich mich also wie die beiden letzten Tage in die Wanne, ziehe die Beine an, um die Tür zuzukriegen und dusche einfach mal so im verkrümmten Sitzen. Es ist immer wieder faszinierend, zu merken, was unser Grundstoff

Wasser Schönes in einem Menschen anrichten kann. Beziehungsweise erreichen oder wieder richten kann. Die Entspannung, einem Wasserfall gleich unter warmem Strahl zu sitzen und den Tag Revue passieren zu lassen, nimmt mich mit und ich könnte jetzt und hier an Ort und Stelle einschlafen.

Tumor ist auch wieder weg.

Nachdem ich mich in einem Gasthof befinde, sollte es wohl auch noch etwas zu essen geben – ich habe nur leider keine Ahnung, wie ich jemals wieder ohne Dritthilfe aus der Dusche kommen soll.

F Ü N F

Wartenberg – Moosburg – Rottenburg a.d.L. – Abensberg

Ich mache mich auf, den vierten Tag meiner Wanderung zu beginnen. Auch wenn die Unterkunft gewisse visuelle Einschränkungen mit sich brachte, habe ich trotzdem gut und tief geschlafen und fühle mich ausgeruht, den heutigen langen Abschnitt in Richtung Abensberg zu gehen. Für die gesamte Strecke habe ich drei Tage geplant, was einem Pensum von rund 25km pro Tag entspricht – damit bin ich etwas vorsichtiger als die ersten drei Tage – und das ist auch bitter nötig angesichts meiner Knochen und aller anderen beweglichen Teile. Von den eigentlichen unbeweglichen mal ganz zu schweigen. Bei der ganzen tollen Planung und 25km Durchschnitt darf ich allerdings nicht vergessen, dass ich erst mal stramm anfange – um dann stark nachzulassen. Heute sinds also knapp 30 Kilometer bis zum nächsten gebuchten Bett. Keine Kleinigkeit – aber auch nicht unlösbar. Immerhin spielt das Wetter weiter mit und dann macht die Sache ja auch Spaß. Also eigentlich.

Mein Optimismus bekommt eine erste Delle, als wieder mal eine Treppe zwischen meinem Zimmer und dem Frühstücksraum zu bewältigen ist. Jeden Morgen die gleiche Tortur. Abwärts ist immer noch – oder immer wieder eine ganz besondere Herausforderung, die mir nachhaltig in den Hüften in Erinnerung bleibt. Nun habe ich bisher auch sicher schon 85 bis 90 km in den Beinen und vor allem mal im Rücken – das darf dann schon mal wehtun. Immerhin fühle ich mich heute erstmals als richtiger Weitwanderer. Bisher wars ja grade mal ein verlängertes Wochenende – damit ist heute Schluss. Ab hier ist es was anderes. Beschließe ich, während ich versuche, aufgestützt auf das Geländer, nach unten zu bewegen. Parallel beschließe ich, die nächste Treppenliftwerbung nicht mehr so unachtsam wegzuklicken und – falls ich nochmal umziehen muss – unbedingt auf Barrierefreiheit zu achten. Die Rezeptionistin schaut mich mitleidig und verunsichert an – immerhin bietet Sie mir nicht an, mich zu stützen. Auch wenn ich glaube, sie ringt mit sich. Schöne Scheiße.

Eine Stunde und zwei weitere peinliche Treppenbegehungen später stehe ich auf der Dorfstraße und wende mich nach rechts Richtung Moosburg. Die ersten Schritte mit vollem Rucksack und Montur wie immer schlaksig, ungelenk und wacklig auf den Beinen. Am Tag 4 machen sich gewisse erste Ausfallerscheinungen bemerkbar, soviel ist mal klar. Meine Knie schmerzen merkbar, meine Achillessehnen sind gereizt und etwas geschwollen trotz umfangreicher Behandlung mit Tape, was immerhin zuverlässig verhindert, dass ich mir üble Aufschürfungen zuziehe. Überhaupt sind meine Füße großflächig unter dem ehemals weißen Gesundheitsband verborgen, die Ballen unter drei parallelen Streifen, der Rist und die Zehen etwas dezenter aber immerhin. Ein Fußnagel war unsauber geschnitten und hat sich scharfkantig in den benachbarten Zeh gebohrt und hier für einiges an Blutverlust gesorgt. Hab ich im Gegensatz zu anderen Sachen gar nicht so recht gemerkt und mich gestern Abend entsprechend erschrocken, wie die ehemals beigen Socken vorne aussehen. Aber nur eine Kleinigkeit, sowas gehört halt dazu. Vermeidbar, aber wer denkt schon an alles.

Das Becken meckert über den Gurt des Rucksackes, den ich immer sehr eng zuziehe, um die Schultern entsprechend zu entlasten. Das funktioniert aber eben nur zum Teil, zu eng ist dauerhaft auch nix und ich muss damit beginnen, die Belastung immer mal wieder hin und her zu schieben. Die ersten rund 10 Kilometer sind einigermaßen eintönig. Die Isar hat auf einer Breite von rund 5 Kilometern einen flachen Bereich aus der umliegenden hügeligen Umgebung geschliffen, insofern geht es bretteben durch die intensive landwirtschaftliche und industrielle Nutzung dieser Gegend. Ich bin ja durchaus noch am Speckgürtel von München - muss ich mir wieder in Erinnerung rufen – der nahe Flughafen hat das Seine getan, um dieses Gebiet fürs Gewerbe attraktiv zu machen. Wobei die Landwirtschaft dominiert und das bedeutet zur jetzigen Jahreszeit im Wesentlichen bereits abgeerntete Felder – nur der Mais steht wohl noch für ein paar Tage. Wenn man halt Mais mag. Die fetten Fruchtstände haben so gar nichts mit dem harmonisch leichten Anblick eines Kornfeldes zu tun, egal ob das jetzt Weizen oder Gerste ist. Der glockenähnliche Hafer setzt da nochmal einen drauf. Finde ich. Zu sehen, wie ein Kornfeld im Wind Wellen schlägt und sich hin und her wiegt, ist eine der schönsten Naturerfahrungen, die man so machen kann. Finde ich. Sonnenbeschienenes Feld im Wind vor einem aufziehenden Gewitter eine unglaubliche Stimmung. Finde ich.

Natürlich nur, solange man rechtzeitig wieder in Deckung ist…wenig später in dem gleichen Gewitter selbst zu stehen, ist in der Schöneerlebnisseindernaturskala schon deutlich weiter hinten. Überhaupt ist Genießen mit einem Fall-Back-Plan immer ne gute Sache.

Den Wald habe ich bei Wartenberg hinter mir lassen müssen, hier ist nichts davon mehr zu sehen. Das ändert sich erst, als ich die Isarauen betrete, eine feuchte Waldgegend um den Verlauf der Isar, die hier einige Nebenarme aufweist – vielleicht auch Überlaufgewässer, die hier eine Art Sumpf geschaffen haben. Dickicht und Wald neben dem Weg, einige Bäume sind in den vergangenen Stürmen umgefallen und rotten hier vor sich hin – vermutlich, weil die Gegend für große Waldgeräte schwer zugänglich ist – das wiederum verschafft ihr einen urwaldähnlichen Charakter. Nachdem hier Moosburger Naherholungsgebiet ist, laufen allerdings entsprechend viele Mitbürger mit ihren Hunden oder sich selbst durch die Gegend und bevölkern den Wald.

Mein Weg führt links der Isar entlang - parallel und wiederum links von mir nähert sich von Nordwesten die Amper – Moosburg liegt am Zusammenfluss beider Flüsse, die hier nicht wie bei Fulda und Werra zu einem neuen Namen gelangen. Die Amper – obwohl sie mehr Wasser zu führen scheint, hört an dieser Stelle auf zu existieren, ungerecht die Welt. Die Landzunge zwischen beiden Flüssen wird immer schmaler und endet weiter vorne laut Karte an einer Brücke. Meine alles wissende App behauptet, es gäbe dort eine Treppe – was ich inständig hoffe, denn sonst müsste ich entweder durch einen der beiden Flüsse durch – angesichts sicherlich nur 10 Grad Temperatur und nicht unerheblicher Strömung eine überaus spannende Vorstellung – oder, die wahrscheinlichere Variante, ein paar Kilometer zurück um von anderer Seite zu kommen, was meinen gesamten Tag ruinieren würde. Nicht nur zeitlich, sondern nachhaltig auch Laune. Laune ist extrem wichtig, wissen Sie? Und überflüssige Umwege gar nicht förderlich. Was an sich betrachtet auch schon wieder etwas lächerlich ist, denn mein ganzer Weg ist ehrlich betrachtet ja nun auch nicht so richtig sinnvoll. Es ist schon eine ganz besondere Geschichte, dass ich mir zwar einbilde, über tausend Kilometer an die Ostsee gehen zu müssen und einen Weg mit einer prinzipiell riesigen Kurve (incl. einiger Unterkurven) festlege – aber ein paar Meter Umweg dann keinen Platz darin finden. Jetzt wo ich so drüber nachdenke, klingt das gesamte Setup ein wenig schizophren. Aber was solls, das Leben ist nicht immer nur eine grade Linie.

Treppe ist wo sie sein soll, soviel mal dazu. Laune hat also keine Option, schlecht zu werden.

Direkt danach kann ich dann auch die langweilige Isarebene verlassen und es geht auf nördlicher Seite wieder bergauf, was fürs Auge eine Wohltat ist. Jetzt weniger für die Beine, die bei diesem ersten Anstieg deutlich gefordert sind. Ebenso komme ich sofort ins Schwitzen und außer Atem, was in der Ebene vorher noch alles ganz easy war.

Die Herausforderungen des Wanderns treten insbesondere zu Tage, wenn es auf und ab geht. Rauf Atem, runter Knie. Kurz danach dann auch wieder Wald und ich tausche für eine Weile die umgepflügten braunen Felder gegen ansprechenden lichten Nadel- und Mischwald, gemischt mit immergrünen Weiden, wo ich eine Bank finde und eine erste kleine Pause einlege, um meine Beine auszustrecken, den Wasserverlust auszugleichen und meine Füße zu untersuchen. Sind noch beide dran, gute Nachricht.

Die folgenden Kilometer zeichnen sich durch die folgenden wesentlichen vier Eigenschaften aus: immer rauf und runter, was hatte ich eben noch dazu gesagt? Jetzt wird's also spannend. Hatte ich mich anfangs noch darüber gefreut, dass die Gegend jetzt abwechslungsreicher wird – ganz so viel hätte es dann auch nicht gebraucht. Die Täler ziehen sich hier vorwiegend in Ost-Westlicher Richtung, was für mich, der grob Richtung Norden geht, nichts anderes bedeutet, dass nach jedem Abstieg wieder ein weiterer Hügel folgt. Nun sind die Erhebungen hier nicht überragend hoch, gleichwohl gehen auch 50 Meter beim 8ten Anlauf erstens aufs Gemüt und irgendwann dann auch an die Physis. Bergab kann ich mich vielleicht etwas ausruhen, allerdings auf Kosten der Oberschenkel, die bei jedem Schritt jodeln, weil der Rucksack in Kombination mit der Schwerkraft für ungewollten Vortrieb sorgt und die komplette Maschine ständig gebremst werden will. Leider gibt's die Rekuperation (siehe Formel 1) noch nicht für Fußgänger, sodass bei diesem ständigen Bremsen nicht etwa die Batterie aufgeladen wird, um auf der Geraden 10 PS extra zu haben, sondern die Bremsenergie geht eben einfach nur in die Knie, die ja jetzt immerhin auch schon ein paar tausend Schritte auf dem Buckel bzw. in der Scheibe und im Meniskus haben. Also nix extra Leistung, wenn es wieder aufwärts geht, vergeblich suche ich den Mad-Max Turbo Knopf und fühle mich wie ein Renault, wenn ich einen Ferrari bräuchte. Kein Ansauggeräusch vom Kompressor, stattdessen eher Rasseln meiner Lunge. Klingt immerhin ähnlich. Während dann oben genannter Rucksack bergauf dann wieder entgegen der Gehrichtung zieht. Er arbeitet also eigentlich immer gegen mich. Muss doch nochmal ein ernstes Wort mit Deuter reden, da muss es doch noch andere Lösungen geben.

So nehme ich Hügel um Hügel, runter jodelt es aus dem Knie, hoch ächzt es aus der Pumpe, soviel zur Geräuschkulisse jenseits meines üblichen Arbeitsgeräusches beim Wandern. Hin und wieder weiterhin Waldstücke, die meinen Weg auflockern, aber meistens Acker und viel zu wenige Wiesen, wie sie in Oberbayern zum Glück so häufig vorkommen. Kein Vorwurf, liebe Landwirte, Gras schmeckt ja auf Dauer auch nicht. Aber so ne gentechnische Entwicklung, die man nach dem Umpflügen der Getreideernte auf den Boden streut und zack ist wieder Wiese, fände ich ne gute Erfindung. Müssen ja nicht gleich die riesigen Eichen wie bei Asterix sein. Bisschen Wiese nur. Wäre schon nett.

Nach einiger Zeit in dieser Konstellation ändert sich die Landschaft und die Hallertau ist nicht mehr wegzudiskutieren. Das größte zusammenhängende Hopfenanbaugebiet der Welt sorgt für rund ein Drittel des weltweit verarbeiteten Naturrohstoffes und so führt mein Weg die nächsten rund 40 Kilometer eigentlich im Wesentlichen durch Holzgerüste mit Grünzeug dran. Oder auch solche ohne Grünzeug, schließlich ist die Ernte meist schon gewesen oder grade in vollem Gange. An jedem dritten Feld sind die Hopfenbauern am Wirbeln, um die wertvollen Dolden in die Speicher zu bekommen. Auch wenn die Hallertau als Kulturlandschaft einen nicht unterschätzenden Wert an sich besitzt, so bin ich trotzdem etwas desillusioniert, weil der Funke der Versprechungen der Tourismusindustrie über den Zauber der Hallertau nicht so recht auf mich überspringen will. Die Gegend ist nicht an sich langweilig aber Hopfen rein visuell nun nicht der absolute Burner. Wenn er steht schon nicht und in abgeernteter Form auch noch etwas weniger attraktiv als ein Stoppelfeld– und insofern kann ich nach zwei Tagen dann auch keinen Hopfen mehr sehen und freue mich, dass ich Kürze das Altmühltal erreichen darf.

Zunächst aber gehe ich die lange Hauptstraße von Rottenburg an der Laaber entlang und suche mir meinen Landgasthof, der mit einem wunderbaren ruhigen Gastgarten im Hof aufwartet, in dem ich die Sonne von Tag 5 genieße und meine Beine hochlegen kann. Also jetzt nicht auf den Tisch, aber von Stuhl zu Stuhl unter einer der ausliegenden Fleece Decken – dafür hat die freundliche Bedienung hier Verständnis. Etwas weniger dafür, dass ich kein Bier möchte.

Warum denn das nicht, geht's Ihnen nicht gut?
Mitleidige Blicke – jetzt macht es auch Sinn, dass ich die Beine hochgelegt habe.
„Nun, ich mag Bier halt nicht so gern, tut mir leid." Es ist mir fast peinlich.
Fassungslosigkeit in ihrem Blick.
„Er mag kein Bier", meint sie zu Ihrer Kollegin, die grade vorbeigeht.
Noch mehr mitleidige Blicke von Nr. 2. „Isser krank? Weil er hat ja auch die Beine hoch."
„Nein, wirklich alles gut", versichere ich. „Kann ich vielleicht trotzdem ne Spezi kriegen?"
„A Spezi mag er", meint Bedienung Nr.1 über die Schulter zu Nr. 2, jetzt quer durch den Gastgarten. Erneutes Echo: „Spezi. Hmmm." Inzwischen scannen mich 10 weitere Augenpaare. Kopfschütteln und Unverständnis an allen Tischen. Tuscheln und wissendes Zischeln.
Zeit für einen ersten Schweißausbruch, ich erwäge tatsächlich, ob Bier nicht vielleicht eine Alternative wäre. Aber noch bin ich dickköpfig.
Ich versichere also erneut, dass ich mich wirklich in guter geistiger und körperlicher Verfassung befände und deshalb absolut überhaupt kein Grund zur Sorge bestünde, vielleicht wäre ich ein wenig müde aber sonst würde es

mir wirklich gut gehen. Und ob das mit der Spezi vielleicht doch….

Sie dreht mitten in meinem Satz ab.

„Da sind Sie ja in der richtigen Gegend zum Urlaub machen", brummt es noch kaum hörbar und sie zieht ab.

Nr. 2 kommt nochmal vorbei und fragt, ob ich nicht vielleicht doch einen Tee möchte. Ich wär ja auch irgendwie so blass.

Die Spezi gibts dann trotzdem, zusammen mit gespielter Verachtung im Blick wird sie mir wortlos auf den Tisch geklatscht. Aber damit kann ich natürlich umgehen.

Eine detaillierte Beschreibung meiner Physis erspare ich Ihnen an dieser Stelle mal, aber glauben Sie mir, dass die Phase von Tag 4-6 nicht unbedingt die Allerschönste ist. Denn jetzt geht's dann wirklich ans Eingemachte jenseits der Kurzfristausdauer. Und abends die Füße hochzulegen ist weniger Luxus als bittere Notwendigkeit. Ich gehe an späterer Stelle noch mal genauer drauf ein.

Zumindest bin recht glücklich, dass die 6.Etappe einigermaßen kurz ist und ich am frühen Nachmittag Abensberg erreiche wo ich deshalb eine etwas längere Pause einlegen kann. Dieser mittelkleine Ort ist eine besondere Erwähnung wert, und da meine ich jetzt nicht die ständige Erwähnung in den Verkehrsnachrichten von Bayern 3, weil an der gleichnamigen Ausfahrt der A93 irgendeiner die Kurve geradeaus versucht hat. Nein, ganz anders. Kommen Sie nie drauf. Abensberg hat eine wirklich niedliche kleine Altstadt, mit Stadttor und allem Drum und Dran, Reste der Stadtmauer samt Wehrturm sind zu besichtigen und vor allem steht mitten drin ein Eisladen. Aber es kommt noch besser und das möge vielleicht allen verzweifelten Tourismusmanagern anderer eher zu kurz gekommener Gemeinden als kleine Idee dienen, den eigenen Ort etwas zu pimpen.

Abensberg weist eine eigene kleine Brauerei auf. Das an sich ist in Bayern – und wir befinden uns zwar nicht mehr im eben genannten Landgasthof in Rottenburg aber ja immer noch in der Hallertau, also da wo der viele Biergrundstoff wächst – nichts Ungewöhnliches. Eigentlich wäre es ja umgekehrt völlig ungewöhnlich, wenn in dieser Gegend, in der jeder Ort über 50 Einwohnern eine eigene Brauerei betreibt, keine stände. Aber diese besagte Brauerei hat sich vor Jahren in einem betriebsinternen Verschönerungswettbewerb gedacht, sie sollte mal ihre Außenwerbung und -sichtbarkeit erhöhen und sich einen Hundertwasserturm in den Hof stellen. Sie haben richtig gelesen: so ein quietschbuntes, windschiefes Teil, wie es auch in Wien jedes Jahr tausende Touristen anzieht, die hier auf ein knallverrücktes inzwischen doch recht abgewohntes Mietshaus blicken wollen. Mit Bäumen drin. Hat sogar eine eigene Straßenbahnhaltestelle, steht in Google mit dickem Ausrufezeichen und ist der Renner. So einen Renner wollte auch die Brauerei, aber weniger als Mietshaus. Dann doch lieber einen Turm, schön bunt gefliest und bemalt, schön krumm, mit goldenem Dach und so weiter. Also ein buntes Ding neben den Kisten einer Brauerei. Finde ich total naheliegend. Drumherum – und da wird es natürlich wieder leichter nachvollziehbar - der obligate große Biergarten, denn letztlich geht's ja schließlich zuallererst mal ums Geld und nicht um die Kunst, auch wenn die Homepage der Brauerei Kuchlbauer das erst an der zweiten Position stehen hat. Immerhin noch kurz vor dem pädagogischen Ansatz.

Der Fairness halber sei angemerkt, dass 30 Meter weiter noch eine Kunstgalerie im gleichen Stil errichtet wurde. Auch wenn Friedensreich das Ganze zwar konzipiert hat aber nie bauen geschweige denn vollenden konnte : ein Herr Pelikan, langjähriger Mitarbeiter und Freund von Hundertwasser hat das dann im Wesentlichen nach seinen Plänen getan und nun steht also hier seit 2010 oder so der Kuchlbauerturm und Abensberg besuchen nicht mehr nur ein paar Touristen, die sich auf dem Weg nach Kelheim oder Kloster Weltenburg verfahren haben oder von Bad Gögging auf einen Kaffee rüberkommen, sondern jetzt stehen hier chronisch ein paar Reisebusse, die beim Besuch der Gegend den obligatorischen Stopp einlegen. Und das jetzt sicher nicht, um die im Turm befindliche Ausstellung mit 1000 Bierhumpen gegen Eintritt anzusehen. Wen interessiert sowas auch. Aber ein Bier und Brotzeit unterm schiefen Turm von Abensberg ist der Brüller.

Na, alle Tourismusleute ordentlich aufgepasst? Jetzt überlegen Sie doch nochmal, warum bei Ihnen keine Busse stehen, wenn nach 30 Jahren Wiedervereinigung und Soli noch immer nicht mal jedes Haus im Ort einen neuen Anstrich bekommen hat. Da brauchts noch gar keinen Turm, sondern vielleicht nur mal 4 Eimer Farbe pro EFH. Was die Pflicht wäre – als Kür irgendeine ausgefallene Idee – und sei es sowas wie Hundertwasser. Wie wäre es mit dem buntesten Dorf Thüringens? Oder alles in Himmelblau und weiß plus Schirmherrschaft von BIG oder wer immer die blauen Zwerge herstellt. Willkommen in Schlumpfhausen in Nordrhein-Westfalen wie wär das? Ich hab noch mehr Ideen, ganz preiswert. Meine Kontaktdaten finden Sie im Anhang.

Ich betrete Abensbergs schöne kleine Altstadt – leider nicht autobefreit - durch das Regensburger Tor und bewege mich erstmal ziemlich müde Richtung Hotel. Eiscafe und Turmbiergarten müssen kurz warten, keinen Nerv jetzt. Erstmal duschen und kurz liegen. Oder auch ein wenig länger. Grüß Gott Richtung Rezeption, ja ich hatte eine gute Anreise, nein ich bin nicht mit dem Auto da und dann natürlich erst mal wieder Treppe.

War so klar.

SECHS

Abensberg - Kelheim – Riedenburg – Dietfurt a.d.A. – Beilngries - Berching

Als ordentlicher Deutscher ist Planung bei mir alles. Man sagt uns ja nach, wir würden nicht mal ohne Plan aufs Klo gehen, auch wenn ich das für mich nicht bestätigen kann. Zumindest nicht immer. Aber Plan für eine Deutschland Durchwanderung hab ich definitiv. Und was für einen, der ist quasi generalstabsmäßig angesetzt und strategisch abgesichert. Gemäß diesem überragend schlauen Gesamtwanderkonzept habe ich für die Etappe Nummer 7 wieder mal einen Ruhetag eingebaut. Jetzt nicht sowas, wie Beine hoch, ausschlafen und nix tun, nein, nein. Sowas könnte ich heute zwar gut gebrauchen – aber das wusste ich bei der Planung natürlich noch nicht, und insofern ist es auch nicht berücksichtigt. Im Masterplan. Da ist die erste große Pause erst später vorgesehen und wenn der Deutsche mal einen Plan hat, dann wird der auch abgefahren ohne Wenn und Aber. Wir bauen auch Flughäfen erst mal fertig selbst wenn die Entrauchungsanlage schon bei Halbzeit nicht funktioniert und die Eröffnung aussichtslos ist. Und überhaupt sind die nächsten drei Hotels auch schon gebucht und nicht mehr stornierbar.

Heute aber immerhin eine kleine Pause. Also wenn man bei rund 20 Kilometern von sowas sprechen möchte, aber besser als nichts. Entspannungsetappen können ja in vielerlei Variation existieren. Entgegen dessen, was mich später ereilen sollte, habe ich bis jetzt absolutes Glück mit dem Wetter. Es ist mild bis warm, absolut stabil und eigentlich genauso, wie ich das in meiner perfekten Planung auch vorgesehen war. Hab ja an alles gedacht. Also entspanntes Ausruhen auf sonnenbeschienenen Bänken oder

Wiesenecken, auch mal alle Viere von sich strecken und in den blauen Himmel starren, die nicht vorhandenen Wolken zählen, den Vögeln und dem Wind an einem trägen Spätsommernachmittag lauschen und verträumt in die Gegend blinzeln. Trockenheit mag den Bauern und Fridays for Future nerven, ich finde die Klimaerwärmung im Moment schon sehr beunruhigend aber dann doch auch irgendwie wieder zweitrangig. Jetzt grade ist warm und trocken ziemlich gut – insofern bin ich der Mehrheit der Deutschen eigentlich nicht untypisch. Weltuntergang ist ohne mich.

Ich bringe wieder das allmorgendliche entwürdigende Treppenritual hinter mich, trete in die morgendliche Kühle hinaus und strebe nach Norden aus der Stadt, um Kloster Weltenburg meine Aufwartung zu machen. Sobald ich aus der Stadt bin, geht es einen kleinen Hügel bergan und in Richtung Wald. Im Rückblick sieht man wieder einmal, dass die Stadtgründer in Deutschland eher die Senken bevorzugt haben – während man in Italien eher die Höhen toll fand. Ganz anderes Konzept. In Abensbergs Fall lag das vielleicht auch noch ein dem kleinen Fluss Abens, der zwar kaum der Rede wert ist, aber anscheinend groß genug war, um irgendeine Art Handel zu unterstützen. Und wenn es nur darum ging, den Hopfen in Richtung Oktoberfest zu kriegen. Etwas über Umwege allerdings, falsche Fließrichtung nach Norden bis zur Donau. Aber das war ja schon mal was.

In der Senke über Abensberg liegt ein letzter Rest von Nebelfetzen, immerhin schaut der Kuchlbauerturm frech heraus und leuchtet bunt. Ich wende mich aber wieder nach Norden und betrete ein weiteres Mal den Wald. Lichter Hochwald hier, riesige Fichten, die genügend Platz für Büsche und Bodenbewuchs lassen, wiegen sich kaum merkbar sachte im schwachen Wind. Waldboden federt meine Schritte ab – eigentlich die einzige Bodenvariante, auf der man nahezu lautlos vorwärtskommt. Sogar Gras macht mit einem leichten Streifen und Rascheln auf sich aufmerksam

– aber Humus dämpft alles. So schleiche ich quasi durchs Gehölz, beschwingt, fröhlich – wenngleich auch etwas müde in den Beinen. Rein realistisch betrachtet, bin schließlich kein Pessimist! Die Wege haben genau den richtigen Breite, keine breiten Fahrwege, die immer das Gefühl vermitteln, der Wanderer ist in einer motorisierten Welt eigentlich fehl am Platz, keine kleinen Pfade, bei denen regelmäßig Wurzeln versuchen, einen zu Fall zu bringen. Wunderschön. So lässt es sich gut wandern - solange das Auge damit beschäftigt ist, Freudeimpulse ans Gehirn zur weiteren Verarbeitung abzugeben, geht es sich auch viel leichter. Nix tut so ganz weh, nix ist so richtig zu schwer. Nach der ersten halben Stunde bin ich im Fluss und Endorphine fluten meinen Körper, der Tag ist gut. Und – falls Sie jetzt auf die bei mir fast obligatorische Wendung warten: entgegen meiner anderen Schilderungen wird sich das auch nicht mehr ändern. Echt jetzt.

Kloster Weltenburg liegt, wie Sie längst wissen, direkt an der Donau – direkt am Eingang des Donaudurchbruchs. Den muss man sich als ordentlicher Bayerntourist unbedingt ansehen um mit ein paar hundert anderen Interessierten im gleichen Boot zu sitzen - von Kelheim fahren regelmäßig die Ausflugsdampfer. Ich hingegen verzichte auf dieses Vergnügen – bin ja auch noch gar nicht in Kelheim - und setze meinen trägen Herbstsommertag fort. Zunächst also mal Pause. Ich setze mich direkt vor dem Kloster auf die Kiesbank, Socken aus, Füße ins Wasser. Uff. Im Sommer ist hier meines Wissens die wohlbekannte Hölle los – aber heute geht es. Wesentlich zu kalt zum Baden – falls ein Fließgewässer jemals warm genug ist - und vielleicht zu früh für die Ausflugsbusse, denn noch muss ich den Platz nur mit ein paar anderen Müßiggängern teilen, und Platz ist genügend angesichts des niedrigen Wasserstandes. Bei der letzten Jahrhundertflut 2013 stand dem Kloster das Wasser vielleicht nicht bis zum Hals aber immerhin bis in den Klosterhof, das sind stattliche 2 Meter mehr. 1845 waren es wohl auch mal 3 Meter, bisheriger Rekord und damit war dann auch die Klosterschenke wohl gut gefüllt. (Kleiner Wortwitz. Kracher, oder?) Heute ist sie das noch nicht mal mit Menschen, was ich natürlich gleich ausnutzen werde, unbedingt was trinken.

Träge fließt der Fluss vorbei, nahezu lautlos, selbst wenn ich ganz genau lausche. Das tue ich so angestrengt, dass ich fast weg penne, nur der unbequeme Kies hält mich wach. Schlafen geht jetzt auch gar nicht, sonst kommt doch noch die tägliche chinesische Reisebusflotte oder der 10 Uhr Ausflugsdampfer und vorbei ist es mit der Gemütlichkeit in einem leeren Gastgarten. Also hoch.

Was darfs sein?

Spezi.

Sind Sie krank?

Als die erste Busladung rüstiger Mittneunziger in den Klosterhof schwappt, mache ich mich wieder auf. Ich hänge noch einen kleinen Besuch des Klosterareals dran, bevor ich die Wiese hinterm Haus bergan steige und die wunderschöne Anlage hinter mir lasse, die Stimmen vergnügter Schenkenbesucher hallen aus dem Klosterhof zu mir herauf. Am Steilufer der Donau will ich die letzten Kilometer bis Kelheim zurückzulegen. Leider komme ich nur selten direkt an den Rand, der Weg geht in sicherem Abstand, und erlaub mir nicht, den Durchbruch mal aus einzigartiger Perspektive zu betrachten. Was mir aber auch nicht allzu viel ausmacht, dafür geht's mir heute einfach zu gut. Durch noch dichten und weitgehend grünen Buchenwald – erste Blätter überlegen allerdings gerade, ob ihnen nicht etwas Gelbes besser stehen würde - nähere ich mich meinem Etappenziel, Kelheim, an der Einmündung der Altmühl in die Donau gelegen. Diese Stadt ist erkennbar größer als die letzten Orte, durch die ich gezogen bin, hat sich aber seinen mittelalterlichen Stadtkern bewahrt und vor allem mal den Verkehr weitgehend aus der Stadt verbannt, was wiederum ein ganz besonderes Gefühl gibt – insbesondere als ich abends aus der Wirtschaft komme, um in meine Federn zu kriechen. Kein Autolärm, die letzten ganz Harten sitzen vor den paar Kneipen und sorgen für gedämpftes Stimmengewirr. Lachen. Gläser klirren leise. Die letzten Sommernachtsgeräusche der Saison vermutlich. Über der Stadt leuchtet die Befreiungshalle, an der ich morgen vorbeikommen werde.

Ab hier kann ich nun erstmals auf meiner Wanderung das Navi weglassen und mich auf die Wegführungskünste der wirklichen Experten verlassen. Der Altmühltalpanoramaweg (mir zu lang – AMTPW muss reichen) wird für die kommenden 1,5 Tage mein Begleiter sein, bevor ich bei Beilngries auf den Frankenweg wechseln möchte. Rote Schlange auf gelbem Untergrund. Zertifizierter Qualitätsweg vom deutschen Wanderinstitut (jawohl das gibt's!) ausgezeichnet und abgenommen. Gleich zu Anfang verlasse ich ihn zwar gleich wieder, weil er die Runde zum Kloster Weltenburg beginnt – und da war ich schließlich schon, aber ab Essing treffe ich ihn dann wieder.

An dieser Stelle fällt mir meine erste Erfahrung mit dieser Gegend ein, ein paar Jahre her, Kurzwanderung von Kinding nach Weissenburg in Bayern, auf Höhe Kipfenberg.

Limesgegend, die an verschiedensten Orten dieser alten Befestigung der Römer gegen die bösen Germanen erinnert – und so auch mit einem nachgebauten Wehrturm, der anscheinend an originaler Stelle und nach überlieferten Plänen errichtet wurde. Musste ich mir natürlich ansehen. Rucksack draußen gelassen, die schwergängige Tür aufgedrückt und innen im Halbdunkel die Treppe hoch, zweites Stockwerk, wo eine weitere Tür auf den Wehrgang nach draußen führte. Diese hingegen war nicht mehr schwergängig, sie war so richtig zu. `Schade´ dachte ich noch als ich mich zum Gehen wandte und wieder das Geländer der Treppe ergriff und das war so ziemlich das letzte, was ich noch gedacht habe. Weil ich irgendwie mitten in einem Wespennest stand.

Ich habe bis heute keine Ahnung wo die genau waren oder herkamen und warum ich vorher nichts von ihnen mitbekommen habe, vielleicht bin ich im Halbdunkel dagegen gestoßen oder hab reingefasst, ist ja letztlich auch völlig egal, auf jeden Fall war plötzlich die Hölle los. Ich brauchte eine kurze Reaktionssekunde, in der mir noch der komische Gedanke durch den Kopf zischte, was hier eigentlich genau los wäre und was um Gottes Willen ich den Viechern getan haben könnte, als ich mich auch schon fluchen hörte und ab dem Moment im Fluchtreflex die Treppe runterdonnerte. Ab diesem Moment auch sehr bewusst, was hier gerade lief und unterschwellig mit der Erkenntnis, in welcher Gefahr ich mich befand. Da hat so ein intensives Summen in höchster Frequenz eine ganz interessante Assoziation. Ich glaub, ich bin noch nie so schnell im Dunklen eine Treppe runter und das bei parallelem wildem Rumgefuchtel mit meinen Armen und Händen. Halb rutschte, halb fiel, halb nahm ich die Stufen, unterstützt von „Fuck, ah, fuck" Flüchen und eventuell schlimmeren Verwünschungen, immer das Dröhnen und Brummen dicht hinter mir und irgendwie überall um mich herum. Den ersten Stich in die rechte Schulter, den zweiten in den Nacken links hinten, beides innerhalb von 2 Sekunden. Aggressive Scheißbiester. Ich sprang um die Kurve - sie nahmen natürlich die Abkürzung - nächster Stich in die Wade. Und so einen Treffer muss man erstmal landen, schließlich bewegen sich bei mir vor allem mal meine Beine. Ich stürzte die letzte Treppe hinunter, 3 Stufen auf einmal, kam schräg auf, knickte um und stolperte, fing mich mühsam, zum Glück bekam ich das Geländer noch zu fassen, konnte grad noch vermeiden, in meiner Panik komplett den Halt zu verlieren und die Treppe mit dem Kopf voran zu nehmen, dann wärs so oder so vorbei, entweder mit gebrochenem Genick oder mit zu vielen Stichen, wenn ich vor der Tür liegenbliebe und mich nicht mehr schnell genug wegbewegen könnte – Wespen hören sicherlich nicht einfach so auf, nur weil das Opfer am Boden liegt und in der Frequenz wie bisher hätte ich vermutlich in kürzester Zeit einen anaphylaktischen Schock wegen zu vieler Stiche bekommen. Dann wärs vorbei gewesen, direkt hier am Limes. Hätte es den nächsten Germanen erwischt, und der hatte eigentlich überhaupt nichts gegen Italiener.

Letzte Stufe, ich riss die Tür auf, Treffer 4 auf den Unterarm, weil es nicht schnell genug ging. Ich sprang heraus, immer noch ein Summen um mich herum, Treffer 5-7 bekam ich draußen, Hand, Arm und nochmal Hals. In die Hand!!! Bei meinem Rumgewedel! Die erfolgreiche Wespe bekam sicher abends im Debriefing einen Sonderpreis für den komplexesten Schuss. Ich schleuderte die Tür hinter mir zu, was zumindest den Nachschub an Kampffliegern stoppte, dann hüpfte, sprang und rannte ich gleich ein paar Schritte weiter, um die anderen abzuschütteln. Alles mit wildem Indianergeheul und Armrudern, vermutlich ein göttliches Bild. Das letzte Biest schwirrte auch 30 Meter weiter noch um mich herum, und wollte einen letzten Stich setzen, bis ich mit der Hand einen Zufallstreffer landete und sie in den Wald feuerte. Dadurch realisierte sie vermutlich, dass inzwischen die Unterstützung der anderen fehlte und summte ärgerlich zurück, während ich stehenblieb und pumpend versuchte, mein Adrenalin wieder aus dem Körper zu bringen und meinen Atem zu beruhigen. Und meine Wunden zählte. Scheiße, tat das weh. Insgesamt 7 Treffer in vielleicht 7 Sekunden, keine schlechte Quote, das musste ich meinen Widersachern zumindest lassen. Aber zumindest keine größeren Schäden, selbst das Umknicken hatte keine Folgen. Ich humpelte vorsichtig zum Eingang zurück, horchte genau, ob die Insekten noch in der Nähe waren, schnappte mir schnell meinen Rucksack und brachte ihn erstmal ein paar Schritte weiter, um das Soventol rauszusuchen und mich zu verarzten. Speziell der Stich an der hinteren Schulter, wo der Rucksack draufliegen würde, machte mir jetzt schon zu schaffen. Der Schmerz zog den gesamten Arm herunter, dagegen waren die anderen Stiche schon wieder am Abklingen. Das war sicher die große Killerwespe. Nein, viel besser, eine Jägerwespe aus den Tributen von Panem. Militärische Schulung. Geboren um zu töten. Besuch bei den Kollegen vom Limes um die mal etwas auf Zack zu bringen. Aber nicht mit mir, ich war härter.

Aua.

Langsam wuchtete ich den Rucksack wieder hoch, boahh, das war fies, direkt auf dem Stich. Und so angeschossen weiter gehumpelt. Von dem Stich in die Schulter hatte ich noch zwei Wochen was.

Es ist immer noch sonnig, als ich am nächsten Morgen die steilen Kurven zur Befreiungshalle entere. Ich glaube, ich bin der erste heute, zumindest sind sowohl der Weg als auch die Straße (klar kann man hier hochfahren) ausgestorben. Der Spätsommer macht jetzt auch langsam aber sicher dem Frühherbst Platz, wieder habe ich Nebel über dem Wasser und einige Bäume färben sich langsam erkennbar, was hier im Altmühltal für ganz besondere Farbenräusche sorgen soll. Wie fast immer weiß ich das eher von der Homepage, auch hier ist Neu-Vaterland für mich. In der üblichen Anstrengung, um aus dem Flusstal auf die Höhe zu kommen, keuche ich Richtung Befreiungshalle. Ein Bauwerk, das ein wenig wie die Walhalla daherkommt, nur in rund. Aber nicht weniger kolossal und eindrucksvoll – wie man eben 1815 so gebaut hat, wenn man Ludwig hieß und grade das Vaterland gegen diesen blöden kleinen Franzosen erfolgreich verteidigt hatte. In den Bäumen ist davon aber zunächst noch nichts zu sehen, eigentlich bis ich quasi direkt davorstehe, denn im gleichen Moment lichtet sich auch der leichte Morgennebel wie ein Vorhang und in strahlendem Sonnenschein steht der Tempel in ebenso strahlendem weißbeige vor mir und ist hier oben doppelt so groß, wie von unten vermutet. In Andacht umkreise ich den Bau und die Anlage – tatsächlich noch allein zu dieser frühen Zeit. Zuletzt kann ich auch noch ein Foto von Kelheim von oben machen – der Ort liegt dafür optimal unten in der Sonne. Die Nebelfetzen haben sich schnell verzogen.

Ich blicke noch einmal auf die Befreiungshalle – dieser Von Klenze war schon ein Hund. (Bayerischer Ausdruck für einen tollen Typen.) Als ich ihn google, weiß ich auch, warum das ganze Walhalla-Konzept so ähnlich aussieht. Und dass der gute Mann das halbe sehenswerte München – Königsplatz, Glyptothek usw. – gebaut hat, erfüllt mich mit grenzenloser Bewunderung. Hat er schon gut gemacht, der Herr Hofbaumeister vom alten Ludwig I.

Da kommt auch schon der erste Bus mit Chinesen, die so viel kulturelles Highlight natürlich unmöglich links liegen lassen wollen – also nix wie weg.

So mühevoll ich den steilen Abhang hinaufgekrochen bin, so schnell geht's jetzt auch schon wieder runter, um den Weg entlang der Altmühl fortzusetzen und kurz vor Altessing habe ich dann auch den AMTPW wieder, der seinem Ruf absolut gerecht wird. Die Altmühl regelmäßig kreuzend habe ich die Sonne mal von jeder Seite und immer wieder neue Ausblicke auf verschlafene kleine Orte und den Fluss, der hier vorne allerdings regelmäßig von Binnenschiffen genutzt wird und noch eher unromantisch daherkommt. Kein Wunder – ist doch die Altmühl hier weniger die Altmühl als auch der Ludwig-Donau-Main Kanal und insofern eine wunderbar schiffbare Wasserverbindung bis Nürnberg und sogar Bamberg. Ein Detail, von dem ich mal wieder überhaupt keine Ahnung habe, so als echter Deutschlandkenner. Die Altmühl selbst wird dann erst ab Beilngries so richtig urig, wenn der Kanal nach Norden abdreht. Also aus meiner Blickrichtung jetzt, kann man natürlich auch andersrum sehen. Was hier auch noch die Idylle trübt, ist die Staatsstraße, die auf der nördlichen Seite in das Tal geklebt wurde und eine Hauptverkehrsader für

Fernverkehr und – um diese Jahreszeit natürlich Wohnmobile zu sein scheint. Hier wird in den rentnerbesetzten fahrbaren Villen das Erbe der Kinder anscheinend im großen Umfang verjuchzt – auf jedem zweiten Gefährt hinten deutlich zu lesen, samt Namen der dafür Verantwortlichen. Inge und Horst werden überdurchschnittlich oft genannt. Der Stelle den Rest geben die nervigen Motorräder, die nach meinem Dafürhalten sowieso verboten gehören. Oder erheblich gedämpft, denn die höre ich schon 2 km bevor ich sie sehe und noch gefühlt 5 km nachdem sie vorbeigeknattert sind. Also eigentlich immer.

Ruhiger wird es dann auch nur, wenn der Wald seine geräuschdämpfende Eigenschaft ausleben kann und der Weg in ihn eintaucht – was er so gesehen leider viel zu wenig tut, aber sonst wäre das Thema Panoramaaspekt ja auch leicht verfehlt. Immerhin hält er für mich nach einem kurzen Waldstück eine echte Überraschung bereit, denn plötzlich und ohne Vorwarnung stehe ich vor Burg Prunn und schaue mit ihr im Vordergrund auf die gesamte Länge des weiteren Tals und im Hintergrund auf Riedenburg mit seinen seinerseits zwei Burgen. Rechts Ruine Tachenstein, links Schloss Rosenburg, das ist mal ein Instagram-würdiger Ausblick – auch wenn ich das kleine Zauberschlösschen vorne nie so richtig mit draufkriege, schlechter Winkel. Aber dafür gibt's ja Internet – andere sind da schlauer. Oder besseres Equipment. Vor allem ist von hier oben so gar nicht recht zu sehen, wie diese kleine Burg quasi auf den Felsen draufgeklebt wurde. Diese Faszination erschließt sich erst von unten, schauen sie einfach mal in Google, wirklich abenteuerlich, wie das hält. Und wieder mal die Frage: wie um alles in der Welt haben die das vor rund 800 Jahren architektonisch und mit den in ihrer Leistung begrenzten Baustoffen hingekriegt? Und welcher betrunkene Controller hat nun wieder diesen Business-Case abgesegnet.

Diese Frage beschäftigt mich die nächsten Kilometer bis ich über die Brücke von Riedenburg gehe und damit in das nächste mittelalterliche Kleinod eintauche. Der sonnendurchflutete Marktplatz bietet gleich 5 Restaurants und Cafés zur Auswahl – im Prinzip an jeder Seite mindestens eines. Mit Brunnen in der Mitte. Am heutigen Septembertag ist die Stadt belagert von Radfahrern, die hier alle auf dem Altmühltalfernradweg unterwegs zu sein scheinen und ihrerseits eine Pause einlegen. So sehr man mit dem Rad schneller und vermutlich seit e-Bike auch bequemer vorwärtskommt, so wenig beneide ich sie und würde mein Variante auf keinen Fall eintauschen. Als Wanderer sehe ich hundertmal mehr Details von der durchstreiften Welt, als ich als Fahrradfahrer wahrnehmen kann. 5km pro Stunde gegenüber 20 oder auch 25 – je nach Bike und Kondition – das ist in der Natur fast schon Schnecke gegen Hasen. Auf dem Rad habe ich jedenfalls noch nie eine einzige Brombeere gefunden, soviel ist mal sicher. Hier sind aber die schwerbepackten Räder – wie fast überall – in der deutlichen Überzahl und ich mit meinem großen Rucksack ein Exot, der entsprechend interessiert betrachtet wird. Wenn auch nicht angesprochen.

Hier in Riedenburg ist auch für heute ziemlich genau Halbzeit – also auch Mittag - und somit lege ich im ersten Gasthaus rechts gerne eine Pausenstunde ein, den Rucksack erst einmal ab und die Füße hoch. Zumindest prinzipiell. Und ordere eine Brotzeit. Mit Spezi.

Übrigens keine komischen Blicke – Hallertau ist endgültig und inzwischen weit genug hinter mir.

Nach der Pause verlasse ich den AMTPW zum nächsten Mal – er geht ab hier einmal die gesamte folgende Flussschleife in seiner Gesamtheit – das sind immerhin rund 5 Kilometer und die werde ich mir jetzt einfach mal sparen. Das bedeutet zwar ein weiteres Mal die Wände hoch und wieder runter, aber dafür sind es 4 Kilometer weniger und das kommt mir ganz gelegen. Ich wuchte meinen ständigen

15Kilobegleiter wieder hoch und schicke mich an, die Senke zwischen den beiden Burgen/Schlössern zu entern. Nach kurzem Aufstieg an der Straße geht der Wanderweg rechts weg und ich überquere eine Art Heidelandschaft, gefolgt von schönen waldumrahmten Wiesen und – sobald es wieder Richtung abbruchkante geht – taucht der Weg wieder in den Wald und ich nähere mich schon wieder der nächsten Burg, die hier wirklich inflationär oft hingestellt wurden. Anscheinend hatte jeder Fürst seine eigene Fluss Schleife. Wenn die auch jedes Mal Durchfahrtsgebühren abkassiert haben, dann konnte so ne Schifffahrt wohl ganz schön lang werden. Und mächtig teuer. Jetzt also Schloss Eggersberg, wunderschön in Schuss mit Rosenrabatten vor weiß gekalkten Mauern und einem perfekt gepflasterten Innenhof liegt es in der Nachmittagssonne und ist natürlich ein richtig nettes Hotel, mit ein paar Sternen, so wie ich es auch jetzt gut gebrauchen könnte. Nur hab ich noch mal rund 10 Kilometer vor mir. Und dann ein Hotel mit 15 Booking.com Bewertungspunkten weniger.

Die Sonne senkt sich langsam, die allenthalben schroff herausblickenden Kalkfelsen beginnen eine tiefe und satte Farbe anzunehmen, als ich zum letzten Mal den Fluss quere und mich in einem Seitental kurz vor Dietfurt nach meinem Hotel umsehe. Als ich es erreiche, zieht es bereits zu und nach dieser langen und glücklichen Schönwetterphase soll wie angekündigt ein Regengebiet über Bayern ziehen. Nichts Schlimmes, nur 20% Regenwahrscheinlichkeit für die nächsten Tage, immer mal wieder durchbrochen von sonnigen Abschnitten. Ich mache mir also mal keine Gedanken. Morgen Abend erreiche ich den Frankenweg. Der wird sicher schön. Ganz sicher.

Der nächste Tag sieht dann aber ganz sicher mal nicht mehr so schön aus. Es ist grau, die Wolken hängen tief und es sind gefühlte 10 Grad weniger als gestern. Im Schatten. Immerhin regnet es nicht, aber trotzdem hatte ich mich die letzten Tage schon schön an das gute Wetter gewöhnt und das jetzt ist einfach anders. Sofort bekommt meine Wanderung einen ganz anderen Charakter. Das liegt nicht am Weg und es liegt nicht an der Gegend, die ist noch genau die gleiche und genauso eindrucksvoll wie gestern. Aber Sie kennen das natürlich auch: in der Sonne sieht alles positiv, angenehm, prima aus. Die Farben leuchten, alle Wiesen, Wälder und Felsen laden ein, es ist warm und trocken. Wenn ich mich hinsetzen möchte, ist an jeder zweiten Ecke ein einladender Platz für mich und allein das Herumschauen ist ein Fest für alle Sinne. Nun fehlt diese Beleuchtung und schnell macht sich eine gewisse Tristesse breit. Der Gesang der Vögel klingt nicht mehr so freudig, sie sind nun doch eher verhalten – und anscheinend nur noch halb so viele, als ob die anderen morgens erstmal liegengeblieben sind. Vielleicht greift an solchen Tagen ein Schichtplan? Die Umgebungsgeräusche sind gedämpft, zwar jetzt nicht so wie bei Schnee alles in Watte, aber immerhin. Nur auf den Straßen fahren die Autos jetzt noch lauter vorbei wegen der Fahrgeräusche auf Wasser. Die Farben sind aus der Umgebung gewichen – Fotos machen ist nahezu überflüssig, sieht bei jedem Versuch doch wieder nach nix aus und selbst Photoshop bekommt aus nix kein gutes Bild.

Wenn nun das Auge nichts zum Sehen hat, konzentriert sich das Hirn anscheinend auf etwas anderes und das ist vorwiegend mal die eigene Privatsphäre und alle Organe für das es so zuständig ist. Inklusive der eigenen Gebrechen.

Heute tuts also weh.

Das leichte Gehen der letzten beiden wunderbaren Tage ist dahin, vorbei das Schweben auf der Schönheit des Momentes, jetzt drängeln sich Schmerzen in den Vordergrund. Während die Knie letztlich alles noch leidlich weggesteckt haben, scheint es heute als hätte ich Blei in den Beinen und bei jedem Schritt knirscht es merklich (Reibung) und zuweilen auch hörbar aus den Gelenken. Vielleicht lags am Bett aber ich bin total verspannt und habe auch schon ohne Rucksack Schmerzen im Kreuz und mein Hals ist völlig steif. Morgendliche Aufwärmübungen angesichts des nur noch 10 Grad kalten Heraustretens an die frische Luft haben nichts gebracht, allem Dehnen zum Trotz haben sich die Muskeln noch weiter verspannt und sind heute grundsätzlich gegen Alles. Nun gut, dass es auch mal nicht so tolles Wetter haben würde, war mir natürlich klar – solche Einsicht ist allerdings bitter, wo ich mich doch so nett an die täglichen 18-25 Grad der letzten Woche gewöhnen durfte.

Der Weg hilft mir heute allerdings zunächst, den trüben Herbsttag zumindest ein wenig zu vergessen. Als ich nach ein paar Dehn- und Streckminuten dann doch langsam losgehe und versuche, mich trotz der deutlichen fühlbaren Proteste und zunehmenden Degenerierung meines Körpers geschmeidig fortzubewegen – was natürlich misslingt – werden zumindest nach kurzer Zeit die Sinne doch wieder verwöhnt. Erst quere ich einen Nebenarm der Altmühl mit einer kleinen Holzfähre, auf der ich mich an einem Seil über den kleinen Bach ziehe. Das ist schonmal ein ganz netter Anfang. Vielleicht eher was für Kinder aber tief im Innern bin ich natürlich auch noch nicht so alt.

Ganz anders als die Knochen also.

Der folgende Weg ist weiterhin abwechslungsreich. Die richtige Altmühl, also nicht der Kanal, wird erstmals gequert, es geht den Hang hinauf, durch kleine Schonungen mit tollen Ausblicken an der Klippe entlang und in den Wald hinein. Ein guter Start in den Tag. Dann allerdings folgen rund 5 Kilometer schnurgerader breiter Waldweg, was nun wieder nicht so aufregend ist – mir allerdings Gelegenheit gibt, mich in einen gleichmäßigen Trott hineinzufühlen und die Maschine in Schwung zu halten. Das fällt mir heute tatsächlich schwerer als sonst, erheblich meckern die Beine – auch wenn der Rücken jetzt wieder halbwegs locker ist. Da hilft nur, die Gedanken fliegen zu lassen und sich in eine Parallelwelt bringen. Ich nehme mir ein bestimmtes Thema vor – so eine Art Liebesroman mit mir in der Hauptrolle diesmal, und beginne, die Geschichte zu spinnen und weiterzudenken. Zu sehen ist ohnehin nicht viel heute, da kann ich auch mal nicht so sehenden Auges weitergehen. Ich lasse mich als Zorro, James Bond und in ein paar anderen Heldenrollen auftreten und die Frauen schwach machen, ganz ehrenhaft natürlich. Bei mir geht nix, bin schließlich noch etwas verheiratet. Aber fühlt sich absolut gut an, angeschmachtet zu werden.

Gerade, als ich fast den Trancezustand erreicht habe, passieren drei Dinge: erstens endet der langweilige Waldweg und es geht bergab nach Beilngries. Zweitens treten die 20% Regenwahrscheinlichkeit ein und es beginnt zu regnen, erst nur ein wenig, aber in Beilngries ist es schon ein ordentlicher Landregen, der sich ergießt. Und drittens hat Jason Bourne völlig unheldenhafte Schmerzen in den Knien, als es bergab geht und er ist nass und friert.

Der AMTPW bleibt etwas am Rand der Stadt und umrundet sie quasi auf der rechten Seite. Das ist mir allerdings zu blöd und ich gehe mitten durch, will ich doch auch diesen Stadtkern mal sehen. Lohnt sich allerdings nicht so ganz, finde ich. I had better, und das liegt jetzt vielleicht auch nicht unerheblich am Wetter.

Da ist der Weg auf der anderen Seite, wo es natürlich die bekannte Höhe von 80 Meter wieder hoch geht, schon spannender. Denn wieder thront etwas Großes über einer Stadt, in diesem Fall Schloss Hirschberg, welches in einem riesigen U gleich gestaltet wurde und einen mit Sicherheit rund 100 Meter langen Innenhof aufweist, der am Eingang von zwei Backsteintürmen eingefasst wird. Auf den ersten Blick fühle ich mich ganz kurz an eine Ordensburg der Nazis erinnert – Sonthofen fällt mir dazu ein - aber tatsächlich handelt es sich anscheinend um Kapellen mit sehr hohen Türmen. Der Regen plätschert jetzt friedlich im Innenhof, fließendes Wasser klingt ja eigentlich wirklich nett, wobei ich es als Bach wesentlich lieber habe als dieses Rauschen des Regens in einem Wald oder im Wind. Aber noch hält meine Regenjacke, der Poncho kann noch warten und ich bin halbwegs guter Dinge, dass der Schauer bald wieder vorbei ist. Obwohl, wenn ich mir den Himmel so ansehe, wird das vielleicht noch dauern. Ich blicke ein letztes Mal auf das stolze Schloss, heute im Besitz der Diözese Eichstädt, wo die Kirche wohl immer das ganze Geld herhat, wo doch sämtliche Spenden immer direkt an Bedürftige gehen? Bei Sonnenschein würden die weißen Wände sicherlich gewaltig leuchten – heute sieht das Ensemble einigermaßen finster und traurig aus – dennoch hat sich mein kleiner Umweg gelohnt. Ich verlasse an dieser Stelle den AMTPW und wende mich nach Norden, um mir selbst einen Weg nach Berching zu suchen, wo ich dann endlich auf den vielgenannten Frankenweg treffen und diesem für die nächste Woche folgen werde. Die folgenden Kilometer finden im Regen statt, erst kurz bevor ich Berching erreiche, hört es kurz mal auf. Macht mir heute nichts aus, der Wetterbericht spricht nur von geringer Regenwahrscheinlichkeit die nächsten Tage, und ein paar Schauer sind nicht das Ende der Welt.

Am späten Nachmittag erreiche ich die Stadt, eine 1200 Jahre alte Perle des Mittelalters mit einer komplett intakten Stadtmauer und haufenweise Wehrtürmen, die alle stehen wie ne eins. 13 sollen es in Summe sein, wobei ich von hier aus nur 5 sehen kann. Aber trotzdem, dieses Städtchen hier muss sich hinter San Gimignano in keiner Hinsicht verstecken. Ich überquere staunend die etwas rutschige Fußgängerbrücke über den Main-Donau-Kanal, den ich hier wiederfinde und laufe ein Stück auf der Uferpromenade an der Mauer entlang. Echt schade, dass das Licht so mies ist, was für eine Kulisse! An einem der vier Stadttore, gleich neben Erkans Döner, wende ich mich nach rechts und betrete die kleine Stadt. Kopfsteinpflaster, spitze Giebelhäuser in bunten Farben, ein paar Bäume, ein Brunnen, die Idylle ist perfekt. Also bis auf die Autos, die man auch hier wieder nicht der Stadt verweisen konnte und die überall herumstehen. Was natürlich noch besser ist, als wenn sie fahren, Sie wissen warum. Ich danke demjenigen, der den Asphalt erfunden hat, denn Kopfsteinpflaster, Autos und der Hall in einer Altstadt gehen leider überhaupt nicht gut zusammen. Ich finde mein Hotel just in dem Moment als es wieder heftig zu regnen beginnt, flüchte in den Eingang und tropfe erst mal etwas aus, bevor ich hineingehe. Ich hoffe, das Hotel hat ein Zimmer nach hinten raus und eine Heizung, die funktioniert. Erstmals werde ich sie brauchen, kalt ist es geworden und meine Sachen muss ich erstmals auch noch trocknen.

Und irgendwo tief in mir reift eine düstere Ahnung, dass es die nächsten Tage vielleicht doch nicht so lustig wird. Erst nur ein flüchtiger Gedanke. Völlig unbegründet natürlich, Vorhersage ist ja nicht so wild. Trotzdem schlafe ich nur bedingt gut.

SIEBEN

Berching – Neumarkt i.d.O. – Altdorf b.N. – Hersbruck - Schnaittach

Und es wurde gar nicht lustig.

Als ich morgens aus dem Fenster sehe, ist die Welt noch halbwegs in Ordnung. Grauer Himmel. Ok, aber immerhin trocken. Und kein Wind.

Ich trete aus dem Hotel, es wird windig. Aber immerhin trocken, könnte schlimmer sein.

Ich verlasse Berching durch das östliche Stadttor, finde das erste Wanderzeichen des Frankenweges. Kurzer Glücksmoment, da beginnt es zu regnen. Nur leicht, könnte schlimmer sein. Ich fummle meine Regenjacke aus dem Rucksack, ganz Optimist habe ich sie nicht gleich angezogen, überquere wieder den Kanal – diesmal die schmale Version – und es geht bergauf in den Wald. Unter der Regenjacke schwitzt es sich gleich mal viel besser, merke ich. Kein Vergleich zu sonnigen Tagen, an denen man auch schwitzt, aber eben nur ein Shirt oder maximal eine Weste drüber anhat. Andere Nummer. Meine Jacke ist zwar laut Aufkleber voll atmungsaktiv, wie sich das aber äußert, erschließt sich mir noch nicht so recht. Nach kurzer Zeit und viel zu wenigen Höhenmetern ist mir heiß und meine ausgedünstete Körperflüssigkeit wird für meinen Geschmack wesentlich zu langsam nach außen transportiert. Also wirklich wesentlich. Das muss viel schneller gehen, um was zu bringen. Mir fallen die Goretex Testvideos ein, wo sie ein paar Leute mit Jacken in eine Autowaschanlage stellen. Was für ein Quatsch, die bewegen sich null und getestet wird nur die Schutzwirkung nach außen, dabei ist die andere

94

Richtung nicht weniger wichtig. Ich überlege, ob ich bei dem wenigen Regen nicht ohne Jacke besser dran bin. Noch in diesem Gedanken verhaftet und natürlich sichtlich am Keuchen nimmt mir die Natur all diese Fragen ab und hebt diese Wasser-von-oben-Geschichte auf einen ganz neuen Level.

Es kommt also schlimmer.

Für die nächsten 5 Minuten überlege ich noch, ob das hier nicht doch nur ein Schauer sein könnte und ob es sich lohnt, die Regenjacke aus und den Poncho anzuziehen. Bis ich mich zu einer Entscheidung durchgerungen habe, bin ich aber zumindest an den Hosen schon durch und die Jacke ficht auch bereits ihre letzte Abwehrschlacht und ist unausweichlich dem Untergang geweiht. Ich habe die Heftigkeit des Regens nicht so recht mitbekommen, weil ich meine Schirmmütze aufhabe und das Geschehen über mir nur gedämpft und gefühlt verzögert durchgegeben wird. Als ich es endlich blicke, suche ich mir einen etwas größeren Baum, ziehe so schnell wie möglich die Regenjacke aus, stopfe sie in den Rucksack - und wie Sie als geneigter Sachverständiger wissen, ist das an sich schon eine echt widerliche Angelegenheit, so nasses kaltes Zeug ohne Trocknung einzurollen und zu verpacken. Fummle den Poncho raus und schwinge mir den Rucksack wieder drauf. Dann versuche ich den Poncho drüberzukriegen, also über mich und den Rucksack – dafür ist die Plane extra ausgebuchtet. Aufschießen, Kopf durch, mit Schwung über den Rucksack. Aber zu kurz und jetzt sitzt er nur auf den Trägern und ich komme weder rechts noch links heran, wenn ich mich auch noch so verrenke. Genau jetzt und hier wäre der eine Moment, wo ein Wanderpartner eine gute Sache wäre. Oder so ein Tourist, der im Wald steht. Warum auch immer er das tut, mir ganz egal, solange er mir mal eine Hand leiht.

Also wieder nach vorne abziehen – das an sich ist auch ne ziemliche Übung, denn die Pelerine klebt im feuchten Zustand quasi an allem fest. Und nochmal. Dieses Spiel geht

3-4 Mal und als ich den Poncho endlich so sitzen habe, wie er soll, bin ich ein weiteres Mal schweißgebadet und hab mir halb den Arm ausgekugelt. Aber jetzt sitzt er und unter ihm wird es dann irgendwie auch gleich richtig gemütlich. Also bisschen kalt so im Stehen und auch klamm, aber der Regen, der jetzt um mich herum ordentlich pladdert, bleibt draußen. Die Kapuze habe ich über der Schirmmütze, ein kleiner Schal dichtet den Hals zusätzlich ab und wärmt, dann kanns jetzt eigentlich weitergehen.

Nun ist Stehen unter Poncho eine Sache, die man recht gut aushalten kann. Wenn ich unter diesem Mini Zelt nicht gehen müsste, dann würde ich noch ein paar dicke Sachen anziehen und schon wärs gemütlich. Gerne auch im Sitzen. Das Gehen hingegen hat seine Tücken. Einmal hat jeder Poncho irgendwo ein Ende, nämlich üblicherweise oberhalb der Knie. Und genau dort kommt jetzt auch das abperlende Wasser an. Im Stehen fällt es auf den Boden, beim Gehen landet es wo? Genau, auf bzw. in der Hose, die sich mit dem Wasser vollsaugt und es nach oben und unten verteilt. Fazit: ich bin ab Oberschenkel abwärts dann doch nass. Bleibt immerhin der obere Bereich. Hier bildet sich das schon beschriebene Dschungelklima, nachdem die Plane nicht wirklich dampfoffen ist, bleibt der von mir erzeugte in der Glocke ab Hals abwärts, kondensiert dort und sorgt für ein nettes feuchtes Klima, was mich wiederum davon abhält, mich zu warm anzuziehen, um den Effekt nicht auch noch zu verstärken, was ja für nasse Sachen sorgen würde. Diese Lösung ist annehmbar, solange ich gehe, sobald eine Pause ansteht, wird es komplizierter. Dann gibt es die Option Poncho runter- weil sonst ja auch der Rucksack nicht abzulegen ist, was aber nur unter Dächern oder gleich im Inneren vollzogen werden kann. Die kommen aber nur selten. Oder ich lasse den Rucksack wo er ist, und setze mich so wie ich bin irgendwo hin oder stelle mich unter. Das wird dann wiederum ohne entsprechende warme Unterkleidung recht schlagartig recht kalt. Beim ersten Pausenversuch wähle ich Variante 2, setze mich unter ein Scheunenvordach, um etwas zu trinken und auszuruhen. Nach 3 Minuten breche ich den Versuch ab, weil ich nur unter unmöglichen Verrenkungen an die Flasche komme und dann auch sofort beginne zu schlottern, angesichts gerade mal 10 Grad Lufttemperatur. Also Pause ist schon mal entweder nicht oder nur sehr langatmig. Noch ein Vorteil, wenn das Wetter schön ist – da setze ich mich ständig mal kurz irgendwohin.

Aber gut, solche klitzekleinen Einschränkungen des persönlichen Wohlfühlpegels sind ja wohl nicht der Rede wert. Da hatten wir beim Bund schon mal weniger Spaß und dafür mehr Matsch zum drin liegen. Klagt nicht, kämpft! Also weiter.

Die Frankenwegführung macht ihrem Ruf alle Ehre – soweit ich das bei dem Wetter beurteilen kann. Niemals zu lange geradeaus, vielfach durch Wiesen und Wälder kurvt der Weg. Hin und wieder wird ein Weiler touchiert und auch mal eine Straße gequert oder kurz genutzt, aber man bleibt recht zuverlässig an der Abbruchkante der fränkischen Alb und folgt den umfangreichen Wegzeichen. Wobei speziell die Wiesenabschnitte, sonst eigentlich ein absolutes Highlight, heute etwas anstrengend sind. Die Wiesen hier sind vielfach natürlich belassene Wildblumenbiotope, die zumindest am Rand nicht besonders intensiv oder genau gemäht werden. Ist ja auch schön, längere Halme stehenzulassen. Diese triefen jetzt von Wasser und hängen in den schmalen Weg. Kein Ausweichen möglich, chancenlos, so sehr ich es auch versuche. Erst hüpfe ich noch von einem Bein auf das andere, ich mache die Schritte nicht so sehr nach vorne, sondern versuche, von oben zu treten – also so eine Art Storchenschritt. Der ist auf Wiesen überaus hilfreich, wenn auch anstrengend, geht also nicht ewig. Aber ewig muss ja normalerweise auch nicht, allerdings ist das hier Ausnahme. Den Storch kombiniere ich mit Hüpfen von links nach rechts und sehe ein wenig aus, wie Otto, wenn er auf die Bühne strampelt. Nur das ich natürlich auch noch den Poncho überhabe und Rucksack drauf und nicht „Hollaladühoo, hier ist Ottilein" jodle. Überhaupt ist mir jeglicher Gedanke an Jodeln komplett vergangen.

Eine Weile versuche ich noch diese Ausweichtechnik, mit zunehmenden Versagern aufgrund mangelnder Koordination. Vielfach weiche ich einem dicken Grasbüschel aus, nur um genau in ein anderes zu geraten, weil ich Abstand und mein Gewicht falsch interpretiere und dann noch den Wind in der Gleichung vergesse. Wie auch immer, drei Wiesen und 15 Minuten später bin ich durch. Für die Beine wärs ja egal, aber die schönen Goretex-Schuhe, die mir trockene Füße sichern sollen, erwischt es ebenfalls übel. Von vorne und den Seiten halten Sie ja noch so einiges ab, aber gegen Wasser von oben sind sie natürlich nicht gemacht und genau von da kommt es jetzt Literweise bei jedem zweiten Schritt. Und so geht das letzte Regel über Bord, beim Wandern immer auf trockene Socken und Füße achten. Das wars mal damit. Dann ist es ab jetzt auch egal, wieviel noch kommt. Ich stelle den Storch ein und gehe ab jetzt nur noch strikt geradeaus, immer genau in die Gräser hinein. Dem Feind ins Auge lachend. Das gibt immer öfter einen kalten Schauer am Bein und im Schuh, aber ist jetzt wurscht.

So stapfe ich also durchs nördliche Bayern. Eher Lok auf zwei Beinen denn Genießer. Es ist niemand außer mir unterwegs, das war die letzten Tage im schönen Wetter schon so – also natürlich jetzt auch keine Änderung der Situation. Wobei, was ist das denn? Hinter einem großen Holzstapel ca. 100m vor mir hat sich irgendetwas bewegt, ich bin mir ganz sicher, auch wenn ich die meiste Zeit stur nach schräg unten auf den Weg schaue, um die nächste Pfütze zu finden und sicher mitzunehmen. Ich beobachte den Waldrand genauer, als ich mich nähere. Ein Schemen bewegt sich hinter dem Holz auf und ab, er ist dunkel und kaum zu sehen, aber hin und wieder schaut eine etwas verzogene Kopfform kurz über den Stapel, bevor sie sofort wieder verschwindet. Rumpelstilzchen? Hier in Franken? Als ich näherkomme und mich knapp vor den Holzstoß nach links wende, springt es bzw. er rechts hinter dem Stoß hervor, grüßt mich knapp und läuft im leichten Trab an mir vorbei in die Richtung aus der ich gerade komme. Ein Leutnant der Bundeswehr, im Kampfanzug gut getarnt, das Gesicht geschwärzt, was die komische unrund aussehende Form erklärt. Hat er ganz gut hingekriegt, die typische Form eines Gesichtes ist auf die Entfernung kaum zu erkennen. Da gibt schon mal 5 Punkte für Tarnung. Er hat keine Waffe dabei, nur einen leichten Rucksack drauf. Mit der Hand umklammert er einen Kompass und mit den anderen stopft er gerade noch irgendein Papier in die Tasche als er an mir vorbeikommt. Aha. Orientierungsübung. Dann ist er ja sicher bald wieder zuhause, wenn er alles richtig macht. Falls nicht, rennt er heute nach noch durch die Gegend. An so einem Tag sind also doch nur die Bekloppten unterwegs. Oder die die müssen. Der Übergang ist eventuell fließend.

Der Regen nimmt inzwischen weiter zu, inzwischen fühlt es sich eher nach Sintflut an, Landregen ist schon passé. Der Weg macht mir keinen Spaß mehr, der Sinn des Gehens hat sich vom Selbstzweck zum Mittel verschoben, es geht eigentlich nur noch darum, weiter- bzw. anzukommen. Mit etwas von der Welt sehen hat das hier nichts mehr zu tun – wobei „sehen" kann ich sowieso nicht viel. Und Gehen, wenn es von unten hörbar aus den Schuhen „quatscht", ist auch alles außer angenehm. So nähere ich mich langsam dem Nachmittag und auch meinem Nullpunkt.

Im nächsten Ort halte ich an, ich muss mich aufwärmen und zumindest mal kurz trockenlegen. Es gibt einen Dorfkrug, der geöffnet hat und ich trete ein. Im Vorraum zerre ich schonmal den Poncho runter und nehme den Rucksack ab. Tropfend stehe ich in eine Lache, die sich sofort gebildet hat. Das Cape schüttele ich vor der Tür nochmal kurz aus, dann betrete ich den Gastraum. Eine Szene wie im Western: die Musik scheint zu verstummen, ebenso sämtliche Gespräche an den Tischen, die zu ¾ belegt sind. 30 skeptische bis misstrauische Augenpaare richten sich auf mich und ich kann die Fragen förmlich mit den Händen greifen.

„Eh, wos iss jetzt des?"

Es ist Sonntag, es regnet, was macht also der durchschnittliche männliche Bayer: er sitzt in der Kneipe und sinniert sowie diskutiert über Gott und die Welt. Und vielleicht auch mal Frauen, aber nicht so oft. Es geht weiter wie im Film, ich werfe ein Servus in die Runde, was für etwas Beruhigung sorgt. Immerhin einer von uns. Ich kenn ihn nicht, aber er spricht meine Sprache. Die Runde wendet sich wieder ab, die Gesprächslautstärke geht sofort wieder nach oben, die virtuelle Musik beginnt wieder zu spielen.

Ich klemme mich an einen Tisch in der Ecke und beginne, im Rucksack nach ein paar trockenen Sachen zu buddeln. Bestelle eine heiße Suppe, während ich mir die nassen Sachen vom Körper ziehe. Hier ist kein einziges weibliches Wesen, da kann ich auch mal kurz und verstohlen das Funktionsshirt und die Socken wechseln. Als ich umgezogen bin, steht die dampfende Suppe vor mir und ich habe selten mehr Vergnügen verspürt, warme Flüssigkeit zu löffeln. Ich bin mittendrin, als sich vom Nebentisch ein älterer Mann herüberbeugt und wissen will, wo ich denn herkäme.

„Vom Chiemsee", entfährt es mir unwillkürlich. Total bekloppte Antwort.

„Zu Fuß?" Er hats im Gegensatz zu bisher sämtlichen Rezeptionisten erkannt. Die Lebenserfahrung vermutlich.

„Ja, zu Fuß."

„Wos? Heit scho?" Und grinst mich breit an.

„Na. Natürlich ned. Seit einer guten Woche jetzt. Ich geh den Frankenweg."

„Ah." Wissendes Nicken. „Und wo willst no hin?"

„Bis zur Ostsee."

„Wos? Heit no?" Da lacht er laut über seinen eigenen Spruch. Verhinderter Komiker offensichtlich. Der letzte Teil verlief etwas lauter und sein Tisch hat zugehört.

Grölendes Gelächter ob des gelungenen Witzes. Er legt gleich noch einen nach.

„Hey, Ludwig, geht der Frankenweg zur Ostsee?"

„Zur Ostsee? Freilich. Draußen iss scho."

Wieder Gelächter, weitere Zwischenrufe teilen mir mit, ich wäre also quasi schon da. Und das ja aus dem Osten noch nie was Gutes gekommen wäre. Ich nehme mal an, es geht nicht um unsere Mitbürger aus Neufünfland, sondern der Ostwind ist gemeint.

Ich lache etwas gezwungen mit, proste rüber und frage, um das Thema zu wechseln, wie weit es noch bis Neumarkt wäre. Meinem heutigen Ziel.

„Naja, so 10 Kilometer sans schon no."

„Mhmmm."

Und damit ist die allgemeine Unterhaltung dann auch so schnell beendet wie begonnen und der Tisch wendet sich von dem irren Typen mit dem komischen Akzent ab und wieder dem Schafkopfspiel zu.

10 Kilometer sind noch gute 2 Stunden, auf die ich wirklich überhaupt keine Lust mehr habe. Aber vom Rumsitzen werde ich eventuell auch nicht wesentlich schneller ankommen und irgendwann muss ich ja wieder los. Ich verzögere den Aufbruch noch ein paar warme, trockene Minuten aber dann bitte ich um die Rechnung und bereite mich mental auf die fränkische Ostsee vor. Als ich den Rucksack hochnehme und den Gastraum verlasse, winken sie mir noch nach und wollen wissen, ob ich auch gut schwimmen kann. Und ob sie schon mal die Wasserwacht alarmieren sollten. Ich versichere, dass ich natürlich meine Rettungsinsel immer im Rucksack dabeihabe, winke zurück und verlasse das Gasthaus. Poncho wieder drüber und raus. Gerade segelt ein Eichhörnchen auf einem Ast die Straße runter. Es grüßt mich sportlich mit einer Pfote. Ich seufze. Dann paddle ich wohl mal hinterher.

Eine knappe Stunde später bin schon wieder seit 55 Minuten vollständig durchnässt und ich habe genug. Das macht hier einfach keinen Spaß, nicht mal im Ansatz. Um mal wieder rumzujammern und das Lowlight des Moments hervorzuheben: meine Füße stehen trotz Sockenwechsel eben schon wieder komplett im Wasser, sind inzwischen sicher aufgequollen und ich merke, wie sich mehrere Blasen zum Durchbruch bereitmachen. Diesen Übergang bekommt man mit, das ist der Moment, wo ich sonst konsequent abklebe. Aber das geht im Aggregatzustand („durchweicht") halt nicht, also muss ich einfach das beste hoffen.

Ich komme auf einer kleinen Straße einen Hang hinunter und erreiche einen Bahnübergang. Die Schranke ist oben und ich quere die Bahnlinie – als ich auf der rechten Seite den Bahnhof von Deining sehe. Das hatte ich gar nicht auf der Rechnung, hab mich auf die heutige Etappe offensichtlich nicht besonders konsequent vorbereitet…was natürlich auch nicht nötig ist. Ich muss ja nur den Zeichen hinterherdackeln. Jetzt also ein Bahnhof an einer elektrifizierten doppelt ausgebauten Strecke. Wow, das könnte vielversprechend sein.

Nun, wenn Sie die Eröffnung gelesen haben, kennen Sie auch den Rest.

An jeder anderen Stelle wäre die Sache nicht so heikel gewesen, und ich hätte vermutlich freundlich gewunken und wäre elegant vorbeigelaufen. Nach Murphy's Law hätte sich gegebenenfalls genau bei meinem Eintreffen die Schranke gesenkt, um den einzigen Zug des Tages durchzulassen, den ich mir dann locker aufgelehnt auf die Schranke mit etwas Wehmut (aber nur ein ganz bisschen) hätte von hinten ansehen können. In die Ferne entschwindende rote Lichter. Aber so war es ja nicht.

Vielleicht wenn es nur mal ein paar Minuten Regenpause gegeben hätte. Nur ein paar. Aber Nein, ich muss ja hier das volle Programm bekommen. Der Himmel ist grau, wie er nur sein kann, es regnet aus Eimern und ich bin immer noch

50 und Wohlstandskind. Wenn ich Überlebenstraining gewollt hätte, wäre ich nach Kanada gefahren und hätte diesen Schulbus aus „In die Wildnis" bezogen. Wem muss ich denn hier was beweisen – das ist schließlich kein Rekordversuch, sondern nur ein privates Vorhaben. Nein, sogar Vergnügen, so war eigentlich die Ursprungsidee. Und im Regen und Matsch weiterpaddeln kann bzw. muss ich die nächsten Tage immer noch. Wenn hier und jetzt ein Zug fährt, dann nehme ich ihn.

Er fährt in 15 Minuten. Ich lese den Plan dreimal, um sicherzugehen, dass ich mich angesichts des Sonntags nicht verlesen habe und völlig umsonst freue. Es sind keine Ferien, es ist kein Schultag. Der Zug kommt in 15 Minuten. Nein, 14 jetzt nur noch.

Ganz kurz kommt nochmal mein Stolz hoch, diesen Tag wie jeden anderen ordentlich und aufrecht zuende zu bringen. Lugt ganz kurz mal hervor der Knilch, hat aber heute keine Chance. Haltung ist was sehr Schönes, aber trockener ist eindeutig die Unter-haltung. Ich würde das Ganze schaffen, keine Frage. Meinen Knochen geht es eigentlich ganz gut, mein Frösteln unter dem Poncho ist nicht lebensbedrohlich, der Rucksack ist langsam zu einem festen Bestandteil meines Seins geworden und trägt sich heute einwandfrei. Also ich könnte noch - aber ich will nicht mehr. Und läute die Aufgeberglocke. Ich will in diesen Zug!

Eine gute Dreiviertelstunde später sitze ich in meinem Hotel in der Dusche und bin schon wieder nass. Nur anders, was tatsächlich gar kein Vergleich ist. Und dann nur noch ins Bett, wo ich heute nicht mehr aufstehe. Abendessen ist gestrichen, etwas Bestrafung für Aufgeber muss sein.

Am kommenden Morgen wache ich schon um 6 Uhr auf. Vor Hunger, war ja klar. Ich lausche aus dem Fenster und höre – jawoll – Regen. Die ersten Autos sind auch schon unterwegs, was die Regengeräusche am Fenster nachdrücklich unterstreicht. Ich drehe mich nochmal um, knurrender

Magen hin oder her, wenn das mit dem Wetter so aussieht, lasse ich mir noch Zeit. Um halb 7 halte ich es aber dann doch nicht mehr aus, ich muss jetzt was essen, sonst beginnt der Tag auch noch mit Kopfschmerzen. Beim Frühstück bin ich nicht mal der Erste, aber dafür der letzte. Mich zieht so gar nichts nach draußen auf die nächste Etappe. Ich tue alles Mögliche, was völlig unnötig ist aber gegen 10 gibt es dann doch keine Ausreden mehr. Ich muss los. Hilft ja nichts.

Immerhin sind meine Klamotten in der Nacht auf der Heizung ordentlich getrocknet, sodass zumindest der Start trocken bleiben wird. Nicht ganz so erfolgreich war ich mit meinen Schuhen. Große Bereiche weisen weiß angetrocknete Regenränder auf – aber speziell vorne wo das meiste Wasser vom Leder aufgesogen wurde, ist immer noch Nässe angesagt. Immerhin sind die Sohlen ordentlich heizungswarm und trocken, sodass das Anziehen einen wohligen Schauer verursacht. Ein letzter Blick durch Fenster: japp, Poncho ist nötig.

Der Rest des Tages ist schnell beschrieben: So wie gestern nur ohne Bahnhof. Ich erspare Ihnen jegliche ausschmückenden Beschreibungen eines der miesesten Tage meines doch schon recht langen Lebens. Noch etwas aufgeweichter, desillusionierter und fertiger als gestern stapfe ich mit interessanten Geräuschen meiner Schuhe und nur mühsam zurückgehaltenen Weinkrämpfen zu meiner Übernachtungsgelegenheit. Heute Altdorf bei Nürnberg. Wäre wieder ein richtig süßes altes Kleinod, leider gibt es heute ein paar Einschränkungen, die mich nicht zu diesem Resultat gelangen lassen. Einerseits wird gerade die gesamte Altstadt einem großzügigen Umbauprogramm unterworfen, inklusive neuer Platten, Abgrenzungen usw. Und ein paar Fassaden werden auch noch frisiert. Also Baustelle und Lärm. Na gut, wenn es fertig ist, sieht es ganz sicher toll aus. Zweitens immer noch Regen. Drittens meine mangelnde Aufmerksamkeit wegen erstens und zweitens.

Ich bin klitschnass als ich ankomme, eigentlich so wie gestern, nur das es heute irgendwie noch schneller ging. Was ja kein Wunder ist, wenn die Sachen schon ein paar Mal die volle Ladung abbekommen haben. Insbesondere die Schuhe sehen gar nicht gut aus, und meine Füße auch nicht. Ich traue mich gar nicht so recht, die Socken auszuziehen. Sie kleben an den Füßen und als ich sie mit etwas Gewalt dann doch runterbekomme, bietet sich ein erschreckender Anblick. Ich erspare Ihnen die Details, aber lassen Sie es mich mal so ausdrücken: meine patentierte Heftpflasterabklebung ist aufgrund der Nässe großflächig verrutscht und hat insbesondere die Zehen nicht mehr geschützt, die jetzt wie kleine knubbelige Wasserleichen an meinem Fuß hängen. 10 Stück. Jede deutlich größer als sonst und in teilweise abenteuerlichen Farben. Immerhin sind sie noch alle da, ich war schon etwas in Sorge. Das erfordert heute also Fußpflege in Vollendung. Ich brauche dringend eine Apotheke. Ich rutsche in die Crocs, die ich auf meiner Tour immer dabeihabe und humple aus dem Hotel. Da links war doch eine gewesen.

Der nächste Tag ist besser. Es regnet – etwas weniger und nur noch hin und wieder. Ich tausche den Poncho in die Regenjacke. Meine Füße sind extra fest abgeklebt, wodurch ich hoffe, die geschundene Haut einigermaßen zu schützen. Trotzdem sind die ersten Schritte die Hölle, gestern habe ich mir wirklich keinen Gefallen getan. Ich nehme mir vor, das hier nochmal bei Sonne und trockenen Fußes zu besuchen. Und Berching, Berching muss ich auch nochmal ansehen. Am besten laufe ich gleich die ganze Regenstrecke nochmal.

Aber jetzt erstmal an die Ostsee. Die richtige. Beziehungsweise nach Hersbruck heute, und dann Schnaittach. Das reicht ja auch erstmal angesichts meiner lädierten Gehwerkzeuge. Erstmals nehme ich den großen Plan aus dem Fokus und konzentriere mich darauf, gerade mal das nächste Etappenziel zu schaffen. Zum ersten Mal steht ein Scheitern

– oder zumindest eine Pause im Raum. Letzteres wäre ja jetzt auch keine große Katastrophe, wenn auch mein Zeitplan etwas durcheinandergerät. Aber noch sind wir nicht soweit, mal sehen wie es heute geht. Ich beiße die Zähne zusammen und humple unter den kritischen Blicken der Straßenbauarbeiter und Plattenleger aus der Stadt.

Verkniffenes Lächeln? Aber nicht doch.

Zum Gelingen dieser Etappe und der nächsten tragen zwei Dinge wesentlich bei. Es hört auf zu regnen und mein Tapeverband an den Füßen hält. Vermutlich vor allem, weil es nicht mehr regnet. Und so komme ich zwar etwas unrund aber trotzdem wesentlich besserer Dinge in Hersbruck an. Kann den Ort genießen und erhole mich auf der kurzen und wunderschön geführten Etappe danach. Endlich sehe und fühle ich Franken so, wie es eigentlich sein sollte und ich es immer erwartet hatte. Mit seinen hügeligen auf und ab, den Laub- und Nadelwäldern, den Wiesen, eingebettet in Wald, verzauberte Auen und Wandertafeln mit mindestens 20 verschiedenen Wegen darauf. Ich erinnere mich an Etappen auf dem fränkischen Gebirgsweg, die ich vor Jahren einmal versucht habe. Keine 500Meter von über 20 Kilometern am Tag auf hartem Untergrund. Immer Wiesen, Waldwege, Aussichten und Schönheit im Überfluss. Wandern in der schönsten Form.

Als ich in Schnaittach ankomme, ist die Welt eigentlich wieder ganz in Ordnung und meine erste wirklich kritische Phase scheint ausgestanden. Da ich meine Schuhe quasi trockengelaufen habe, passen sie jetzt umso besser – so hat doch alles auch sein Gutes. Der Wetterbericht sagt für die nächsten Tage im Wesentlichen Trockenheit voraus.

. Alles wird am Ende gut.

A C H T

Oh Du schöner Westerwald

Wenn es irgendeine Institution auf dieser Welt gibt, die das Wandern quasi erfunden hat, dann das Militär.

Gewandert wurde hier in jeder Epoche und in jedem Land der Welt, in etwa gleich weit (sehr weit !!) und auf die gleiche Art (unlustig!). Stechschritt jetzt mal ausgenommen. Sonst überall gleich. Und so sehr sich das Militär weltweit vielleicht in seinen Uniformen und seinem Technisierungsgrad unterscheidet, so einig sind sich alle bei der Fortbewegung: um von A nach B zu kommen, benutzt der Soldat vor allem mal seine Füße und läuft da hin. Die blauen Jungs von der Marine und die Herren der Luftwaffe sind hier ausgenommen – sorry Leute, Euch ist mein Mitleid angesichts der mangelnden Naturerlebnisse auf festem Boden sicher. Ich bleibe bei den richtigen Soldaten vom Heer.

Sämtliche Armeen – und hier natürlich die Infanterien (der Name ist ja Programm) - auf dieser Welt wandern meist viel, weit und reichlich und haben das schon immer getan. Ok, die der Fidschi-Inseln vielleicht nicht so – aber alle anderen. Man erinnere sich an Hannibal, der die heutige Tendenz, als halbwegs gerade gewachsener Deutscher mindestens einmal zu Fuß die Alpen überquert haben zu müssen, quasi erfunden hat. Und das vor satten 2200 Jahren – das nenne ich mal Trendsetting. Und der gute Hannibal war nicht mal ein Deutscher.

Damals hieß es punischer Krieg – heute eben Alpenüberquerung. Klingt auch viel positiver.

Nun sind wir heute natürlich auch logistisch viel weiter vorne. Heute finden Sie in jedem dritten Ort in Bayern, Österreich oder der Schweiz eine Lama Farm und trekken mit diesen zumeist geduldigen Viechern in die Berge, was an sich schon völlig unsinnig ist, weil so ein Lama kaum was schleppen darf und man sie eigentlich nur mitnimmt, um die Hälfte des Weges den halben Rucksack nicht mehr tragen muss. Stattdessen zieht man dann lieber so ein Tier hinter sich her, was trotzdem fast zusammenbricht und dann noch ständig was fressen muss. Man tauscht also ein Viertel der Gepäcktrageleistung (Sie wissen es noch: Kraft mal Weg) in 100% Ziehleistung plus Fressen. Ein guter Business Case sieht anders aus, soviel ist mal sicher. Aber es geht natürlich um mehr, nicht ums Gepäck oder sowas, sondern um die sinnliche Erfahrung.

Ach ja – und Therapie. Therapie ist auch wichtig.

Beim Führen von Lamas kommen sich Mensch und Tier zwanglos näher. Viele Wanderer empfinden die Ausflüge mit den feinfühligen Tieren oft als meditativ. Sie können abschalten und den Alltag hinter sich lassen, Stress und Hektik vergessen und sich erholen - das steht bei den Ausflügen mit den Lamas auch im Vordergrund. Lamas sind nicht nur freundliche Wanderbegleiter. Sie übernehmen auch die Aufgaben eines Co-Therapeuten.
https://www.orenda-ranch.com

Wenn's denn also ein Lama braucht, um den therapeutischen Effekt einer Bergtour zu erfahren, nun denn. Ich finde ja eine Bergtour an sich schon meditativ – außer vielleicht sie gehen an einem Sonntag in der Hauptsaison zum Almfest.

Das ist dann aber wenigstens geistreich.

Der o.g. Ansatz war Hannibal wohl auch bekannt, wollte er doch die Römer etwas davon therapieren, sich in ihrem eigenen Land zu breit zu machen und damit das seine Wirkung auch nicht verfehlte, nahm er gleich Elefanten – eine ziemlich schneidige Entscheidung finde ich. Fragen Sie doch mal den Lama Führer Ihrer Wahl, ob er sich das Trekken und die damit verbundene meditative Erfahrung auch mit den Dickhäutern vorstellen kann.

Eben.

Kann aber natürlich auch sein, dass Hannibal noch gar keine Lamas kannte, weil er ein paar Jahrhunderte vor Kolumbus vor dem Problem der Alpenquerung stand – ich bin nicht sicher. Ist aber auch egal.

Das bringt mich übrigens auch noch zu der – geschichtlich und geographisch längst widerlegten - Anekdote, dass der Kurort Bad Reichenhall angeblich ebenfalls durch Hannibal gegründet wurde, weil er vor dem Alpenmarsch kurz anhalten ließ und alle Kranken und Lahmen aussortierte. Kann man angeblich heute noch sehen…

Vor und nach Hannibal finden wir hundertfache Beispiele für das Wandern beim Heer, wobei an dieser Stelle darauf hingewiesen werden soll, dass beim Militär natürlich noch nie „gewandert" wurde, sondern immer schon marschiert. Immer schon. Im Effekt ist Beides das gleiche, aber das Militär ist ja ebenfalls schon immer dafür bekannt, jeglichen normalen Begriff in irgendetwas anderes umzuformen, was besser, martialischer oder vielleicht auch nur anders klingen soll, um die eigene Besonderheit zu betonen. Man will sich ja abheben. Das Beispiel „Spind" hat ja schon Hallervorden verwirrt und auch in der restlichen militärischen Ausdrucksweise gibt es noch zahlreiche andere Kandidaten.

Und so wird in der Infanterie eben marschiert. Schon immer. Die Ägypter zu den Hebräern. Die Japaner zu den Chinesen (ok – erst waren Schiffe im Spiel) und die Russen zu den Finnen. Die Römer zu nahezu allen Nachbarn, die sie so hatten, und dann noch ein Stück weiter. Napoleon wiederum stattete erst Preußen und dann Russland einen Besuch ab und wanderte den ganzen Weg sogar schnurstracks wieder zurück, wobei er natürlich überall ein paar Leute zurücklassen musste. Wandern war halt nicht so für jeden.

Die Nordstaaten Amerikas marschierten zu den Konföderierten und umgekehrt und immer hin und her und so weiter. Und Deutschland als Wandernation mit militärischem Faible ließ sich hier mal gar nicht lumpen und besuchte zu Fuß sowohl die Nachbarn im Westen als auch die im Osten. Und wo man schon dabei war, die im Süden und Norden auch gleich. Mehrfach sogar. Man könnte also mit Fug und Recht behaupten, dass die Wurzeln des Wanderns durchaus auch in der Armee zu finden sind. Und wenn sie es nicht erfunden haben, haben sie es zumindest ans Limit getrieben. Oder ein Stück drüber, denn einmal Stalingrad und zurück waren ja nun mal ein paar tausend Kilometer.

Nun tun Armeen natürlich alles, um auch den letzten Spaß am Wandern/Marschieren zu unterbinden, sollte er denn je ansatzweise aufkommen. Was wiederum der wesentliche Unterschied zwischen Wandern (mit Spaß) und Marschieren (ohne Spaß) sein könnte. Muss ich nochmal drüber nachdenken.

Während der Ausbildung beim Bund wird leider meistens in Reih und Glied gewandert, wenn's hoch kommt auch gerne im Gleichschritt. Beides nicht so der Burner. Aber wenigstens nicht mehr Stechschritt, wer den erfunden hat, gehört eigentlich ohnehin standrechtlich erschossen. Die Märsche sind entweder mit übergroßem Gepäck oder übergroßer Entfernung oder beidem und als Krönung vielleicht auch noch schneller, als jeder halbwegs vernünftige Mensch gehen würde. Kombinieren lässt sich das Ganze mit dem jahrzehntelang bewährten nach oben offenem Baukastensystem mit den verschiedensten Modulen, die sich alle miteinander kombinieren und addieren lassen. Also z.B. Singen, Tempo, Bekleidung und Equipment und zuletzt den psychologischen Raffinessen. Was wiederum – nur mal als Beispiel - die folgenden Optionen eröffnete: wandern (tschuldigung: Marschieren) normal, im Laufschritt, mit Gesang, mit Gesang im Laufschritt, usw.

Konzept ist klar, denke ich?

Das Ganze folgt der mathematischen Grundformel n+1. Also immer, wenn man glaubt, alles gesehen und erlebt zu haben (n), kann man noch einen draufsetzen (+1). Wenn die Truppe schnell genug irgendwo hinkam, musste die Latte wieder ein wenig höher. Statt einem eben mehrere Liedchen, bisschen lauter, ungewisse Ziele oder Marschlängen, vorne hinein in die Kaserne, einmal an der Kompanie vorbei und dann gleich wieder hinten raus und wenn die Moral dann immer noch nicht am Boden ist, lässt es sich auch recht nett unter einer Gasmaske laufen. Glauben Sie mir: die absolute Krönung des Wanderns in der Bundeswehr ist die Kombination aus Gasmaske und Liedchen im Laufschritt – wobei ich allerdings noch niemanden getroffen habe, der dabei noch text- und rythmussicher geblieben wäre. Aber die Welt hat selten so bunt geleuchtet, wie damals nach der dritten Strophe des Westerwaldliedes im Laufschritt unter ABC-Vollschutz. Gut, ich hab keine Luft mehr bekommen, aber so Nahtoderfahrungen haben ja auch was, wenn man sie mit 30 Jahren Abstand betrachten darf. Und überlebt hat.

Nun ist Ausbildung das eine Ding – im Einsatz hat Wandern beim Militär tatsächlich noch weniger Charme. Bewegt man sich doch zumindest immer irgendwie in Richtung eigene Schlachtbank, oder - wenn man der auf irgendeine Art entkommen sein sollte - umso derangierter auch wieder zurück. Vorher kommt keine Ruhe und Entspannung auf, weil die eigenen Vorgesetzten es so eilig haben, ihr eisernes Kreuz zu verdienen – hinterher ist meist der Gegner hinter einem her, der einem nach dem Leben oder zumindest der Unversehrtheit trachtet – und natürlich auch gerne nach dem einem oder anderen Ehrenzeichen für sich selbst.

Irgendwas ist also immer.

Zumal auch die Ausrüstung der Truppe nun nicht wirklich etwas mit dem heutigen Hochleistungswanderequipment gemein hatte oder hat. Während die modernen Wandervögel möglichst bunt in eine Klimamembran gewandet auf vibramgedämpften Sohlen nach allerspätestens 30km ermattet zu Boden sinken, fängt beim Militär an dieser Stelle der Spaß erst so richtig an. Im Gewalt- oder Eilmarsch https://de.wikipedia.org/wiki/Eilmarsch – auch deutlich darüber.

Ein Eilmarsch (veraltet auch Gewaltmarsch genannt) ist ein militärischer Marsch mit hoher Geschwindigkeit, bei dem die Ruhezeiten teilweise oder auch ganz ausfallen. Die Durchführung eines Eilmarsches erfordert eine überdurchschnittliche physische Leistungsfähigkeit der Mannschaften. Für größere Abteilungen sind solche Märsche sehr anstrengend, wenn die tägliche Leistung in hohe Bereiche (für die Infanterie sind Tagesleistungen von über 30 km üblich) gesteigert wird. Die aus einem Eilmarsch resultierende Schwächung der Truppen kann aus militärischer Sicht durch den Nutzen aus dem schnellstmöglichen Erreichen des Zielpunktes gerechtfertigt sein.

Spaß geht glaub ich anders.

Zusätzlich vollzog sich das Ganze dann auch gerne über Wochen, bei jedem Wetter, üblicherweise mit dürftiger Verpflegung und die abendliche Dusche war mit Gewissheit auch nicht immer drin. Nicht zuletzt, weil abends eben noch gar nicht Schluss, sondern Wache oder Nachtmarsch war. Und angesichts von nagelbesohlten Knobelbechern, Filzuniform und sicherlich 25Kilo Gepäck – allein die Waffe und Munition ging ja schon an die 6 Kilo - waren die vergangenen Kriege insofern schon aus orthopädischer Sicht nicht so richtig empfehlenswert. Heutzutage hat die Truppe zwar auch Vibram und fährt mehr als das sie läuft – ob das die Freude am Wandern in die Jungs und Mädchen bringen kann, lässt sich aber zumindest anzweifeln.

Mit dem oben genannten Abstand erinnere ich mich an meine Wanderzeiten beim Bund inzwischen in rosarot. Haben wir damals irgendwas verwünscht?

Ich gehöre zu den Menschen, die beim Joggen, Verzeihung – 5000m Lauf beim Bund - immer nur gerade so unter dem maximal erlaubten Limit von 23 Minuten geblieben sind. Alle anderen waren 5 Minuten vor mir fertig, die Ausbilder wurden nervös und wollten nach Hause, aber ich brauchte eben. Laufen – also Fortbewegung oberhalb der Marschgeschwindigkeit - war so gar nicht meine Sache und ist es bis heute nicht – auch wenn ich mir einbilde, immer wieder laufen gehen zu müssen, wodurch ich meinen Körper irgendwann überlisten werde. Also irgendwann wirklich.

Dafür blühte ich auf, wenn es ums Marschieren ging. Das war mein Tempo. Gleichschritt hatte ich sofort drauf und so zog ich stoisch in der Gruppe meine Bahnen um und auf dem Ex-Platz und freute mich. Innerlich natürlich nur, denn wenn man grinsend erwischt wurde, freuten sich die Feldwebel nicht etwa, dass es einem gut ging, sondern unterstellten eher, dass es einem ZU gut ging – eine unglaubliche Gratwanderung moderner Führung. Fürsorgepflicht für den untergebenen Soldaten – dessen Wohlergehen die Führungslogik durchaus im Blick hat – zu gut ist aber nach eben dieser Bundeswehrlogik denn auch umgehend zu unterbinden. Bevorzugterweise durch Unterbrechen der nachmittäglichen Stille mittels Stimme und der Anweisung zu höherem Tempo. Oder Lied. Oder beides – sie erinnern sich an Seite XX. Und wenn ein Vorgesetzter diesen Spagat mal vergeigt, können wir das alle in der Presse nachlesen, was auch eine schöne Motivation jenseits dessen bedeutet, dass sie ihren Kopf und alles darunter auch für einen doch recht übersichtlichen Sold hinhalten. Jeder Lehrer kriegt bereits in seinem ersten Jahr mehr. Und von der Verbeamtung fangen wir besser mal gar nicht erst an.

Grinsen war also nicht, sondern nur stilles Genießen in Verbindung mit angestrengtem Aussehen. Ob die anderen das auch so machten, weiß ich nicht mehr - aber letztlich funktionierte das immer nur so lange, bis irgendeiner vor

lauter Konzentration aufs nicht-Grinsen eine Wendung ver-
kackte oder die Arme falsch bewegte und wir erst ins Achtung gestellt und dann im Laufschritt über den Platz gejagt
wurden.

Aber *wenn* mein Zug es endlich draufhatte, machte sich
eine innere Genugtuung breit.

Natürlich macht es niemandem so richtig Spaß, umringt
von einer schwitzenden Männergruppe in Formation in einem nicht selbst gewählten Tempo durch die Gegend zu
laufen. Wobei – vielleicht, wenn man nicht hetero ist? Aber
vermutlich nicht mal dann. Aber mir machte es nichts aus,
denn es war Bewegung und frische Luft und eine einlul-
lende Gleichmäßigkeit und geradezu herausragende Beruhigung. Und letztlich war Ex immer noch besser als Waf-
fenreinigen oder Unterkunft schrubben.

Folgerichtig blieb mein unglaubliches Marschier- bzw.
Wandertalent nicht lange unentdeckt und ich wurde
prompt zum Fahnenbegleitoffizier im Nebenjob bestimmt,
sodass ich in der Folge bei tatsächlich jedem Appell dabei
war und vor hunderten Augenpaaren gemeinsam mit dem
Fahnenträger um den Block marschieren durfte – irgendwas war dann halt doch immer.

Richtig geil wurde es aber, wenn wir ins Gelände zogen.
Ohne Formation, jeder so in seinem Trott, mit richtig Gepäck. Zur vollständigen Fassungslosigkeit meiner Kameraden meldete ich mich grundsätzlich freiwillig, wenn es darum ging, wer das Zug-Funkgerät trug und bewegte es mit
Gleichmut durch die Welt.

Zum Verständnis, liebe Leser, wir reden hier nicht über
die kleinen Walkie-Talkies, mit denen Ihre Kinder den
Kumpel im Nachbarort in glasklarer Qualität anfunken.
Wir reden hier über die gute alte Analogtechnik. SEM35!
Sende- und Empfangsmodul (Erinnern Sie sich noch an die
Sache mit dem Bundeswehrsprech? Bitte schön!) erschütte-
rungsbeständig und druckwasserdicht, Baujahr 1960 und
Entwicklung nach dem üblichen Bundeswehrzyklus

gefühlte 10 Jahre früher. Wir sprechen hier über Real-Heavy-Metal. 10 Kilo Funkgerät mit nochmal 10 Kilo Batterien (genau, die schönen dicken Monozellen und davon 16 oder so), die dem Gerät eine Reichweite von satten 3 Kilometern bescherten – zumindest für ein paar Stunden und wenn sich kein größeres Hindernis im Weg befand. Hier war noch richtig edler Metallkorpus, vermutlich sogar beschusssicher mit 20mm. Für sowas müssen Sie heute bei Apple aber mal richtig extra blechen!

Aber ballern Sie jetzt bitte nicht testweise auf Ihr Luxus-Handy und hängen es mir an, wenn's aufgibt.

Heute hat jedes Mobiltelefon oder Kinder-Walkie-Talkie mehr Power – damals war das Gerät der Gipfel der Nachrichtentechnik. Zumindest bei der Bundeswehr – der zivile Bereich war vermutlich wie meistens 20 Jahre weiter. Wie auch immer, dieses Ding in der Größe zweier Schuhkartons war vorne vor dem Rumpf tragbar und bildete damit das ideale Gegengewicht zu meinen 15 Kilo Rucksack hinten. So war ich fast perfekt ausgependelt und das Gehen funktionierte von allein. Gut, wenn außer Wandern auch sowas wie Laufen oder Springen gefordert war, sah ich aus wie eine verdoppelte Schildkröte und bewegte mich mit ähnlicher Eleganz und Schnelligkeit. Auch das Hinlegen war ne mittlere Herausforderung, denn da wo man sich üblicherweise hinlegt – also vorne – war ja schon der doppelte Schuhkarton und er und mein Oberkörper passten nie auf die gleiche Stelle. Aber mit der Zeit entwickelte ich eine patentierte Seitwärts-Umfalltechnik und dann gings. Runter zumindest, wieder hoch war meist ein bisschen komplexer und erforderte zuweilen auch die Hilfe meiner Kameraden und ein- bis zwei Stunden.

Trotz solcher kleineren Nachteile überwogen die positiven Nebeneffekte. Mein Gewehr konnte ich vorne auf der Kiste waagerecht ablegen, sodass es nicht an einer Schulter zog, ich hatte das Ohr am Geschehen im Bataillon und einen Stein im Brett bei den anderen, die eher taktisch als strategisch dachten und vor allem das Zusatzgewicht im Kopf hatten. Ich hingegen sah schon immer das Große & Ganze. Bildete ich mir zumindest ein und so schleppte ich eben den Funk durch die Wälder um Hammelburg, über die Übungsplätze von Wildflecken, Baumholder und Grafenwöhr und hatte stattdessen weniger Putzen.

Was sich zu Fuß alles anstellen ließ, erfuhr ich dann in seiner vollen Variation auf dem Einzelkämpferlehrgang, in dem man 4 Wochen quasi alles auf den eigenen Beinen und meistens auch im Laufschritt erledigte, als ob es möglich wäre in dieser kurzen Zeit irgendeine Kondition von Dauer zu entwickeln oder ansatzweise zu halten, wenn man das folgende Training ausgelassen hätte. Mit dem Ansatz den Teilnehmer des Lehrganges an den Rand der eigenen Leistungsfähigkeit zu führen – und dann noch etwas darüber hinaus – lässt sich natürlich alles unwiderlegbar – oder zumindest undiskutiert – begründen. So wurde uns in der Gruppe immer eine überaus knappe Zeitvorgabe gegeben, um von a) nach b) zu kommen und wenn wir sie trotz aller Anstrengung rissen, hieß das zurück auf Los und alles gleich nochmal. So als ob der erste konditionelle Aderlass nicht gewesen wäre und man beim zweiten Versuch für die gleiche Strecke dann plötzlich weniger Zeit braucht. Diskutieren Sie diesen Ansatz mal mit einem professionellen Ausdauersportler oder seinem Trainer und fragen Sie ihn nach seiner professionellen Einschätzung der Ausbildungsmethode. Aber Militär und Logik sind ja nun nicht immer die besten Freunde.

Neben dieser sinnfreien Rumrennerei gab es aber auch noch die stilleren Momente. In Form von Orientierungs- und Durchschlageübungen, zumindest der zweite Begriff hochspannend wenn auch völlig irreführend. Schließlich wohnten wir nicht im Dschungel, wo wir uns mittels Machete einen Weg bahnen mussten und auch die Lage, dass man sich hinter den feindlichen Linien befände und zu seinen eigenen Leuten zurückfinden müsste, war angesichts übersichtlichen Übungspersonals deutlich weniger martialisch, als der Titel. Der „Feind" war nämlich gar nicht da und wenn dann in Form des Hörsaalpersonals, das sich allerdings immer durch das Geräusch eines Geländewagens ankündigte, sodass man ihnen rechtzeitig aus dem Weg gehen konnte. Durchschlagen hieß also vor allem mal viel Wandern, mit sich selbst und auf sich allein gestellt, Schlafen in irgendwelchen Heuschobern oder bei Bauern, die die Bundeswehr-Bitten um Mithilfe konsequent ignorierten und uns sowohl mit Essen und Trinken als auch Unterschlupf und Nachtlager versorgten. Dass wir all das nicht bezahlen konnten, wussten sie natürlich, wurde doch allen Lehrgangsteilnehmern zu Übungsbeginn sämtliches Bargeld oder andere Zahlungsmittel abgenommen. Was völlig sinnlos war – einerseits hatten wir längst etwas an den Feuermeldern im Treppenhaus deponiert, dort mussten wir zwangsweise dran vorbei, andererseits wollten die Landwirte regelmäßig keine Bezahlung von uns. Wenn es in Deutschland noch Bevölkerungsteile gibt, die uneingeschränkt hinter der Bundeswehr stehen, dann in der Landbevölkerung.

Aber im Resultat kam für die Tage der Durchschlageübung erstmals so richtiges Wander- und Abenteuerfeeling auf. Und es mag seltsam anmuten und auch auf die Gefahr, dass Sie mich als romantischen Spinner abtun – aber an dieser überaus ungewöhnlichen Wirkungsstätte hörte ich das Wispern der Wälder und erkannte das Wesen des Wanderns (http://www.werkstatt-verlag.de/?q=9783895337666). Ich spürte den Rhythmus meines Körpers, die Anstrengung und meinen gleichmäßigen Atem. Ich suchte und fand meine Orientierungspunkte bei Tag und Nacht, auf mich gestellt, in meinem Tempo. Mal indem ich mit meinem Kompass strikt einer bestimmten Richtung folgend durch die Walachei stapfte, oder mit (absichtlich) zerfetzten oder angesengten Kartenausschnitten. Ich aß und trank, was die Natur und hin und wieder ein Gehöft mir boten und schlief, wenn ich nicht mehr konnte. Mit dem und in dem, was ich an- oder dabeihatte.

Ich wanderte bei der Offizier Ausbildung kilometerlang mit Gleichmut einem Kameraden hinterher, der uns zwar sehr zielstrebig aber leider trotzdem in die völlig falsche Richtung führte. War mir jetzt nicht völlig egal – aber Gleichmut ist bei der Bundeswehr in so manchen Situationen eine überaus hilfreiche Tugend.

Ich lenkte meine Gruppe durch bunte Wälder, über festgefrorene Äcker und grüne Wiesen, Kilometer um Kilometer durch Hessen, Bayern und Baade-Wüttebesch, vorne der Funk, hinten der Rucksack, oben der Helm und unter mir die Weite Deutschlands. Die Kälte auf dem schwäbischen Alb kroch mir durch die nicht vorhandene Funktionsbekleidung, das Wasser Niederbayerns sickerte durch den alten Filz und erste unausgereifte Goretexjacken. Ich lief unzählige Trekkingstiefel trocken, um sie an meinen Fuß anzupassen, erzeugte Wölfe an den Innenseiten meiner Oberschenkel und sah mit den Schweißstreifen in meinem getarnten Gesicht aus wie ein Zebra. 30 Grad fühlten sich mit Ausrüstung und 2 Lagen feldgrauer oder Flecktarnbaumwolle wie 10 mehr an – also alles in allem wars mit Sicherheit nicht immer lustig. Aber trotz allem, an den Wochenenden hatte ich nichts Besseres zu tun, als in die Berge zu gehen und mehr von dem zu machen, was ich beim Bund sowieso schon machte. Nur dann halt ohne Waffe und das schöne Funkgerät. Muss also doch irgendwie gut gewesen sein, dieses Wandern.

Wobei – eigentlich hatten es ja meine Eltern schon vermasselt.

Schnaittach – Gräfenberg – Forchheim – Scheßlitz – Bad Staffelstein

Das Regenwetter ist erst einmal ausgestanden, als ich Schnaittach verlasse um die Runde um Nürnberg bei Forchheim zu vollenden und mich dann wieder gen Norden zu wenden. Ende dieser 4 Tage sollte ich in Bad Staffelstein sein, wo ich den Frankenweg endgültig verlassen will, um mich nach Westen Richtung Rhön „durchzuschlagen". Was ja jetzt nur halb dramatisch ist, ich muss halt die Strecken wieder selbst suchen. Das übe ich ab Gräfenberg schonmal, denn der Frankenweg dreht hier nach Osten ab, um die mittelalterlichen Highlights Egloffstein und Pottenstein mitzunehmen – das schenke ich mir aber und wähle eine andere, direktere Route, die aber bei Heiligenstadt dann doch ein letztes Mal mit o.g. Weitwanderweg zusammentrifft.

Der Herbst ist inzwischen – wir haben jetzt Mitte September – ausgebrochen, nicht nur die Regentage der letzten Woche haben das angekündigt, sondern insgesamt sind es ein paar Grad weniger und die Färbung der Laubbäume hat begonnen, und damit ist eigentlich für mich die schönste Zeit des Jahres angebrochen. Ich liebe die Farben des Herbstes, die nicht mehr so heißen Tage und die die ganz besondere Stimmung, die irgendwo ein wenig melancholisch daherkommt. Der Sommer ist durch, die Tage werden kürzer, Nebel gehört zum Programm genauso wie die Lebkuchen, die pünktlich zum bayerischen Ferienende in den Supermärkten zu bekommen sind. Und jetzt schmecken sie wenigstens noch, zu Weihnachten kann die doch keiner mehr sehen, oder? Die Tage beginnen kühl, aber mit der Sonne beginnen die Wiesen zu dampfen, und die Bäume zu glühen. Die Luft ist klarer und sauberer als sonst, ich kann tiefer durchatmen und vielleicht trägt das Gefühl, das etwas zu Ende ist (nämlich die heiße Zeit) auch dazu bei, dass ich bewusster, klarer, aufmerksamer lebe und wandere. Das Jahr nähert sich der Zeit, in der man nicht mehr durch die Gegend latscht, sondern sich zuhause vor den Kamin – soweit vorhanden - kuschelt und durchs Fenster nach draußen in den Schnee sinniert. Beziehungsweise eigentlich eher in den Regen, Schnee ist ja nicht mehr so oft. Aber es geht eh ums sinnieren und abschließen mit dem einen Jahr, bevor das neue begrüßt werden kann und alles irgendwie wieder auf Anfang gestellt wird. Und bevor Sie jetzt glauben, dass ich hier einen moralischen Anfall kriege, keine Sorge mir geht's gut.

Schnief.

Herbst hin oder her, heute und die kommenden Tage ist vorsichtiges Gehen und weiterhin gute Fußpflege gefragt, der Regen hat mir dort unten übel zugesetzt, und ich muss zusehen, dass sich die Blasen und offenen Stellen nicht weiter ausbreiten und schnell abheilen. Dafür wäre etwas Ruhe natürlich eine gute Idee, aber so schlimm ist es dann auch nicht und ich denke, dass ich meinen Plan im Moment noch wie gedacht weiter umsetzen kann. Die Sonne scheint durch einen milchigen Himmel – anscheinend sind die letzten Reste des Regengebietes noch nicht so ganz einverstanden, sich vom Acker zu machen. Ist mir egal, solange sie nur im Laufe des Tages verschwinden – und das ist schließlich vorhergesagt, sagte das ZDF. Inzwischen bin ich froh, dass ich die Sache mit der Paketbombe nicht umgesetzt habe, sonst würde ich die guten Nachrichten zum Wetter jetzt nicht bekommen. Aber seht mal bloß zu, dass das so bleibt, Freunde. Sonst ist irgendwann aus mit schicken Vorhersagen.

Heute besteht die Etappe im Wesentlichen aus sehr viel Wald und wenig Feld, was mir aber nichts ausmacht. Zunächst geht es aber mal über die BAB 9 Nürnberg – Berlin und damit habe ich einen einzigartigen Blick auf die Hektik unseres Hochleistungswirtschaft und ihren Ausprägungen und -wirkungen. Eine Weile bleibe ich in dem Lärm auf der Brücke stehen und schaue hinunter auf Lastwagen in Kolonnenfahrt, Reise- und Flixbusse, die ihre leidensfähigen Passagiere durch die Landschaft karren. Die WLAN Anzeige geht immer an und aus, wie ich da so stehe. Und natürlich tausende Autos in verschiedensten Geschwindigkeiten, die ganze deutsche Armut ist mal wieder unterwegs, obwohl gar keine Ferien sind. Aber irgendwie ist immer keiner am Arbeiten, sondern unterwegs, könnte man meinen. Nur die auf der linken Spur sind vermutlich im Job und müssen heute noch zwei Kundentermine abdecken. In der Regel Audis und BMW Kombis mit Standardausstattung.

Also mindestens mal Lichthupenautomatik und Drängelassistent.

Nach 5 Minuten habe ich genug und freue mich auf die Waldeinsamkeit, in die ich gleich wieder eintauchen werde – wobei ich erst noch unbedingt am Autohof Schnaittach eine kurze Pause einlegen muss. Vanilletrunk zischen. Wofür geht der Frankenweg denn sonst direkt hier dran entlang? Auffüllstation für Kraftnahrung. Wenn ich auch die Fast-Food Abteilung rechts liegen lasse aber ich bin sicher, dass Kentucky Schreit Ficken doch ein wenig an der Wegführung rumgebastelt und den Weg um ein paar hundert Meter verschoben hat. Durch großzügige Hähnchenspende an den örtlichen Wanderklub vielleicht. Eine Weile setze ich mich noch auf die Bank, die gleich links am Parkplatz am Waldrand steht, bevor ich mich mit einem Ruck aufsetze und den ruhigen Tag beende. Ich will wieder los und aus diesem Lärm raus.

Der Tag ist weiterhin trüb weshalb es kein allzu großes Opfer ist, die nächsten Kilometer im Wald zu verbringen. Der Regen hat den Bäumen sichtlich gutgetan – auch wenn die grünen Blätter um diese Jahreszeit kein Revival ausleben, sondern langsam in ihre Herbstfärbung übergehen.

Die erst Blätterladung wurde vom Regen von den Bäumen gespült und liegt pittoresk auf dem Waldweg umher, offensichtlich ist hier noch niemand seitdem gegangen und ich bin mal wieder mit mir allein und habe das Gefühl, der erste hier und überhaupt zu sein. Für dieses Discoverer-Feeling braucht es gar nicht den abgelegenen Berg am Südpol. Die Nässe der vergangenen Tage ist noch in den Bäumen, sie tropfen leise vor sich hin, immer noch. Der Waldweg ist einigermaßen aufgeweicht, aber zum Glück kippen die Bauern überall, wo es zu matschig ist, ihre alten Dachziegelreste ab, um den Boden zu konsolidieren und fahrbar zu machen, was auch mir hilft, selbst wenn ich ein wenig Respekt vor dem scharfkantigen Belag habe. Mit zunehmender Temperatur beginnen die Moose und Farne im Unterholz an zu dampfen und geben die aufgesogene Nässe langsam wieder ab, es ist eine etwas unheimliche Atmosphäre, die sich erst später am Vormittag ändert, nämlich als sich die Sonne anmeldet, um den Wald in einen kompletten dampfenden Nebel zu verwandeln, in den die Strahlen unwirkliche Traumgebilde zaubern. Ich schleiche beinahe, um keinen überflüssigen Laut zu verursachen, durch diese Zauberlandschaft, immer in der irrationalen Angst, das Schauspiel könnte von mir durch eine unbedachte Bewegung oder einen abgeknickten Zweig ausgeknipst werden. Was natürlich totaler Quatsch ist, aber ich wähne mich irgendwie im 4D-Kino und halte ungewollt den Atem an. Das Schauspiel dauert nur kurz, die Sonne verzieht sich wieder hinter die Wolken und so schnell, wie der Zauber begann ist er auch schon wieder vorbei. Spot aus.

Gegen späten Mittag erreiche ich Gräfenberg, kleiner mittelalterlicher Stadtkern, süße Häuser, Ritter-Wirnt-Brunnen Downtown (keine Ahnung, wer das war). Ich lege eine kurze Pause ein und stelle erstaunt fest, dass sich inzwischen eine gewisse Routine einsetzt, was mittelalterliche Dörfer in Franken angeht. Die Region hat so viel zu bieten, dass irgendwann unweigerlich eine Übersättigung eintritt.

Ich finde Gräfenberg schön, aber nachdem ich grad erst Hersbruck, Altdorf und Berching gesehen habe, bin ich eindeutig zu wenig beeindruckt. Das hat Gräfenberg eindeutig nicht verdient, sorry.

Nach einer halben Stunde gehe ich denn auch schon wieder weiter, die Pause war ohnehin gar nicht so gut für meine Füße, die sich zwar in ihr unabänderliches Schicksal ergeben haben, dies aber durchaus hin und wieder mit ein paar unschönen Missfallensbekundungen kommentieren. Alle paar Schritte mal ein kurzer Stich in irgendeinem Zeh gehört dazu, oder jetzt, wo ich mich wieder aufraffe, viele Stiche in allen Zehen und solidarische Schmerzbekundungen der Achillessehnen. Auf die ich natürlich nicht höre, das wäre ja noch schöner. Die Meckerei geht den Rest des Tages auch so in dem Umfang weiter, aber es bleibt bei gelegentlichem Aufmucken und die Lage wird nicht schlechter, sodass ich die Etappe noch ganz gut zuende bringen kann, auch wenn es heute 25 Kilometer werden.

Als ich am nächsten Mittag bei tatsächlich mal wieder strahlendem Sonnenschein in Forchheim einlaufe, ist die Sache mit der Übersättigung an schönen Orten auch schon wieder vergessen. Hier ist die Innenstadt wunderbar saniert, das Pflaster teuer verlegt und sogar ein kleiner Kanal in der Fußgängerzone verlegt, so wie in Freiburg, nur neu. Ich vergesse umgehend meine Diskussionen mit den Füßen und staune mich durch die Altstadt. Das ist doch mal wieder eine Ansage hier. Ich bedauere, dass ich aufgrund meiner Hotelplanung hier nur durchkomme und keinen Abend bleiben kann und habe einen weiteren Punkt auf meiner „mußichunbedingtnochmalhin" Liste, die länger und länger wird. Vielleicht doch nochmal WoMo-Urlaub in Franken und all dies hier abklappern. Für mich geht es aber erstmal weiter bis Streitberg.

Der sonnige Morgen war leider nur eine Momentaufnahme, schnell zieht es wieder zu und der Rest des Tages zieht in grauer Monotonie durch die Landschaft. Als ich gegen 4 in Streitberg ankomme, ist es so richtig unangenehm und windig geworden und ich freue mich auf eine warme Dusche. Ich finde das Hotel, was aber irgendwie geschlossen aussieht und tatsächlich versperrt ist. Ich checke meine Buchung. Ich stehe vor dem richtigen Haus und Check-in ist ab drei – trotzdem ist zu. Die hinterlegte Nummer ist tot. Na das ist ja toll, am besten habe ich jetzt hier keine Unterkunft bei dem blöden Wetter. Ich sehe mich um und gehe durch die Gemeinde. Der Ort ist wie ausgestorben, der Lack der Vergangenheit schaut von den Häusern auf mich herab. Die Binghöhle, einst wohl eine Hauptattraktion des Ortes sieht aus, wie in den 80er Jahren letztmalig renoviert. Also der Eingangsbereich, fehlen nur ein paar altersschwache Reisebusse, die hier ein paar unlustige Tour Teilnehmer auskippen, um das triste Bild zu vervollständigen. Der Fairness halber sei erwähnt, dass die Saison halt rum ist und der Ort vermutlich schon ein wenig im Herbstschlaf. Und bei schlechtem Wetter kenne ich kaum einen Ort, der ebenso sexy rüberkommt wie in strahlendem Sonnenschein. Ich sehe mich weiter um und finde weiter vorne ein Sporthotel, dass offen zu haben scheint. Nachdem es zu regnen beginnt, flüchte ich hier an die Rezeption und frage nach einem Zimmer. Mit Hinweis darauf, dass das andere Hotel geschlossen zu haben scheint. Das verwundert die Chefin, sie klemmt sich ans Telefon und ruft den Kollegen der Konkurrenz an. Bei ihr geht er ran, vermutlich andere Nummer. Behauptet, er wartet schon die ganze Zeit und wo ich denn bliebe, er hätte schließlich nur für mich aufgemacht. Vermutlich haben wir uns um ein paar Minuten verpasst. Ich bedanke mich herzlich bei Frau Sporthotel und gehe den Kilometer wieder zurück, wo ich den Hotelier diesmal antreffe. Ich habe mich auf einen unfreundlichen Empfang eingestellt, aber weit gefehlt. Er entschuldigt sich ein paar Mal, er wäre nur kurz mal weggewesen und selbstverständlich ist offen. Nur für mich. Ich kann mir das Zimmer aussuchen, bekomme ein kleines Upgrade und die Küche wird nur für mich angeschmissen. Das ist ja mal fränkische Gastlichkeit. Voll bis zum Rand krieche ich die Treppe hoch – ohne gabs nicht – und falle ins Bett.

Für morgen hab ein Schlosshotel gebucht – das kann aber auch nicht besser werden. Denke ich noch so.

In der Nacht klingt der Regen ab – gleichwohl wird auch der kommende Tag eher trüb und richtig kalt. `Kurzer Ausblick auf den Winter´ meint Gunther Tiersch, den ich spontan nicht mehr leiden kann. Aber natürlich hat er wieder recht, der alte Besserwisser und es ist für einen Tag Zeit für die ganz warmen Sachen. Die ich zum Glück natürlich dabeihabe. Es ist windig, ein paar Grad über Null nur und so habe ich genug damit zu tun, mich ordentlich zu bewegen und die Kälte von mir abzuhalten. Immerhin trocken. Bis kurz vor Scheßlitz halt, aber dazu gleich.

Nach einigen Stunden des Weges in fränkischer Realität (=über viele Wiesen, Hügel und durch Wälder) stehe ich an der Kirche am Gügel, ein Ausflugslokal daneben, es hat aber heute zu. Die Kirche ist auf einen Felsen geklebt und blickt auf die dahinterliegende Senke, in der Scheßlitz zu erahnen ist. Links daneben die riesige Giechburg, hälftig Ruine und zur anderen noch bewohnt. Wieso eigentlich in Franken an jeder zweiten Hügel so ein Riesending steht, wird die nächste Google Aufgabe für heute Abend. Ebenso wie herauszufinden, woher der Name Gügel kommt. Das erschließt sich mir gar nicht, nicht mal die fränggische ultraweiche Aussprache ganz alltächlicher Worte, die an sich schon zum sich darüber lustig machen auffordert, sollte aus einem Hügel nicht sowas hinbekommen. Ist aber ja eigentlich auch egal. Heute geht mein Blick nicht nur über Weite sondern auch mitten in einen ordentlichen Wind, der mir die Tränen in die Augen treibt und den Wunsch nach einem Halstuch entstehen lässt. Es ist so richtig kalt, sodass ich auch noch eine kurze nachmittägliche Pause einlege und die Kirche kurz von innen besichtige. Arschkalt ist es auch hier drin, aber wenigstens kein Wind. Immerhin ein schönes Altarbild obwohl ich nicht so viel Nerv dafür habe und eigentlich weiterwill. Als ich wieder vor der Tür stehe und Richtung Scheßlitz blicke, nimmt aber etwas anderes meine Aufmerksamkeit in Anspruch. Aus Nordwesten – also quasi genau von da, wo ich hinwill, nähert sich eine beachtliche tiefschwarze Wand. Das hat mir grade noch gefehlt, heute so richtig nass zu werden, ein paar Kilometer vor Schluss muss ja nun echt nicht sein. Ich erwäge, die Sache hier auszusitzen, aber es ist doch schon recht spät und wer weiß wie lange das Wetter braucht, um durchzuziehen.

Und ich habe ja auch noch den Poncho.

Aber zunächst bin ich ja mal Optimist und lasse den im Rucksack. Ich habe aufgrund der Kälte ohnehin alles andere an, und das wird einen kurzen Guss schon abhalten. Ich mache mich also auf den Weg ins Tal. Eine Viertelstunde später stehe ich drin in dem schwarzen Loch. Der Wind bläst in heftigen Böen, wenn ich mich nicht an einem Waldrand befände, sondern auf dem freien Feld, würde ich es volle Kanne abbekommen. So ist es zwar ungemütlich und auch ein wenig ehrfurchteinflößend, aber gut zu ertragen. Als der Himmel seine Schleusen öffnet. Und heraus kommt nicht etwa Regen, sondern Schnee. Der schlimmsten Art. Es ist viel zu warm für Schnee, aber die Wolke scheint das nicht zu wissen und hat den Regen noch etwas tiefergekühlt und jetzt klatschen mir 2-Euro große, nasse Schneeflocken ins Gesicht und auf die gesamte Vorderfront, gehe ich doch genau in den Sturm hinein. Ich kann gar nicht so schnell schauen, wie ich pitschnass bin. Das geht innerhalb von einer Minute, gar keine Chance den Poncho auch nur aus dem Rucksack zu kriegen, geschweige denn über mich. Das hätte man halt vorher machen müssen.

Verpennt. Idiot, optimistischer.

Aber das hier hat natürlich auch schon wieder etwas unfreiwillig Komisches, wer glaubt denn an einen solchen

Schneeschauer im September? Eben. Ich schreie in den Sturm vor Lebenslust, gelöster Anspannung, Frustration, weil ich schon wieder nass werde und Wut. Alles dabei. Dann bekomme ich einen Lachanfall, zum Glück ist keiner in der Nähe, die weisen mich unmittelbar ein.

So schnell, wie das Wetter gekommen ist, ist es auch schon wieder vorbei. Vielleicht 5 Minuten hat es gedauert, der Schauer ist durch und die Sonne kommt sofort wieder hervor. Ich blicke zurück, wo die schwarzen Wolken unwirklich angestrahlt werden, samt Regenbogen, so feucht ist also der Schnee.

Den Rest des Weges lege ich in strahlender Sonne zurück, glauben Sie es oder nicht. Das hilft den Klamotten, wieder zu trocknen, auch wenn es nicht so schnell geht, wie ich es mir wünsche, dafür war der Wassereinschlag zu umfangreich. Aber als ich knapp 4 Kilometer später in Scheßlitz ankomme, bin ich zumindest einigermaßen wieder trocken. Sogar die Hose geht wieder.

Mein Hotel ist Schloss Burgellern, im nächsten Ort, also nochmal 2 Kilometer weiter, diesmal in Nordöstlicher Richtung. In dem Moment, als ich Scheßlitz verlasse, geht plötzlich die Sonne verloren. Auf einen Schlag ist sie weg, wie ausgeknipst was mich unwillkürlich zurückblicken lässt. Direkt in die nächste schwarze Wolkenwand. Och ne, oder? Da steht sie wie eine Eins, bewegt sich mit atemberaubender Geschwindigkeit vorwärts und grinst mich an. Hey, ich krieg Dich noch, Martin.

Das gibt's doch wohl nicht. Jetzt bin ich grad wieder halbwegs trocken, das muss doch echt nicht sein, so kurz vorm Ziel. Aber der Wettergott findet durchaus, dass das jetzt noch sein muss und 10 Minuten später – ich kann mein Schlosshotel schon in der Ferne sehen, bekomme ich nochmal eine volle Ladung Regen ab. Es schüttet noch die letzten paar Tropfen über mir aus, als ich mit 75km Rückenwind in den Schlosshof einbiege und im Slalom um die Mercedes, Audis und Jaguars Kurs auf den präsentablen

Haupteingang nehme. Sehr schick hier, denke ich noch, als ich quasi ins Hotel gespült werde, wo ich wenige Sekunden später tropfend an der Rezeption stehe. Ein gut gelaunter Mensch begrüßt mich freudig. Guten Abend, Herr Senger, hatten Sie eine schöne Anreise? Er lächelt verbindlich an mir herunter, wie ich so mit schlammigen Schuhen vor ihm stehe und ihm den Eingangsbereich einsaue. Ganz souveräner Schlosshotelmanager. Währenddessen frage ich mich, ob mein Name auf meiner Stirn steht. Er errät die Gedanken. „Sie sind der einzige, der mir noch fehlt heute Abend. Jetzt sind wir vollzählig. Hier ist ihr Zimmer-Schlüssel und dann mal ab in die Dusche mit Ihnen. Es ist dort die Treppe hoch."

Natürlich ist es das.

„Möchten Sie später im Restaurant dinieren? Wir haben noch bis 21 Uhr warme Küche." Ich möchte.

„Wünschen Sie, dass wir Ihre Kleidung reinigen?"

Herrlich hier.

Im Zimmer angekommen, nehme ich nur die Schuhe in die Hand und steige dann so wie ich bin in die Badewanne, um mich erst dort der nassen Klamotten zu entledigen. Duschen und Klamotten waschen, normales Abendritual, bevor ich mich in meinem Zweitoutfit, was natürlich immer noch leger und sportlich ist, in das Restaurant begebe. Nicht zu vergessen die orangen Crocs. Naturgemäß sind die anderen Gäste in einem Schlosshotel sagen wir mal etwas schicker angezogen und passen ausnahmslos zu den Karossen, die ich vor der Tür gesehen haben. Audi A6 war noch das Billigste. Gleiches Gefühl, wie als ich vor kurzem in das Gasthaus eingezogen bin, nur dass die Klaviermusik weiterspielt und nicht so viele Gäste den Raum bevölkern. Verwunderte, belustigte und entsetze Blicke. Tuscheln. Nicht mal hier kann man noch unter sich sein, unglaublich, was sich der Pöbel heutzutage alles erlaubt. Mir ist das allerdings völlig egal und bei Steak und Bratkartoffeln habe zumindest ich ein wunderbares Essen, bei dem ich beschließe ab jetzt etwas mehr auf meine Hotelauswahl zu achten. Es muss nun nicht immer gleich Schlosshotel werden, so viele gibt es nicht und das würde massive Umwege bedeuten. Aber vielleicht biete ich mal geführte Luxuswanderungen an, so von einer dekadenten Unterkunft bis zur nächsten. Ohne Gepäcktransport natürlich, in dem Spagat liegt ja gerade der Reiz. Ich stelle mir vor, wie nicht nur ich, sondern gleich eine ganze Gruppe zwar edel sportlich gekleideter, aber trotzdem matschverdreckter und klitschnasser Typen hier in der Rezeption steht. Die ja per Definition alle nicht so die längste Zündschnur haben und erstklassigen Service gewohnt sind. Ob der Manager dann auch noch seine Souveränität behält? Ich mag einfach diese leicht destruktiven Ideen. Viel zu schnell geht mit solchen Gedankenspielereien der Abend vorbei und die folgende Nacht auch. Immerhin kann ich mir mit dem Check-out bis 11 Zeit lassen, denn morgen ist Ruhetag. Also nur rund 17 Kilometer.

Die allerdings erstmal bergauf beginnen.

Am nächsten Tag ist es wieder wesentlich wärmer das ist erstmal die gute Nachricht. Kein Vergleich zu gestern, nur der Wind weht immer noch nachhaltig, allerdings hat er gedreht und kommt jetzt so ein wenig von schräg hinten, was ganz gut ist. Meine Sachen sind dank intensiver Ausnutzung der großen Heizkörper alle trocken geworden, auch ohne die Inanspruchnahme des hoteleigenen Reinigungsservice für den Preis eines guten Mittagessens – incl. Getränken. Das geht mit Sil in der Tube auch ordentlich und das Geld kann ich mir sparen.

Ich verlasse Burgellern, ein wirklich niedlicher Ort, der natürlich vom Schloss dominiert wird und gehe heute extra langsam. Einerseits treibt mich nichts, andererseits steckt mir die lange und kalte Etappe von gestern mächtig in den Knochen und ich muss mich etwas regenerieren. Der Weg wechselt abwechslungsreich von Wiesen und Ackerflächen zu Wald und wieder zurück. Das macht Freude, insbesondere, wenn man Zeit hat. Nach ein paar Kilometern lasse ich die Steinerne Rinne links liegen und stehe irgendwann vor einem hohen Zaun. Der Weg umgeht diesen nach links, die nächsten paar hundert Meter immer an ihm entlang. Es steht kein Schild oder Erklärung dran, was eine militärische Anlage ausschließt. Ein Blick auf Google zeigt, dass es sich um eine kirchliche Einrichtung handelt, das Schönstatt-Zentrum Marienberg, ein Heiligtum der Verbundenheit. Ich frage mich, warum ein Heiligtum mitten im Nirgendwo dann eingezäunt werden muss. Wäre doch schön, wenn jeder teilhaben könnte. Wär man doch viel besser verbunden. Aber vielleicht bin ich da zu naiv. Ich denke unwillkürlich an den letzten schwedischen Krimi, den ich gelesen habe und in dem in einem ähnlich beschriebenen Komplex eine Sekte ihr Wesen trieb und Kinder letztlich eingesperrt und misshandelt worden sind. Unwillkürlich beobachte ich den eingezäunten Bereich, bereit ein flüchtendes Kind zu retten und gegen böse Verfolger zu verteidigen. Aber in der Stille des Ortes rührt sich überhaupt nichts und ich werde erneut nicht der Held des Tages, der einen riesigen Skandal aufdeckt.

Also weiter in meiner Anonymität.

An der riesigen Küpser Linde, ein paar Kilometer später, lege ich mich erstmal hin. Die Sonne ist draußen, der Wind erträglich und hier steht sowohl ein Gedenkkreuz als auch so eine Relax Liege. Ok, sie ist aus Holz und etwas hart aber ergonomisch wie für mich geschreinert. Ich teste ihren Komfort aus, ziehe noch den warmen Primaloft drüber und blinzle damit wunderbar dick eingepackt träge in Herbstsonne und -landschaft. `Schon schön hier´ ist der letzte Gedanke, als ich auch schon weg penne. Dass das passiert ist, merke ich allerdings erst eine knappe Stunde später, als ich völlig orientierungslos aufwache und mich ein paar Sekunden lang frage, wer, wo und warum ich bin. Zum Glück dämmert es mir kurz danach wieder, nicht auszudenken, man wacht irgendwo auf und weiß nichts mehr.

Natürlich Filmstoff.

Der Wegweiser spricht von rund 8 weiteren Kilometern bis zum Zeil. Also dann mal los. Ab jetzt geht's nur noch immer leicht bergab. Trotz allen Bummelns ist es erst früher Nachmittag, als ich in Bad Staffelstein eintrudele und mein Hotel suche. Recht ausgeruht beende ich meine Frankenwegsetappen mit gemischten Erfahrungen.

Wundervolle Wegführung, aber die Wettersache, die müsst ihr echt mal in den Griff kriegen, Leute.

ZEHN

Bad Staffelstein – Seßlach – Bad Königshofen i.G. – Mellrichstadt - Bischofsheim

Nachdem der Frankenweg hinter mir nach Nordosten abdreht und damit eine für mich ungünstige Richtung nimmt, bin ich ab jetzt wieder auf mich und meine Orientierungskünste angewiesen. Ich will meinen Bogen nach Westen weiter ausdehnen und mittelfristig in der Rhön ankommen um dort nach Norden einzudrehen. So die Idee. Es gibt dafür auch einen bezeichneten Weg - den E6, also den europäischen Fernwanderweg 6, der Finnland mit Kroatien verbindet und ein sehr großes Stück in Deutschland verläuft. Aufgrund des Eisernen Vorhanges konnte die Wegführung nicht die direkte Route durch Ostdeutschland nehmen – das ist zumindest mal meine Interpretation, warum dieser Weitwanderweg exakt die Kurve entlang der ehemaligen Grenze nimmt, die ich auch gehen will. Wenn ich nach Flensburg wollte, könnte ich von jetzt an sogar durchweg den E6 nehmen – allerdings will ich ja wesentlich weiter östlich am Wasser ankommen und verzichte deshalb auf diese Möglichkeit. Aber um rüber in die Rhön zu kommen, ist der E6 absolut geeignet – verläuft er doch in einem schönen Bogen immer auf der ehemals westdeutschen Seite genau bis in die Rhön bei Gersfeld, wo ich wiederum nach rechts abbiegen und auf den Hochrhöner möchte. Die kürzeste Verbindung, um auf ihn zu treffen, führt nach Seßlach, einen Ort den der E6 nördlich umgeht. Hier liegt also mein nächstes Ziel – heute in Form einer selbstbestimmten Zwischenetappe, dann wieder nach der Auswahl anderer vermutlich erfahrener Mitmenschen und Wanderfreunde.

Nun also erstmal selbstbestimmt nach Seßlach. Das kenne ich ja schon, gleichwohl stelle ich wieder einmal fest, was für Luxus es ist, andere einen schönen Weg für mich suchen zu lassen und ihn dann auch noch angemessen auszuschildern. Nun gut, genug gejammert. Ich verlasse Bad Staffelstein nach Norden, zunächst mal mäßig interessant entlang einer schön heftig befahrenen Bundesstraße aber ich muss natürlich irgendwie auf die andere Seite des Mains, und das geht auf 10 Kilometer Länge nur hier. Außer schwimmend natürlich, aber bei 15 Grad verwerfe ich ein weiteres Mal diesen interessanten Gedanken. Als der Fluss – ebenfalls etwas unbeeindruckend an dieser Stelle - hinter mir liegt, kann ich wenig später die Straße verlassen und es geht ein weiteres Mal in den Wald. Sofort kehrt Ruhe ein, es fällt mir jedes Mal wieder auf, wie schnell eigentlich alles an Umgebungsgeräuschen verschluckt und durch Naturgeräusche – Vögel, Knarzen der Bäume, Windgeräusche in Form von Rauschen oder seichtem Streichen – ersetzt wird. Und sofort dieses Wohlgefühl, dass der Lärmstress von mir abfällt und ich befreit durch- und aufatmen kann. Der letzte Blick vor dem Eintritt in diese Ruhe gilt dem riesigen Kloster Banz, welches rechts in der Sonne leuchtet. Es thront auf einer Anhöhe und überblickt das weitläufige Maintal in Konkurrenz mit alle den Burgen und Kirchen, die hier in der Gegend stehen. Klerus und Adel haben sich beide nichts geschenkt im Wettstreit um die besten Plätze und die teuersten Bauwerke. Auch Banz einer dieser bekannten Namen von Klöstern, Schlössern und Burgen, die ich aber nicht so recht einordnen kann. Vielleicht hat die CSU da mal getagt.

Schnurgerade geht es die nächsten Kilometer durch den Wald und so sehr ich Waldwege an sich den Straßen vorziehe, so sehr wünsche ich mir hier mal eine Kurve oder Abzweigung, allein der Abwechslung halber. Aber diese Kurve kommt bis kurz vor Altenbanz nicht mehr, ein kleiner Vorgeschmack auf das, was ich im Norden Deutschlands in einigen Wochen wohl noch wesentlich öfter erfahren werde. Nun also endlich mal eine andere Richtung, die mich dann freundlicherweise aus dem Dickicht führt und nach jedem Wald folgen im schönen Franken wieder Felder und Wiesen. Allerdings auch einige Äcker. Ein wesentlicher Nachteil des Gehens im Herbst sind die traurig anzusehenden Ackerflächen, abgeerntet als Stoppelfeld oder bereits umgepflügt und bereitet für Winterweizen oder was immer angebaut wird. Aber gerade im September und Oktober bedeutet das leider über weite Flächen braune Einöde und damit kein ästhetischer Vergleich zu Zeiten, wenn das Korn hochsteht und im Wind hin und her wabert. Wellen über die Felder fließen, in Bergen und Tälern mit Schattenspiel von Sonne und Wolken. Gewitterstimmung eventuell oder vor einem Sturm. Gerade noch Trockenheit und in Kürze heftig beregnet in einem warmen Sommerregen, der dampfende Pfützen und Gräser hinterlässt. Auf all sowas keine Chance mehr mangels erhaltenen Fruchtstands. Wenn dann noch das Wetter nicht so recht mitspielt und statt eindrucksvollem Gewitter nur einen trüben Herbsttag mit Dauerregen aufbietet, ist es nicht mehr weit bis zur Depression. Da hilft dann Wandern auch nur bedingt, speziell wenn's grade mal wieder wehtut.

Heute ist aber immerhin alles trocken und die Sonne lässt sich hin und wieder auch blicken, insofern ist alles gut und – wir sind schließlich in Bayern – gibt es noch ausreichend Weiden, die mit ihrem Immergrün die Farbpalette erweitern. Und dann sind da ja auch noch die immer mehr zu sehenden Herbstfarben der Bäume ein Highlight, an dem ich mich nie sattsehen kann. Noch ist es nicht die Explosion des Oktobers, bei der die Welt in einer Palette tausender Farbtöne zwischen Gelb und Rot nicht wiederzuerkennen ist, auch wenn die Anzahl der Ahornbäume in Deutschland im Gegensatz zu Nordamerika übersichtlich ist. So gesehen leider 1,5 Wochen zu früh unterwegs – aber ich werde mich hier mit Sicherheit nicht beklagen, dass es erst September ist. Dafür ist es wärmer und grün mit Trend zum Gelb ist auch schon was. Ich überquere das nächste weitläufige Tal, welches die Itz, die vermutlich kein Mensch kennt, wenn er nicht gerade hier wohnt, in Millionen Jahren in die Mittel-gebirgslandschaft gefressen hat. Wie ein solch mickriges Bächlein ein so großes Tal hinkriegt, ist mir mal wieder völ-lig schleierhaft und nötigt mir immer wieder Respekt ab. Noch bevor ich mir darüber genauere Gedanken machen kann, tauche ich allerdings erneut in den Wald ein und da-mit sind sämtliche Berechnungen, wie viele mitge-schwemmte Sandkörner mal wieviel Zeit was für ein Tal er-geben würden, irrelevant. Waren sie natürlich vorher auch. Diesmal gibt es sogar ein paar Kurven, was ich mit Freude zur Kenntnis nehme, ebenso wie den Umstand, dass auch heute nur eine kurze Etappe stattfindet und die quasi direkt bei Waldaustritt ihr Ende findet. Steil den Hang bergab. Seßlach.

Ich finde ein komplett geschlossenes mittelalterliches Stadtbild mit je einem großen Tor an jedem Ende der Stadt. 3 an Zahl. Der Knüller ist hier der Folgende: die Stadttore sind original in schwerstem Eichenholz vorhanden und werden an Sams- und Sonntagen einfach geschlossen. So wie früher. So jetzt ist zu und wir wollen unter uns sein. Wer nicht drin ist, muss draußen bleiben, und raus kommt auch keiner mehr. Außer natürlich zu Fuß oder per Fahrrad. Wunderbar. Drinnen ruhige, entspannte Kleinststadtath-mosphäre, kein Auto fährt, Touristen bevölkern die Stra-ßen, Fahrräder rauschen leise vorbei. „Draußen" – eine ganz andere Bedeutung plötzlich - kann jetzt grade die Welt untergehen, hier drin ist nichts davon zu hören oder spü-ren. Ich, ungewollt auf einem Samstag hier, genieße die Ruhe in dieser wunderschönen kleinen Altstadt, sehe mir die Stadtmauer an und verstehe, warum die Einwohner hier die Perle im Coburger Land sehen. Das frisch restaurierte und angenehm gestaltete Hotel ist das i-Tüpfelchen des Ta-ges und eine barrierefreie Dusche für mich - abends chronisch Gehbehinderten - jedes Mal ein kleines Sahne-häubchen.

Nun folgt allerdings jedem i-Tüpfelchen dann auch wieder ein j für „naja". Alte Regel. Der E6 ist nämlich nicht da.

Beziehungsweise ist er vermutlich schon da irgendwo und irgendwie, nur fehlt die Beschilderung. Was ja irgendwie aufs Gleiche rauskommt.

ISS

NICH

DA

.

Nun bin ich mit meiner Kompass-App eigentlich hervorragend equipped und verfüge darüber hinaus auch noch über einen halbwegs vorzeigbaren Orientierungssinn, weshalb ich mir in meiner mir eigenen Überheblichkeit und Arroganz (fragen Sie mal meine Ex… die kann Ihnen ein Lied singen. Und wird es auch.) sicher bin, an der richtigen Stelle zu stehen, aber außer allen möglichen Wanderzeichen, die ich nicht brauche und mir auch nichts helfen, fehlt mir das schwarze Kreuz. Links nichts, rechts nichts und geradeaus auch kein Schild. Das ist jetzt kein großer Beinbruch – am Ende reden wir schließlich nur über ein paar kleine schwarze langweilige Graffitis, die in regelmäßigen Abständen an Bäume, Wände oder auf eigens installierte Wegweiser gekliert sind – aber es frustriert mich doch ein wenig, dass genau das, was ich suche, nicht da ist. Letztlich wollte ich nicht zuletzt deshalb hier den großen Bogen gehen, weil ich dem E6 folgen wollte.

Als ob es einen Unterschied macht, ob man gerade auf einem E6, E7 oder A95 langlatscht. Wobei, vergessen wir jetzt mal die A95 gleich wieder. Aber sonst.

Vor allem bedeutet es mal, dass ich mich nun doch selbst orientieren muss. Dauert länger, bringt eventuell nicht die schönsten Wege. Na gut. Die heutige Etappe wird eh nicht die Lustigste, weil ich über 30 Kilometer vor mir habe.

Ich bewege mich im unsichtbaren, inzwischen unkontrollierten aber trotzdem vorhandenen Grenzgebiet zwischen Bayern und Thüringen. Selbst in Zeiten der ganz besonderen CSU-eigenen Flüchtlingsthematik sind hier noch keine Patrouillen aufgezogen – dabei ist die Gefahr aus Thüringen doch wohl imminent und bedrohlicher als die der Syrischen Flüchtlinge, oder? Ich meine, hören Sie Sich doch allein mal die Sprache an, da ist der Bayer doch wohl latent bedroht? Und umgekehrt.

Das ehemalige eisernen Vorhangsgebiet ist als solches nicht mehr unbedingt ohne Nachhilfe zu erkennen, grün ist es in Deutschland ja fast überall und grüne Bänder hat es haufenweise. Hier verläuft aber DAS grüne Band, das einzig wahre und richtige. Nachdem der E6, der komplett auf der bayerischen Seite verlaufen müsste, eh nicht erkennbar ist, kann ich auch abkürzen. Mehrfach quere ich deshalb die War-mal-Zonengrenze, von der zum Glück ja nicht mehr viel geblieben ist und vielfach nur durch die Information auf meinem Display identifiziert werden kann. Weil ich auch mal querfeldein gehen muss, hoffe ich inständig, dass sie wirklich alle Minen und Selbstschussanlagen gefunden haben und nicht bei der Endzählung die Abweichungen vom Soll per Offizierserlaubnis aufgerundet haben. Obwohl die Narben der Natur auch nach so langer Zeit teilweise noch gut sichtbar sind, würde ich nicht auf die Vergangenheit dieses Ortes kommen, wenn ich mal einfach so ausgesetzt würde. Hier mal ein Funkturm, der hinübergeleuchtet hat, da ein Zaunrest mit Beschilderung, das wars aber auch schon.

Länderhüpfen oder auch mal mit beiden Beinen in verschiedenen Bundesländern stehen gibt ein lustiges Gefühl. Auf der Grenze entlanglaufen auch, aber es fehlt so ein wenig der durchgehende Marker, der diese Verrenkung auch begründend bescheinigt. Sonst könnte ich hier ja viele Fotos machen, mit je einem Bein auf irgendwelchem Gras und dazu behaupten, links wäre Bayern und rechts Thüringen. Oder wie rum stand ich noch?

Während in Deutschland maximal immer nur 3 Bundesländer gleichzeitig aneinandergrenzen (insgesamt an 10 Punkten!) sind uns die Amis natürlich wieder mal ganz weit voraus und lassen einmal sogar 4 Staaten aufeinandertreffen. Inklusive Bodenmarkierung. Wenn Sie Sich das mal in Vollendung ansehen wollen, besuchen Sie die 4-Corners in den USA, bei denen jeder ein Foto von sich in Käferhaltung schießen lassen muss – je ein Bein und Arm auf einem der 4 Bundesstaaten, die hier aneinanderstoßen. Und hier die Millionenfrage für die Cracks unter Ihnen – welche 4 sind es? Bei nochmaligem Überlegen gibt's dafür doch vermutlich nur 100TEUR, wo wir doch alles in den USA schon gesehen haben. Telefonnummer von Günther Jauch finden Sie sicher irgendwo.

Mit nur drei Extremitäten hingegen sieht das total bekloppt aus – aber vielleicht gibt Niedersachsen irgendwann doch noch das Wendland auf, was einzig verhindert, dass wir auch solche 4-Corners hätten. Allerdings würde der exakte Punkt dann wiederum mitten in der Elbe liegen, was sich fürs Foto auch eher schlecht macht und wohl eher dazu beitragen würde, dass noch mehr Idioten beim berühmten Selfie ihr Leben lassen. Und hier dann doch noch die 1 Mio-Frage. Welche 4 Bundesländer wären es dann? Eins hab ich schon genannt, und Bayern ist da nicht. Der 50:50 Joker ist also schon weg. Na?

Das Lustigste heute ist allerdings weniger die Rumhüpferei von Land zu Land sondern ein Wegweiser, der irgendwo völlig planfrei mitten in einem Wald am Weg steht, und sowohl nach links als auch rechts den Weg weist. Mit dick Atlantik – Ardennen obendrüber, Kilometerangabe und einem Kreuz drauf. E3/E6 Yeah! Vorher nie ein Zeichen und hinterher auch nicht mehr, so als ob jemand alle anderen Wegweiser abgebaut und übermalt hätte und nur dieses eine vergessen wurde. Ich habe ein schönes Foto, falls Sie mir nicht glauben. Ich hatte auch erst meine Schwester im Verdacht und 2 Minuten lang nach der versteckten Kamera gesucht.

Zu diesem humorigen Bild passt dann auch die Ortsbezeichnung Sulzdorf an der Lederhecke, weil ich mir partout nicht vorstellen kann, was zum Henker eine Lederhecke sein sollte. Was ja auch schon wieder völlig egal ist, aber beim Wandern will der Kopf irgendwas zu tun haben, und sei es auch nur die abenteuerlichsten oder auch abwegigsten Überlegungen anzustellen.

Ab Sulzdorf adLh ist es dann weitestgehend Essig mit Wald – ab hier dominiert eine meist baumlose windige Gegend. Felder, Wiesen, Felder, Äcker, Wiesen. Und dann wieder Felder oder Äcker. Und Wiesen. Hier und da mal eine Baumgruppe. Die gute Nachricht ist, dass zwischen den kleinteiligen Feldern überall Wege gezogen sind, die ich nehmen kann. Kein Vergleich mit der Kolchosenfeldgröße nach der sozialistischen Landreform. Gleichwohl bedeutet das trotzdem für die nächsten 10 Kilometer ein ziemliches Zick-Zack, weil kaum mal ein Weg für eine größere Strecke durchgängig verläuft. Aber ich wollte ja schließlich Kurven. Den E6 habe ich übrigens nicht mehr wiedergesehen an diesem Tag – obwohl ich genau auf Kurs bin. Vermutlich geht er 10 Meter weiter links oder rechts und ist deshalb so unsichtbar für mich, als ob er in Island verliefe. Ich komme dann auch immer noch verwundert, kopfschüttelnd und grübelnd in Königshofen an.

Im Grabfeld. Auch nicht viel besser. Und mein Hotel ist das Schlundhaus. Also mit den Namensbezeichnungen hier werde ich eindeutig nicht warm.

Was mir hier auffällt: Königshofen ist unter den mittelalterlichen Städten (die ich kenne oder unterwegs kennenlernen durfte) eine gewisse Besonderheit, hat doch die Altstadt nicht die Form eines Kreises oder zumindest eines Ovals wie sonst üblich, sondern ist viereckig. Immerhin mit abgerundeten Ecken. Ich erinnere mich an eine

Fernsehsendung, in der mittelalterliche Stadtkerne historisch beleuchtet wurden – viereckig war irgendwie römisches Kastell. Das allerdings hat hier in dieser Gegend nun mal gar nichts zu suchen, außer die Römer hatten hier einen Außenposten mitten in Germanien, was eventuell eine Art Himmelfahrtskommando für einen in Ungnade gefallenen Zenturio gewesen sein könnte. Aber der hätte wiederum höchstwahrscheinlich nicht ausreichend Zeit gehabt, ein schönes Kastell zu basteln, sondern wäre von den streitbaren Einwohnern gleich mal wieder nach Hause geschickt worden. Eventuell ohne Kopf.

Oder der damalige Haus-Hof-und Stararchitekt ging zum Fürsten, kniete tief oder lag gleich komplett auf dem Boden zu Füßen des Geldgebers und sagte, er hätte da mal eine völlig revolutionäre Idee. Also völlig. Total verreckt, da kommen Sie nie drauf, Eure Majestät. Sie kennen doch all die Städte der Kollegen vom Fürstenstammtisch. Was fällt Ihnen da auf? Genau. Alle oval oder rund. Paar Stadttore, Mauer drum rum, immer das Gleiche. Total langweilig. Wir - also Sie, Eure Heiligkeit - machen jetzt mal was gaanz anderes. Da kommen Sie ganz groß raus. (Und ich auch – weil darum geht's mir Architekt ja mal als erstes.). Eckig. Offene Bauweise, keine Mauer, keine Tore. Völlig modernes Konzept. Weltoffenheit sozusagen. Luftig, fließend, hell, einfach voll 18. Jahrhundert schon im 16. Was meinen Sie dazu? Ecken abrunden? Hervorragender Vorschlag, Eure Majestät. Abgerundet statt eckig, fließend und rund. Panta rei. Ganz wundervoll. Da wird der Otto aus Sulzburg oder wie das verrottete Kaff heißt aber mal solche Augen machen und vor Neid erblassen. Genial, Eure Heiligkeit. Genau so machen wir es. Also Sie jetzt. Wenn Sie bitte hier den Vertrag nach HOAI unterschreiben wollen, kleine Anzahlung für meinen bisherigen Aufwand und dann kanns gleich kommende Woche losgehen.

Oder es war ganz anders. Als ich das Ganze am Abend googele, ist von Festung nichts zu finden, kein Stararchitekt wird erwähnt, nur Gräberfeld. Was ja auch wieder Sinn macht, denn wie sieht ein Friedhof aus? Genau.

Dass ich mich der Rhön nähere, merke ich am nächsten Tag an zwei Dingen. Erstens wird's hügeliger. Zweitens heißt der Landkreis Rhön-Grabfeld. Noch in Bayern, aber Hessen ruft schon langsam – in zwei Tagen überquere ich die nächste Ländergrenze. So wie es gestern nach Königshofen hinein ging, sieht der Weg zunächst auch heute wieder aus. Kleinteilige Felder, Quaderhüpfen, um einen geeigneten Weg zu finden. Der Ort liegt in einer Art flachen Pfanne, umgeben von Höhenzügen in jeder Himmelsrichtung jeweils in so 2-3 Kilometer Entfernung. Heißt auch, dass im Herbst der Nebel hier eine gute Chance hat, rumzuliegen. Heute habe ich ihn in ganz schwacher Form – vielleicht bin ich aber auch nur zu spät aufgestanden und er hatte schon die Gelegenheit, sich zu verziehen. Es ist windstill, bedeckt, nicht besonders warm. Aber immerhin nach wie vor trocken, also will ich mich mal nicht beklagen. Einen der eben genannten Höhenzüge steuere ich an, wie sozusagen jeder dritte alleinstehende Baum in Deutschland hat auch der einen Namen und einen Wiki-Eintrag und nur die absoluten Cracks haben jemals davon gehört. Zu denen können Sie Sich ab jetzt auch zählen, ich betrete den Weigler. Knapp 400m hoch und damit nicht mal die Hälfte dessen, was mich in der Rhön erwartet, aber immerhin gute 100m höher als die Pfanne. Es geht also recht ordentlich wenn auch gemächlich bergauf, wieder in den Wald – ich schenke mir jetzt mal die detaillierte Beschreibung – aber ich stelle fest, dass inzwischen die Buchen hier deutlich zulegen und insbesondere am Waldrand die Mehrheit bilden, was langsam eine wunderbare Färbung verspricht. Heute weniger – das Licht dafür fehlt – und letztlich ist immer noch September und damit ist es noch zu früh aber es gibt mir einen Vorgeschmack auf das, was mir aus meinen Jungendjahren in der Rhön in Erinnerung geblieben ist, nämlich knallorange und bunte Färbung im Herbst, dem ich mich ja nun eindeutig nähere. Bisschen zu früh bin ich halt – mal sehen, wann es dieses warme Jahr losgeht. In der Mitte hat der Weigler viel lichten Nadelwald, was eine nette Kombination ist. Außen ansatzweise bunt, innen konservatives grün. Gefällt mir. E-her weniger, dass der Weg wieder mal nicht so richtig viele Kurven macht, aber das hatten wir ja schon. Immerhin führt er in seeeehr weitläufigen Schleifen auf dem Höhenzug entlang, und das ist besser als mit dem Lineal gezogen. Ich lege hin und wieder einen „Irren-Iwan" (siehe der Film „Roter Oktober"…), ziehe also unvermutet einen kleinen aber kompletten 360° Kreis, bevor ich wieder weitergehe. Das gibt für Sekunden eine andere Perspektive und lockert die Beine auf. Bilde ich mir zumindest ein. Außerdem stelle ich so sicher, dass kein anderer Wanderer direkt hinter mir geht und dort auch kein amerikanisches Jagd-U-Boot ist. Und falls doch, dass ich sicher sein könnte, endlich und endgültig übergeschnappt zu sein. Wanderwahnsinn im Endstadium.

Als ich 7 Kilometer später wieder ins Licht trete, liegt meine Mittagsrast vor mir – mal sehen, ob ich in Hendungen was zum Hinsetzen finde. Es gibt laut Google Maps eine Dorfmetzgerei – hoffe, die macht mittags nicht zu.

Zwei ausgezeichnete Leberkassemmeln später bin ich wieder unterwegs, verlasse den Ort nach Nordwesten und finde was? Sie ahnen es schon. Genau: E6 ist wieder da. Keine Ahnung, wie er hierhergekommen ist und von wo aber egal. Gehe ich ihm halt einfach mal nach.

Ich folge erfreut der Wegführung, die mir hier sicher den besten Weg über oder unter der BAB71 weist – Autobahnen sind für mich ähnliche Hindernisse wie Flüsse und wenn ich Pech habe, ist die angekündigte Unterführung nicht da, wo sie sein soll, oder sie wird gerade umgebaut und ist nicht passierbar und dann heißt es ein paar recht geräuschintensive Kilometer entlang des Superhighways zu wackeln und das Glück woanders zu versuchen. Oder aber auf ein Loch im Zaun zu setzen und die Autobahn durch ein paar mutige Sprünge zu überqueren. Nachts und falls nur zwei-spurig müsste das noch zu machen sein - tagsüber ...nun ja.

Der E6 führt mich zuverlässig zu der Unterführung, die ich auch selbst angepeilt hatte und sieht damit seine Aufgabe für heute auch als erledigt an und verschwindet wieder so abrupt wie er aufgetaucht ist. Nach 5 Zeichen wird die Wegführung wieder eingestellt und ich stehe im Wald. Also wortwörtlich, denn hier ist ein kleines Waldstück, bevor es steil bergab ins Tal nach Mellrichstadt geht. Ich hatte sowas schon erwartet, also bin ich nur minderüberrascht und habe mein Navi schon parat um die letzten Meter zu finden.

Mellrichstadt wird – zumindest aus der Richtung, aus der ich mich nähere - von einem großen Industriebetrieb dominiert. „Reich" steht auf den Flaggen am Eingangstor, ein schön aufgemachter Empfangsteil kündet von einem der vielen bemühten Mittelständler, die Deutschlands Wirtschaftswunderrückgrat ausmachen. Autoteile, nehme ich mal an – damit liegt man ohnehin in 75% der Fälle richtig. Was ich dafür nicht sehe, ist die Kaserne, für dich ich die Stadt eigentlich im Gedächtnis abgespeichert habe. Hier muss irgendwie zu meinen aktiven Offizierszeiten mal ein Panzerbataillon gewesen sein. Vermutlich inzwischen aufgelöst mangels Bedrohung.

Kurz gegoogelt. Genau, weg sind sie. Nur noch ein Dokumentarzentrum geblieben. Ich frage mich manchmal, wie wir glauben, ohne den Defense-Umbrella der USA unseren enormen Wohlstand verteidigen zu können oder zu wollen, falls mal nötig. Und dass es mal nötig werden könnte, ist allerorten in weniger reichen und weniger interessanten Gegenden zu besichtigen. Ein Ritt auf der Rasierklinge, den wir hier versuchen und nur überaus humanistisch orientierte Köpfe werden wohl annehmen, dass so ein Reichtum keine externen Interessenten anzieht. Hoffnung wird ja gerne mal mit Strategie verwechselt...wie sonst konnte die

Volkswagen Führungsriege annehmen, ihre Trickserei mit der Abgasreinigung bliebe unentdeckt? Wobei, bin ich blöd! Das haben die doch alle gar nicht gewusst, so wars ja auch.

Schon wieder abgeschwiffen.

Mellrichstadt hat neben Reich und keiner Kaserne mehr eine wirklich schöne Altstadt mit netten Fachwerkhäusern, einen interessanten irgendwie ebenerdigen Wasserspielbrunnen und vor allem mal eine mega-gute Eisdiele zu bieten. Meine unwesentliche Meinung. Ich stehe unschlüssig davor, als der Himmel extra für mich die Vorhänge kurz aufzieht und mir mit einem Stoß Ganzspätsommersonne einen nicht misszuverstehenden Wink gibt. Der Planet brennt plötzlich auf mich herunter, es hat 10 Grad mehr und ich bestelle spontan Becher mit 5 Kugeln. Kann ich nix dafür, das ist eindeutig die Vorsehung. Ich schleppe meinen Rucksack zu einer Bank am Ebenbrunnen, räkele mich in der Sonne während ich mein Eis esse und versuche, ein Konzept in den Wasserfontänen zu erkennen.

Gibt aber keins. Jedenfalls nicht nach 20 Minuten.

Genauso, wie der Wolkenvorhang zur Seite glitt, geht er kurz nach dem letzten Löffel auch wieder zu und erklärt mir nachdrücklich, dass es Zeit wäre, die letzten paar Kilometer anzugehen. Auf den E6 – wenn er denn irgendwo in Form von Markierungen wäre, könnte ich ab hier sowieso nicht mehr zählen, der steuert jetzt nach Norden, macht einen riesigen Bogen um Ostheim und führt dann über Fladungen und dreihundert Gipfel nach Gersfeld. Das ist nicht mein Weg, sind 2 Tage extra. Ich setze jetzt zu einem direkten, wenn auch etwas unlogischen Knick nach Südwesten an, weil ich in einer romantischen Renaissance an meine Kindheit in zwei kurzen Relax Etappen nach Bischofsheim und Gersfeld will, um dann auf der Wasserkuppe auf den Hochrhöner zu kommen. Nach Ostheim sind es von hier noch rund 2 Stunden und meine App schlägt alternativ eine nördliche oder südliche Umrundung der nächsten Waldhügels vor.

Weshalb ich mich spontan entscheide, mitten drüber zu laufen. Sieht einfach viel interessanter aus und ist einen halben Kilometer kürzer.

Diese freche Entscheidung bereue ich dann auch prompt und bitter schon wenige Minuten danach, weil ich natürlich wieder nicht so recht auf die Höhenlinien geschaut habe – bzw. es natürlich schon gesehen habe, aber hallo? 100 Höhenmeter sind ja nun echt nicht so wild. Nun sind sie es nach 25 Kilometern, die ich schon in den Beinen habe, aber eben doch. Ich komme einigermaßen durchfeuchtet und ziemlich außer Atem an einer Linde kurz vor dem Waldgipfel an und muss mich erstmal wieder setzen. Zum Glück ist hier ne Bank. Offensichtlich fordert der lange Weg langsam aber sicher seinen Tribut, 100hm sind sonst echt kein Problem für mich, aber heute scheppert und klingelt meine Lunge wie der altersschwache Kessel einer Dampflok, die Beine sind zentnerschwer und die Hüfte meckert auch schon wieder. Die hat ohnehin ständig was auszusetzen. Ist sicher im Körperbetriebsrat. Und natürlich die Schultern, und der Hals und die Arme und überhaupt alles. Es ist ein recht großer Betriebsrat inzwischen und alle hauptamtlich.

Den Ohrläppchen geht's allerdings noch ganz gut.

Dringend Zeit für eine wesentlich kürzere Etappe oder Ruhetag. Bei all der Anstrengung der vergangenen Wochen fällt mir an dieser Stelle auch auf, dass ich allerdings überhaupt nicht abgenommen habe. Also glaube ich, wenn ich an mir runtersehe und skeptisch und ein wenig frustriert die Stauungen am mittleren Ring betrachte.

Hat vielleicht was mit meinen allabendlichen Gasthausbesuchen zu tun.

Irgendwann hat das Pfeifen aus dem Lungenbereich ein Ende und ich kann wieder weiter. Jetzt sammle ich den Lohn für meine Mühe, denn der Weg biegt in einen kleinen Wald ein, wendet sich ein paar Mal links und rechts und

erreicht dann auch schon den gegenüberliegenden Waldrand, an dem ein Segelflugplatz liegt und sich der Blick auf
Ostheim und die dahinterliegende Rhön auftut. Leider ist
es bedeckt, sodass der Aha-Effekt begrenzt bleibt – aber
trotzdem entschädigt das hier schon wieder für die Atem-
notsattacken auf dem ersten Teil. Alles richtig gemacht. Vor
20 Minuten alles falsch, jetzt alles richtig. So schnell kanns
gehen.

Beschwingt wandere ich die letzten Kilometer in die
Stadt, die als besonderes Highlight für mich eine Kirchen-
burg erhalten hat. Es ist sogar eine der größten und bester-
haltenen ihrer Art, trotz Ihrer gut 500 Jahre auf dem Buckel.
Nachdem ich die im bayerischen Greding schon kenne,
habe ich eine gewisse Vorstellung, was mich erwartet. Die
wird aber locker in den Schatten gestellt von diesem Bauwerk. Türme, Mauern, alte Hausbauten, Winkel und Ecken
sind wunderbar erhalten oder restauriert und damit so richtig was für mich und nachdem ich meinen Rucksack im Hotelzimmer abgestellt und die Dusche hinter mir habe, hum-
pele ich vorsichtig und ganz langsam in meinen Crocs zu
diesem Baudenkmal und besichtige es ausgiebig und staunend. Samt Fotos in der Abendsonne – japp sie ist nochmal
rausgekommen.

Und dann noch kurz einen Gasthausbesuch, aber nur einen ganz kleinen.

Der Weg nach Bischofsheim – und insbesondere der danach nach Gersfeld – sind als Entspannungsetappen gedacht, bevor ich mich in die Hochrhön und ihre „gewalti-
gen" Höhen aufmache. Immerhin kratzt die Wasserkuppe
an der 1000 Meter Marke und ist der höchste Punkt in Hessen. Jetzt wird's dann also fast hochalpin, auch wenn man
das der Wasserkuppe nun wirklich nicht ansieht und es
rundherum überhaupt nichts gibt, was in irgendeiner
Weise eine alpine Herausforderung wäre. Mit Schwierigkeiten oberhalb der 1 auf der 6-stufigen Schwierigkeits-
skala. Genau genommen braucht man für die Wasserkuppe

nicht mal 1 (Trittsicherheit), es reichen im Prinzip etwas Kondition und die Fähigkeit Stufe -2 („überhaupt gar keine noch so kleinen Schwierigkeiten") irgendwie zu meistern, ohne sich dabei beim Ausrutschen den Hals zu brechen. Ein platter Wiesenberg, das wars. Immerhin mit Segelflugplatz, Fliegerdenkmal und Radarstelle oben drauf. Und natürlich inzwischen 25 Restaurants, einer Sommerrodelbahn (Maximaltempo 2kmh denke ich), mehreren Souvenirläden und Parkflächen für gefühlt 10.000 Autos und ebenso viele Busse. Und Gipfel -WLAN überall. Oder da stand irgendwo ein FlixBus, keine Ahnung.

Aber auch vorher wird es mit hochalpin mal gar nichts, sondern es gibt zunächst eine Transferetappe von rund 20 Kilometern und morgen dann nur noch 10. Aber ab jetzt geht es immerhin strikt aufwärts.

Der Weg aus Ostheim verläuft zwangsweise erst einmal aus dem Loch heraus, in das die Gründer seinerzeit – also vor rund 1500 Jahren – ihre ersten Häuser gebaut haben. Wie so oft ging es wohl ums Wasser und die Streu (heißt so. Kennen Sie nicht, weiß ich...) hat hier ihre Wirkung verbreitet und ein schönes aber doch einigermaßen enges Tal gegraben, aus dem ich jetzt wieder hinausmuss, denn ich gehe ja viel zu häufig quer zur Fließrichtung. Also geht's bergauf und das erstmal recht ordentlich. Von wegen Entspannungsetappe. Als ich am ersten bewaldeten Hügel stehe, herumschaue und nichts sehe außer Bäumen, bin ich schon wieder außer Atem und auch schon wieder bereit, mich hinzusetzen. Dabei bin ich noch nicht mal eine Stunde unterwegs. Na gut, ich bin eine Stunde unterwegs - hat sich länger gezogen, als ich dachte. Oder ich gehe inzwischen nur noch 3 Kilometer die Stunde, kann auch sein.

Nachdem die Aussicht nicht vorhanden ist, brauche ich hier aber auch nicht länger als nötig herumzusitzen und kann gleich weitergehen, denn nun muss ich fast die gesamten Höhenmeter, die ich eben raufgekrochen bin, wieder runter. Ist eindeutig ein Nachteil, quer zur Wasserscheide zu gehen. Einigermaßen steil geht es also wieder bergab, schneller als gedacht und mir lieb ist, stehe ich wieder ganz unten und blicke direkt und mäßig erfreut auf den nächsten Hügel, der in meiner Gehrichtung liegt. Nach dem Abstieg folgt also auch gleich wieder ein Aufstieg und ich frage mich, ob das heute wohl so weitergehen soll. Und wenn, wie oft bzw. wie lange. Zum Glück tut es das nicht, nach dem zweiten Aufschwung geht es zwar nochmal ein Stück runter aber lange nicht mehr so weit und dann zieht sich mein Weg entlang von Feldern, baumbewachten Schotterwegen, kleinen Waldstücken und Streuobstwiesen immer leicht bergan nach Bischofsheim. Wieder so ein Ort mit geschlossenem mittelalterlichem Stadtbild – diesmal wieder oval wie es sich gehört. Alle Architekten hier dachten wohl klassisch bzw. praktisch.

350 Höhenmeter geschafft. Von wegen Ruheetappe. Morgen jetzt aber wirklich.

E L F

Bischofsheim a.d.R. – Gersfeld – Tann – Bad Salzungen – Eisenach - Mühlhausen

Wann immer ich mich auf einen bestimmten Wegeabschnitt besonders freue, merkt das irgendjemand beim göttlichen Wetteramt und denkt sich, den Typen muss man doch irgendwie ärgern können. Son bisschen nur.

Oder ich bemühe die atheistische Variante und es gibt gar keinen Wettergott und ich hab einfach nur die Pest am Arsch. Kann auch sein. Am kommenden Tag – und in den nächsten auch – herrscht Rhönwetter. Wenn Sie das in Wiki suchen, finden Sie dort demnächst eine längere Abhandlung von mir, in der ich äußerst sachlich von dem absolut unterirdisch beschissenen Sauwetter berichten werde, was ich die nächsten 4 Tage – und damit natürlich exakt der Zeit, die es braucht, den Hochrhöner zu beschreiten – erfahren durfte.

Dabei ging es eigentlich noch ganz gut los mit meiner Entspannungsetappe. 10 Kilometer von Bischofsheim nach Gersfeld. Die Gegend wird – aufgrund der kargen Böden in der Gegend – wiesiger. Also nicht diese fetten Graswiesen, wie sie zur Rinderzucht in Deutschland zu finden sind, sondern diese kargen, stoppeligen, heideähnlichen Wiesen mit dünnen Grashalmen, vielen Disteln und Krüppelgewächsen. Fichten. Und natürlich Buchenwälder – wenn ich etwas erinnere, dann die Farbenpracht aus meiner Jugend. Rother Kuppe. Ein Rausch als ob ich ne Pille geworfen hätte. So verändert sich die Landschaft, als ich mich auf den Weg mache und ich genieße es mit jedem Schritt. Verinnerliche den Wind, der über die Kuppen der Rhön und in den Waldwipfeln rauscht. Streiche über lange Grashalme und fühle die Natur. Kann mich nicht sattsehen an der Weite und der

Besonderheit der Gegend. Als es innerhalb von Minuten zuzieht und zu regnen beginnt. Ich kann es nicht genau sagen, aber ich glaube es war exakt beim Betreten von Hessen. Vielleicht hab ich das Visum falsch beantragt oder sie haben noch immer leichte Probleme mit Ihren südlichen Nachbarn. So wie ja eigentlich der Rest Deutschlands auch. Jedenfalls wird die schöne Aussicht jäh unterbrochen, die Wiesen sind gar nicht mehr so karg und trocken sondern jetzt eher nass und matschig und das Rauschen in den Wipfeln hat deutlich angezogen und es stürmt jetzt übers Land. Na gut, ist ja nur eine Transferetappe. Morgen wird's schöner. Ich tappe die Etappe zu Ende verbringe den Rest des Tages mit den üblichen Dingen, die man auf Ausruhetappen so macht: einkaufen, waschen und trocknen und sonst Beine hoch. Ach ja, und Gasthaus war auch wieder im Spiel.

Am nächsten Morgen regnet es – aber immerhin weniger als gestern. Es ist dafür so ein richtig schön fieser Sprühregen, der mich - anfangs zumindest - nicht so richtig nass macht und ich mir ständig überlege, ist das schon Regen oder ist es noch Nebel. Oder umgekehrt halt – die Übergänge sind jeweils fließend. Regenjacke oder doch nur Fleece, denn kalt ist es auch geworden. Im Lauf des Tages werde ich das mehrfach hin und her wechseln – aber dazu später.

Ich stehe in der kleinen Fußgängerzone von Gersfeld und schaue blöd. Nebel oder Wolken? Zumindest der Umstand, dass nicht so gut zu sehen ist, ist mal gesichert. Visuell ist man ja schneller zu einem abschließenden Urteil fähig, haptisch ist es nicht immer eindeutig. Ich sehe also : nichts. Wobei nichts ist jetzt nicht ganz richtig, ich sehe weiß. Milchig weiß. Die umliegenden Häuser sind alle noch da, aber haben sich zumindest ein wenig mit Dampf umgeben. 100 Meter Sicht schätze ich mal. Sollte reichen, um den Weg zu finden, ich bin ja schließlich nicht im Hochgebirge. Gestern schon habe ich die Wegzeichen zur Wasserkuppe gefunden, also weiß ich wo ich hinmuss und los geht's. Oben werde ich dann auf den Hochrhöner treffen. Der Morgennebel wird schon abziehen, vielleicht liegt er ohnehin nur im Tal und weiter oben ist strahlende Sonne, das ist schließlich in den Alpen im Herbst nicht selten der Fall.

Um auf die Wasserkuppe – 950m über NN – zu kommen, geht es natürlich bergauf. Das ist bei den meisten Berggipfeln so, und ich bin darauf eingestellt, würde es runtergehen, wäre ich irgendwie bei Harry Potter gelandet. 450 Höhenmeter sind zu überwinden, also ca. 1 Stunde für die Höhendifferenz plus die Entfernung. Auf dem Wegweiser steht etwas von 2,5 Stunden, aber jeder weiß, dass diese Angaben für Mitmenschen mit mindestens schwerwiegenden Hüftproblemen oder Ü90 sind und nicht für mich. In 1,5 Stunden sollte ich oben sein.

Nachdem ich Gersfeld verlassen habe, stelle ich drei wesentliche Dinge fest: es ist doch Regen und nicht nur Nebel. Der Nebel ist nicht Wolken und liegt nicht nur im Tal und ich bin doch Ü90.

Der Sprühregen hat sich verstärkt und nachdem der Wind, der ihn zum Sprühregen macht von vorne kommt, habe ich chronisch das Gefühl, jemand bläst mit einem Föhn in der Kaltstufe Wasser in mein Gesicht. In Verbindung mit den gerade mal 10 Grad, die es hat, gibt das so in etwas das gleiche Gefühl als ob man einen grauen Tag an der Nordsee verbringt und auf die Wellen schaut. Ich habe bei der erstbesten Gelegenheit eine Bank genutzt, um die Regenjacke über den Rest zu zerren und stampfe jetzt gegen die Gezeiten und die Schwerkraft. Der Nebel, in dem ich hier unterwegs bin, hat sich verdichtet und die Sicht ist auf vielleicht 50Meter zurückgegangen. Das reicht noch immer, um sich nicht zu verlaufen und das jeweils nächste Wegzeichen nicht zu verlieren, für alles andere, also Landschaft anzusehen oder Gegend zu genießen, eindeutig nicht. Die gute Nachricht ist, dass Nebel sämtliche Umgebungsgeräusche hervorragend wegfiltert – es geht sich in wenig wie in oder auf Watte. Kein Vogel ist zu hören, kein fernes

Autogeräusch. Genau genommen höre nicht mal meine eigenen Schritte. Was bleibt, ist mein Atem und der Wind, der über die karge Natur weht. Aber auch der wirkt manchmal irgendwie lustlos, flaut ab, es wird völlig still, bevor er dann wieder für ein paar Minuten loslegt und den Föhn wieder anschaltet.

Der Weg führt zunächst mal eine Fahrstraße bergan – vermutlich Zubringer für ein paar Gehöfte. Das reicht, um zumindest ein Auto zu treffen – was mich dann auch tatsächlich fast trifft – denn er sieht in dem Nebel nichts und ich höre in dem Nebel nichts, wie er so von hinten kommt. Außerdem bin ich so in einen Gedanken und die sind nicht auf Auto eingestellt, nachdem ich grad wieder an Liebesbriefen Richtung Wetterstudio feile. Als er etwas zu spät abbremst und an mir vorbeirumpelt, erschrecke ich mich folgerichtig völlig und reagiere falsch. Ich mache einen Satz von der Gefahrenquelle weg, aber links ist ein kleiner Wall, von dem ich sozusagen wieder abpralle und auf die Straße zurückgefedert werde. Also so irgendwie. Komplett bekloppt. Das war haarscharf, und ihm ist nicht mal ein richtiger Vorwurf zu machen. Er fährt weiter, ich muss erstmal stehen bleiben und meinen Atem wieder unter Kontrolle bringen, zumindest bin ich jetzt mal so richtig wach und warm ist mir plötzlich auch. Ab jetzt also regelmäßig ein Ohr nach hinten stellen – was anatomisch gar nicht so einfach ist. Zum Glück geht der Weg da vorne von der Straße.

Nachdem ich keine Orientierungspunkte sehen kann und mich für den Weg auf die Wanderzeichen verlasse, habe ich keinerlei Gefühl mehr, wo ich bin, wie weit ich schon gelaufen bin und wie weit es noch ist. Der Nebel ist noch dichter geworden und die Sicht endgültig beim Teufel. Der Wind hat wiederaufgefrischt und somit beschränkt sich auch das Hören auf Rauschgeräusche. Die Kapuze habe ich inzwischen so weit wie möglich zugezogen, was für weitere Reduzierung der Sinneswahrnehmung sorgt. So bin ich eher mit und bei mir selbst als naturoffen als ich durch eine der schönsten Landschaften Deutschlands stapfe. Ewig zieht sich der Weg, nachdem ich die Sinneswahrnehmungen ausgeschlossen habe, verliere ich auch mein Zeit- und Ortsgefühl. Nach etwas mehr als zwei Stunden bin ich dann auch einigermaßen überrascht, als ich plötzlich undeutlich andere Stimmen zu hören glaube. Halluzinationen, eindeutig. Ich schiebe die Kapuze zurück, um besser hören zu können und spähe in den Nebel. Nichts. Aber die Stimmen gehen nicht weg, kommen von rechts. Ein paar Meter später sehe ich ein paar bunten Schemen in den Wolken, die sich als 4-köpfige Familie herausstellen. Beachtlich, dass bei dem Wetter auch noch andere gehen. Umso beachtlicher, dass die 4 in leichten Turnschuhen und dünnen Regenjacken herumstehen und eifrig am schnattern sind. Zwei Schritte weiter klärt sich die Sache auf, ich habe anscheinend den Gipfel der Wasserkuppe erreicht – ich sehe bloß nicht allzu viel davon. Knapp 20 Meter vor mir erhebt sich die weiße Radarkuppel in den ebenso weißen Nebel, ich kann gerade mal ein Stück der Kugel sehen – auf beiden Seiten verschwindet sie sofort. Die 4er Gruppe steht um ein Fernrohr herum, von dem man normalerweise vermutlich bis nach Berlin sehen kann. Heute eher nicht. Von meiner Kartenkenntnis weiß ich, dass irgendwo hier ein Parkplatz und ein Gasthaus sein muss – ich weiß aber nicht wo. Nach einigem Herumsuchen finde ich zunächst mal eine Infotafel und Wegweiser des Hochrhöners – das ist schon mal positiv. Weiterhin steht dort eine Richtungsangabe zum Gasthaus Peterchens Mondfahrt. Eine kleine Rast um mich aufzuwärmen, könnte ich gut gebrauchen. Ich folge dem Pfeil in angegebener Richtung, verliere aber irgendwie den Pfad und stehe nach kurzer Zeit doch nur vor einem Zaun und weiß nicht weiter. Das ist völlig lächerlich, hier ist normalerweise die Hölle los und der Parkplatz und eine gesamte Infrastruktur nicht mal einen Kilometer entfernt. Aber ich sehe nichts, ich höre nichts und habe keine Lust, wegen einem Restaurant das Suchen zu beginnen. Ich entschließe mich also, die 50Meter zum Hochrhönerschild zurück zu gehen und dann diesem Weg zu folgen. Wo ich ihn doch schonmal gefunden habe. Dann komme ich doch glatt auch noch am Fliegerdenkmal vorbei, auch dies hätte ich glatt links in der Suppe liegen gelassen. Richtig was erlebt heute.

Das Finden ist eine Sache, das Folgen eine Andere. Immerhin ist die Strecke wirklich gut beschildert und immer, wenn ich nach unten sehe, ist da auch ein Weg zu erkennen. Trotzdem verliere ich mich einmal an einer besonders nebligen Bergab-Stelle und komme ganz woanders raus, als ich dachte. Das Thema ist mittels Navis schnell korrigiert und in Abtsroda sitze ich dann wieder am richtigen Ort auf einer völlig verwitterten und von Flechten überzogenen Bank inmitten bereits goldgelber Blätter und kaue auf einem Apfel herum. Immerhin kein Regen im Moment. Wenn jetzt die Sonne draußen wäre, hätte ich wohl eine Farbenexplosion, aber sie ist es nicht, was die Geschichte langsam ins Melancholische abdriften lässt. Ich finde das Foto der Bank so schön, dass ich es spontan als neue WA Profilbild einstelle.

Sekunden später meldet sich meine Schwester und will wissen, ob sie mich vom Selbstmord abhalten müsste.

So schlimm ist es dann aber auch nicht und ich gehe langsam weiter. Nachdem ich das Wetter schon nicht ändern kann, nehme ich mir zumindest vor, es irgendwie zu genießen. Natürlich bin ich enttäuscht, dass ich hier nicht in der Sonne entlanggehe, aber am Ende sind die Farben auch so halbwegs zu erkennen und zu genießen und es regnet keine Bindfäden.

Diese Selbstmotivation hält zumindest eine Weile – erst als ich einige Zeit später auf der Milseburg stehe, ist es dann doch wieder leicht frustrierend, dass ich die drei Statuen am Gipfel erst sehe, als ich unmittelbar vor ihnen stehe.

Am Abend bin ich irgendwie froh, dass der Tag rum ist und ich wieder ins Warme und Trockene komme. Ich übernachte im Lothar-Mai-Haus, einer 4-Sterne Aktiv-Unterkunft mit Hallenbad und allem Drum und Dran – direkt am

Weg. Bisschen verarscht fühl ich mich allerdings, als ich den hauseigenen Slogan auf den ausliegenden Broschüren lese. „Das Berghotel in der Rhönsonne" Na danke aber auch.

Am kommenden Tag ist der Nebel langsam weg und hat seinen Cousins, den Wolken Platz gemacht. Oder auch dem Bruder Hochnebel – so genau ist es nicht auszumachen – außer, dass ich jetzt nicht mehr im Nebel laufe, sondern knapp drunter. Es ist immerhin trocken, aber die Farben leuchten noch immer nicht. Die Strecke ist ausnehmend schön in der Wegführung – abwechslungsreich, auf und ab, über Wiesen und durch Wälder, nicht auszumalen, wenn man jetzt auch noch was sehen würde. Um mir dieses nicht auszudenken dann doch mal kurz vorstellen zu können, greift Gott – ich denke er wars wieder mal selbst - zu einem kleinen Trick. Ich verlasse gerade ein Waldstück und wandere einen leichten Wiesenabhang zu einem kleinen Pass hinab. Irgendeine asphaltierte Straße quert meinen Weg. Als ich unten stehe, sehe ich auch, dass hier die ehemalige Zonengrenze verlief – der obligatorische Wegweiser ist nicht zu übersehen. Im Gleichen Moment hebt Gott den Vorhang. Die Wolken treten für einen Moment zur Seite, der Himmel ist blau und die Sonne leuchtet wie ein Scheinwerfer durch das entstandene Loch. Das passiert innerhalb von Sekunden. Ich stehe auf dem Pass und rund um herum explodieren die Bäume rundum in tausenden Variationen von gelb bis tiefrot. Alle auf einmal. Der Eindruck ist so überwältigend, dass ich für einem Minute vergesse, meine Kamera herauszureißen und das Schauspiel für mich festzuhalten. Wobei es sich mir ohnehin in Hundertstelsekunden in die Erinnerung gebrannt hat. Ich kriege dann doch noch das Handy zu fassen und knipse in den folgenden Sekunden zig Fotos – als der Vorhang wieder fällt. Die ganze Sache hat vielleicht zwei Minuten gedauert. Es ist sofort wieder grau, kalt, und gar nicht mehr so bunt und wird an diesem und den folgenden Tagen auch nicht mehr besser.

Aber die Fotos hab ich. Und die Erinnerung an diesen Moment ohnehin.

Leicht verunsichert, ob es doch einen Gott gibt, wandere ich mit diesem Eindruck im Herzen den restlichen Tag bis ich abends in Tann einziehe. Und auch die weitere Strecke, die in gleicher Stimmung und Suppe vorangeht – schöner wird es tatsächlich erst, als ich den Qualitäts- und schönsten Wanderweg Deutschlands des Jahres 2010 in Bad Salzungen beende. Tags drauf ist tatsächlich wieder Sonne, weshalb ich die Frage nach Gott dann auch nicht eindeutig Ergebnis komme. In „Steiner, das Eiserne Kreuz" heißt es, dass er ein Sadist wäre. Soweit würde ich jetzt nicht gehen, aber vielleicht hat er ja schon ein wenig Spaß gehabt, als er mir so von oben oder sonst wo zugeschaut hat.

Also mindestens mal fies.

In Bad Salzungen endet der zwar der eine Weg, dafür beginnen 15 andere an dieser Stelle, die meisten haben was mit Luther zu tun. Ich nähere mich also seinen Wirkungsstätten. Außerdem will ich heute den Thüringer Wald überschreiten, um mich mit Eisenach langsam dem Endpunkt der ersten Hälfte meines Weges anzunähern. In Mühlhausen in Thüringen ist für dieses Jahr erst einmal Schluss…mein liebster Chef wartet schon auf mich, wie ich an drängenderen Mails jeden Abend feststellen kann. Thüringer Wald bedeutet denn für heute auch zwei spannende Dinge: erstens werde ich den berühmten Rennsteig finden und dann – quasi als Sahnehäubchen – die noch berühmtere Wartburg sehen. Vorher steht aber eine minder interessante Etappe durch Felder und etwas langweiligen Wald an – ich bin vermutlich von den vorherigen Tagen etwas verwöhnt. Also bezüglich der Wegführung jetzt – weniger wegen des Wetters. Das ist hier besser und am Mittag stehe ich dann auch in praller Sonne in Möhra und bekomme mal wieder eine kleine Geschichtsstunde. Denn was war hier – na? Genau. Luther. Der wurde zwar im viel weiter nördlichen

Eisleben geboren, aber Möhra war der Stammsitz und hier lebte Familie Luther bis 1483, als Papa Hans überhastet mit der hochschwangeren Frau nach Eisleben abhauen musste. Gründe unklar, eventuell ein ungelöster Kriminalfall. In jedem Fall ist dies der eigentliche Grund, warum Martin dann in Eisleben das Licht der Welt erblickte und nicht in Möhra. Wie es nun mal ist, den ersten auf dem Mount Everest kennt jeder, den zweiten keine Sau. Und so ist Möhra eben auch nur um ein paar Tage wegen dem blöden Papa am Ruhm vorbeigeschrammt und wer kennt nun den Ort?

Genau. Und ich.

Und der freundliche andere Besucher, der so nett war, ein Foto von mir und der Luther-Kirche zu machen. Leider hat er nicht gewartet, bis ich mich auch wie verabredet im Tor umgedreht habe. Nettes Rückenbild, na gut.

Der Ort tut dabei alles, um das kleine Missgeschick von damals nicht allzu offensiv zu erwähnen, und als ich Möhra nach Norden durchquert und Luther-Haus, Luther-Platz und Luther-Denkmal hinter mir habe, bin ich kurze Zeit sicher, dass mein berühmter Namenskollege genau hier entbunden wurde.

Aber nur ganz kurz. Weiter auf dem Lutherweg.

Wenig später und immer noch knapp vor dem Thüringer Wald durchquere ich eine alte und leider ziemlich mitgenommene Schlossanlage – Schloss Wilhelmstal hat nichts mit Luther zu tun, weshalb hier leider keine Fördermillionen versenkt werden können und die inmitten des Thüringer Waldes einsam gelegene Schlossanlage, bestehend aus barocken und klassizistischen Pavillons, entlang einer Prachtstraße angeordnet, vergammelt – trotz gegenteiliger intensiver Anstrengungen – zusehends. Was man mal wieder lernen kann – hier steht der älteste freistehende Konzertsaal Europas. Kommt man einfach mal so dran vorbei, wenn man durch Deutschland läuft.

Jetzt geht es dann endlich auch bergauf auf den Kamm des Thüringer Waldes, 200 Höhenmeter sind das – die allerdings auf rund 5 Kilometer verteilt werden und insofern nicht übermäßig fordernd sind. Nur der letzten Meter sind nochmal ein ordentlicher Aufschwung und ich stehe auf dem Rennsteig. Gleich mit Bank praktischerweise.

Nun ist ein Kammweg nicht sonderlich schmal – außer der Kamm selbst bietet nicht viel Platz – was hier aber nicht gegeben ist. Und so ist der Rennsteig denn auch mehr eine Rennbahn für alle Sportarten, die im Outdoorbereich so vorkommen und ich stehe plötzlich mitten im Gewühl aus Wanderern, Radfahrern, Joggern mit und ohne Kinderwagen und – als Krönung – Nordic-Walkern die noch immer ausschließlich in Kleingruppen aufzutauchen scheinen und mit ihrem obligatorischen Geklacker die gesamte – auch geneigte – Umgebung in den unausweichlichen Wahnsinn treiben. Ich möchte am Liebsten an dieser Stelle auch gleich wieder umdrehen aber es gibt nur noch diesen Weg zur Wartburg und die 5 Kilometer muss ich jetzt mal durchhalten. Zur Burg selbst ist dann auch ebenso alles gesagt, wie zum Rest des Weges. Es ist einfach viel zu voll – und dabei sind noch nicht mal Busse mit asiatischen Touristengruppen unterwegs. Ich mache einen kurzen Rundgang durch die Burg, werde von allen Seiten mitleidig belächelt ob meines großen Rucksackes und meiner inzwischen mal wieder eher vorsichtigen Gehbewegungen und flüchte nach 15 Minuten aus dem Gedränge. Auf dem Weg runter nach Eisenach ist dann schon viel weniger los.

Der letzte Tag meiner ersten Hälfte bricht an. Zum Abschluss habe ich mir nochmal einen echten Knaller auferlegt – sowohl von der Distanz als auch vom Inhalt. Heute geht's durch den Hainich. Für alle, die nicht in Geo aufgepasst haben – so wie ich damals auch immer grad Kreide holen war – der Hainich ist Deutschlands größter zusammenhängender Laubwald. Seit 2011 in Teilen UNESCO-Welterbe und das will mal was heißen. Und um mir für meiner vorerst letzten 35 Kilometer einen ordentlichen Abschluss zu bieten, ist es denn heute auch nicht nur nicht schön, sondern sogar richtig ätzend. Windig, kalt, regnerisch – ich bin tatsächlich ein wenig froh, dass nach dem heutigen Tag erstmal Schluss ist mit Gehen. Und heute Abend werde ich das sicher noch viel mehr sein.

Nicht, dass ich nicht mehr könnte, nicht dass ich nicht mehr wollte, aber nach Wochen mal wieder etwas anderes zu tun als Gehen, Essen, Schlafen, Waschen ist auch mal wieder eine schöne Abwechslung. Und der Gedanke an andere Klamotten als die, die ich bei mir habe, entwickeln gerade einen echten Zauber in meiner Vorstellung. Eine Jeans am Hintern – Mhmmm. Wobei ich mir sicher bin, dass ich morgen am Bahnhof von Mühlhausen wehmütig in den Zug steigen und mir wünschen werde, die nächsten Etappen gleich morgen anzugehen. Oben genannter Rhythmus bestimmt eben jetzt seit 25 Tagen meinen Alltag, mein Leben und es hat sich eingespielt. Der Körper hat den Rucksack als Teil seines Seins so sehr akzeptiert, dass ich völlig unrund gehe, wenn ich hinten nichts draufhabe. Meine Schuhe sind perfekt eingelaufen – so perfekt, dass ich seit Tagen keine Pflaster, Tapes oder irgendwas anderes mehr brauche. Dafür bekomme ich sofort Schmerzen, wenn ich barfuß oder in Crocs ein paar Schritte zurücklege – vermutlich sind meine Füße nur noch mit dem ausgelatschten Fußbett der Salomons zufrieden.

Aber jetzt erstmal Hainich mit Salomons und Deuter.

De Wald mag was Besonderes sein. Ich find ihn öde. Es ist ein geschlossenes Waldstück, keine Lichtungen, kaum Unterholz, kein Mischwald. Schnurgerade Wege ziehen sich hindurch. Immerhin weht der Wind über die Baumkronen und bewegt die Bäume nachhaltig, was die mit einem ständigen Knirschen und Knarren quittieren. So scheint der Wald in gewisser Weise zu leben und steht nicht starr in der Gegend. Trotzdem verlasse ich ihn gerne nach weniger Kilometern wieder und laufe langsam in Mitteldorla ein. Und als ob ich es geplant hätte – oder so als Beweis, dass ich meine Tour an der richtigen Stelle unterbreche, ist hier der Mittelpunkt Deutschlands. Auch so eine Markierung, die ich weder auf dem Schirm noch in der Planung hatte. Einfach am Wegesrand, ein Stein, ein Baum drüber, ein Parkplatz daneben und in der Nähe noch das obligate Landhotel, was versucht, von der ganzen Geschichte ein wenig zu profitieren. Mit 5 Zimmern vielleicht auch eines der kleinsten Hotels Deutschlands aber nett anzusehen und gepflegt.

An dieser Stelle habe ich 30 Kilometer in den Beinen und bin geneigt, genau hier den letzten Schnaufer des Tages zu tätigen – aber morgen früh geht mein Zug und hier komme ich nie rechtzeitig weg, also weiter. Die letzten 7 Kilometer verlaufen im eintönigen leichten Regen und durch übersichtlich schöne Landwirtschaft. Es ist der 03.10.2018 als ich in Mühlhausen die Fußgängerzone betrete und meinen Halbzeitpunkt in Augenschein nehme. Tag der Deutschen Einheit. Tag der Halbzeit.

Erstmal ab nach Hause.

ZWÖLF

Teambuilding

In der modernen Arbeitswelt von heute reicht es nicht mehr, einfach nur Chef zu sein und den Untergebenen irgendwas anzuschaffen. Die Zeiten sind lange vorbei. Erstens gibt es schon mal keine Untergebenen mehr, sondern maximal Mitarbeiter – noch besser Teammitglieder, zweitens zählen heute eher Schlagworte wie Motivation, Enrichment, Zusammenarbeit und so weiter. Und als Chef darf man zwar immer noch so ein wenig Chef sein und anderen sagen, was sie tun sollen, aber es ist natürlich viel wertvoller, wenn man a) das freundlich tut und b) ermöglicht, dass der geneigte Mitarbeiter selbst auf die Idee kommt was er so tun könnte, weil das die Motivation nachhaltig erhöht. Auch wenn er im besten Fall am Ende noch immer das tut, was das Unternehmen eigentlich auch von ihm wollte. Seinem Team c) dann auch noch die Erfahrung zu bieten, sich gemeinschaftlich so richtig wohl zu fühlen, berechtigt zur Teilnehme an der Wahl zum Vorgesetzten des Jahres und wenn man das Ganze dann auch noch vorher mit dem Betriebsrat besprochen hat, gibt's zu allem Überfluss Pluspunkte in der b-Note. Böse Stimmen sprechen dabei von der Psychologie, Mitarbeiter gekonnt über den Tisch zu ziehen und dafür zu sorgen, dass sie sich dabei trotzdem so richtig sauwohl fühlen. Weil sie es entweder gar nicht mitbekommen – oder weil sie es mitbekommen, aber trotzdem irgendwie trotzdem gut finden. Man ist ja manchmal nicht so völlig konsequent.

Im besten und edelsten Falle des Falles folgt das Konzept aber einem durchaus wohlgemeinten Ansatz sowohl für die Mitarbeiter als auch das gesamte Team.

Ein weithin akzeptiertes Mittel (was allerdings seine besten Tage auch schon gesehen hat) um speziell (c) zu bewirken, nennt sich Teambuilding-Event. Hatten Sie sicherlich auch schon mal. Also so ein Termin, Sie werden mir dann zustimmen, an dem man gemeinsam irgendetwas zwar meist Lustiges aber am Ende üblicherweise reichlich Sinnfreies macht und hoffentlich alle Teilnehmer dadurch das Gefühl haben, außerordentlich wertgeschätzt zu werden, mal etwas Zeit außerhalb der Firma zu verbringen und das vor allem mal mit den lieben Kollegen. Schließlich geht es darum, mit dem anderen zu bonden und hinterher durch Dick und Dünn zu gehen.

Solche Events sind gerne ein bisschen wie Bundeswehr, die Inhalte durchaus militärisch geprägt, wenn auch natürlich lange nicht so martialisch. Man muss ja hinterher nicht für den anderen die Rübe hinhalten, sondern nur wieder im gleichen Büro sitzen und sich friedlich darüber einig werden, ob das Fenster jetzt auf oder zu sein soll. Und so baut man dann halt gemeinsam ein Iglu und pennt darin, möglichst ohne Erfrierungen davonzutragen, orientiert sich im Gelände – IT gegen Personalabteilung - und schnitzeljagt herum, überquert in Kleingruppen irgendwelche witzigen Hindernisse oder – auch sehr beliebt – krabbelt in schwindelerregender Höhe auf irgendwelchen Baumwipfelpfaden oder Waldseilgärten herum. Mein absoluter Favorit: wir bauen uns gemeinsam aus diesen zufällig hier herumliegenden passenden Holzbalken unter Zeitdruck ein Floß, was uns alle möglichst 10 Meter weit trägt und dann freuen wir uns wie ein Schnitzel, wenn es das aushält und erst danach im See versinkt. Es wäre ja auch irgendwie blöd, wenn das gesamte FiBu-Team geschlossen absäuft und der nächste Jahresabschluss buchstäblich ins Wasser fällt. Falls Sie, lieber Leser, auch Manager sind: immer daran denken, niemals die komplette Abteilung auf ein Floß. Immer mischen, sonst steht das Unternehmen, wenn's mal schlecht läuft und beide IT-Helpdesk Angehörigen gleichzeitig ableben. Und Ihre nächste Beförderung ist die aus der Firma raus.

Als moderne und solchen Aktivitäten überaus aufgeschlossen gegenüberstehende Führungskraft habe ich natürlich mit meinem Team jedes Jahr so ein Teambuilding gemacht – auch wenn ich zugegebenermaßen dem Erfolg solcher Maßnahmen zumindest mal kritisch gegenüberstand. Seien wir mal ehrlich, der Erfolg einer Teamgeschichte ist in aller Regel, wenn überhaupt nur homöopathisch messbar. Klar, hinterher fühlen wir uns alle total verbunden und irgendwie so voll Team, Alter, aber die Finanzen im Allgemeinen, die verschiedenen Standorte im Besonderen und natürlich der Alltag sorgten dafür, dass nach wenigen Tagen nur noch wenig vom Team-Spirit übrig war. Aber wenigstens Spaß gehabt. Genau diesen eher kurzfristigen Spaßfaktor hatte ich im Fokus – gebe ich offen zu. Aber Job ist schließlich vielfach unlustig genug. Was dann ja auch wieder irgendwie bonded, selbst wenn dieser Kleber nicht so stark ist wie versprochen.

Vielen anderen Kollegen geht es – und hier nehme ich mich ganz ausdrücklich aus (also ganz ausdrücklich!!!!) - mit Teambuilding nicht zuletzt darum, sich selbst als progressiven Manager(in) zu präsentieren, der oder die mit seinem/ihrem aufgrund eigener Genialität zusammengeschweißten Superteam durch dick und dünn marschiert und jedes auch noch so unwahrscheinliche oder große Problem in Null-Komma-Nix gebacken kriegt. Selbstpräsentation ist enorm wichtig, wissen Sie? Ohne einen überzeugten Vorgesetzten im Unternehmen werden Sie mal überhaupt gar nix. Außerdem, und das ist der gerne genommene andere Grund, wollen viele einfach Ruhe im Schiff, also quasi erst bisschen Bonbons bevor zur Rammgeschwindigkeit getrommelt wird. Bei Ben Hur gabs nur Peitsche und Trommel. Sind ja dann auch selbst gerammt worden und prompt abgesoffen. Mit gelungenem Teambuilding wär das niemals passiert. Aber die

Trommeln bleiben langfristig im Ohr und Mitarbeiter lassen sich nun mal nur bedingt verarschen und solche o.g. Strategien sind immer kurzatmig bzw. feuern schnell zurück. Das soll hier mal nicht weiter ausgemalt werden, denn ich meinte es nur gut.

Wirklich.

Wie nicht anders zu erwarten habe ich für meine Events meine 12 Jahre Erfahrung bei der Bundeswehr unerheblich einfließen lassen. Und als überzeugter Wanderer war ich natürlich erneut bestrebt, das ebenfalls irgendwie zu nutzen. Ich war also quasi missionarisch tätig und diese Möglichkeit, etwas im Team zu machen, war bestechend. Was liegt näher? Wandern ist schön, man ist draußen wandern ist entspannt (also manchmal) und beim Wandern entsteht Nähe, Verbundenheit und Teamgeist. Und es ist total billig – auch nicht zu vernachlässigen, wo ich die ganze Bande schon extra nach Europa eingeflogen habe. Nur was soll ich Ihnen sagen? Viel zu lasch die Profis heutzutage. Nix mehr drin im verweichlichten Wohlstandskörper. Aber dazu später.

Nun erkennen Sie auf einen Blick, das „Einfliegen" internationales Team bedeutet. In meinem Fall USA, Singapur, Malaysia. Alles jetzt nicht die größten Wandernationen auf der Welt, von Naturfreude mal ganz zu schweigen. In Südostasien völlig nachvollziehbar, wer geht schon gerne bei 35 Grad und 115% Luftfeuchtigkeit vor die Tür, wenn er in den Shoppingmalls auch AirCon haben kann. Und das ist ja nur der Abendwert. Folgerichtig ist das halbe Volk dort unten, trotz anscheinend ewiger Jugend, mit allerlei Schäden im Bewegungsapparat ausgestattet – von den Haltungsschäden, die entstehen, wenn man bei jedem Schritt das Handy vor der Nase hat, mal ganz abgesehen. Die meist humpelnden chinesischen Reisegruppen können Sie ja an jeder bekannteren Sehenswürdigkeit Europas antreffen und sich ein Bild machen.

Auf der gegenüberliegenden Seite der Erdhalbkugel war die andere Hälfte meines Teams stationiert. Und Natur und USA sind nun auch Begriffe, die nach unserem Verständnis nicht so völlig harmonieren, obwohl nach meiner Erfahrung noch jeder US-Amerikaner oder Amerikanerin, die ich getroffen habe, Stein und Bein schwört, dass er Naturliebhaber ist. Und das auch absolut so sieht, obwohl er sich als durchschnittlicher Amerikaner nur ungern weiter als Wurfweite von seinem Auto entfernt, was der Einfachheit halber auch gleich gar nicht abgestellt wird, damit die Klimaanlage auch ordentlich die Innenraumtemperatur hält. Natur bedeutet allenthalben eben gerne auch Picknick oder Zelten neben dem Fahrzeug. Und wenn das Auto dann doch mal verlassen werden muss, dann bevorzugt, um es in einen anderen motorisierten Untersatz einzutauschen – also Motorboot, Motorschlitten oder sowas in der Richtung. Die Definition des Themas Naturliebe umfasst insofern einen recht ansehnlichen Bogen. Dazu musste ich noch Übergewicht, was statistisch 2 von 3 Amerikanern plagt, in Betracht ziehen und hatte dann so ziemlich alle Vorurteile gedanklich abgedeckt. Leider trafen sie in meinem Team allesamt zu.

Und so kommen wir zu dem Ergebnis, dass mein Finance Team war – sagen wir mal – mäßig fit war. Oder eher untermäßig. Was sich mir allerdings im vollen Ausmaß erst völlig erschloss, als ich dann doch wider besseres Wissen irgendwann eine Abendwanderung zu einer Berghütte geplant hatte. 20 Minuten rauf, im Winter, oben gemütliche Brotzeit und dann mit Schlitten und Taschenlampen wieder runter, so der Plan. Leider dauerte es dann doch die dreifache Zeit, bis auch der Letzte oben war, gestützt von zwei anderen und bergrunter war aufgrund Schneemangels wieder eine Übung für die Beine, bei der bei mehreren die Knie versagten und sie buchstäblich auf allen Vieren die letzten Meter zum Bus zurücklegten. Wandern war also – bei noch so kurzer Strecke – irgendwie keine realistische Option. Die Management-Kollegin für Steuern, die immer herzlich zu unseren Meetings und Events eingeladen war und bis dahin gerne gekommen war, ließ sich ab diesem Moment grundsätzlich verleugnen. Immer, wenn wieder etwas anstand, waren grade Ferien und sie musste zuhause die Kinder betreuen. Dass sie gar keine hatte, wurde mir erst Jahre später gesteckt.

Nachdem Wandern aus dem Katalog lustiger Team-Möglichkeiten ausgesondert war, versuchte ich mal etwas ganz anderes und schickte das gesamte Management meiner damaligen Firma – ein deutscher Buchverlag – in ein Light-Canyoning. Also wirklich light. Und schickte bedeutet natürlich auch immer ich voran und mittendrin. Nicht so von der Seite zuschauen, nein, nein. Wir betraten also einen vermeintlich harmlosen Bach und wanderten ihn ein paar Meter bergauf, wo er irgendwo zu einer Art Klamm wurde. Miniklamm wirklich. Die Action, es war ein kühler Sommertag, begann mit fröhlichem Hüpfen von Stein zu Stein, wobei gleich die erste Kollegin, die sich leichtsinnig aber freiwillig zum Vorausgehen gemeldet hatte, ausrutschte und komplett ins Wasser klatschte. Also komplett. Weniger Verletzung als peinliches Outing und um sich einen Rest an Anerkennung zu sichern, biss sie die Zähne zusammen und überstand die restlichen 2 Stunden nass bis auf die Haut. Ich glaube, die nächsten Tage war sie dann auch mit Unterkühlung aus dem Verkehr und das Lektorat verpasste es erstmals in 30 Jahren, einen Semesterstart mit den notwendigen Neuerscheinungen zu versorgen.

Alle anderen brachten diese erste Schlüsselstelle noch relativ unbeschadet hinter sich – scheiterten dann aber in schöner Regelmäßigkeit an einer der folgenden, sodass wir am Ende des Tages Verstauchungen, Abschürfungen und blaue Flecken und viel Nässe im nahezu gesamten Management Team zu vermelden hatten. Beim „Antreten zum Schlussappell" standen wir 15 Figuren – allesamt Koryphäen im Bereich der medizinischen Fachliteratur plus ein Finanzleiter – wie die zu verlegenden Insassen des örtlichen

Unfallkrankenhauses im Halbkreis, ein Teil musste sich gegenseitig stützen, aber alle waren eigentlich ganz fröhlich – zumindest nach außen hin. Dennoch bewog unser Anblick den Geschäftsführer dazu, nach einer kurzen Ansprache zu dieser überaus gelungenen Aktion weitere Unternehmungen gleicher Art kurzerhand zu verbieten. Zumindest soweit der geschätzte Geschäftsführungskollege Senger seine Finger im Spiel hätte, hieß es auf dem Anschlag am schwarzen Brett.

Zeit, mir ein weniger spießiges Unternehmen zu suchen.

Eine Firma und ein Jahr später durfte ich wieder – anscheinend hatte es mein überragender Ruf nicht aus München bis Rosenheim geschafft. Meine Lektion aus dem Canyoning-Light Event hatte ich gezogen, aber um die Verbindung Natur, Ruhe, Erlebnis und dabei Lieber-Nicht-Bewegen doch irgendwie kombinieren zu können, buchte ich auf den Tipp eines Bekannten hin in Berchtesgadener Land erst ein Rafting-Event und im Jahr darauf eine Segway-Tour am Obersalzberg. Beides spannend und mit wenig Bewegung, also optimal.

Das Rafting überstand meine Truppe (und ich) noch halbwegs gesund, auch wenn sich die Hälfte in den engen Neopren-Anzügen sichtlich unwohl fühlte und auch zunächst zur Hälfte die Anweisung des Raftguides ignorierte, sich damit ins Wasser zu begeben und rückwärts schwimmen zu üben. Für den Notfall. Vielleicht hatte die Ansage der Wassertemperatur: „20 Grad – 10 da oben und 10 da unten" etwas damit zu tun, jedenfalls verstand plötzlich die Hälfte der Gruppe kein Englisch mehr. Diesen ersten Versuch einer internen Rebellion konnte ich noch erfolgreich wegmoderieren und durch Vorbild (scheiße, war das kalt!) und mit viel gutem Zureden alle ins Wasser kriegen, völlig machtlos war ich dann aber im zweiten Teil, als sich die asiatischen Teilnehmerinnen der Aufforderung, sich auf die zwei Boote aufzuteilen, geschlossen widersetzen und sich allesamt zu dem überaus gut aussehenden Raftguide ins Boot setzten, obwohl eigentlich der Andere das englisch-sprachige Boot kommandierte. Das Raft selbst war allerdings durch diese eigenmächtige Interpretation des Wortes „aufteilen" überfüllt und als 2 Damen doch wieder aussteigen mussten, führte dies zu tumultartigen Szenen. Die verbliebenen Glücklichen fuhren dann auch gleich alle rückwärts, um ihn anzuhimmeln anstatt mitzupaddeln. Wie man merkt, wird paddeln beim Rafting also völlig überbewertet, runter kommt man immer. Beide Boote kamen unfallfrei an der Zielwiese an, die Neoprens waren vergessen, der Grill glühte und alle bewerteten die Aktion als absolut gelungenen Event. Ich ebenfalls, hatte ich doch außer ein paar Kampfspuren durch die Teilräumung des Damenbootes keinerlei schwerwiegende Verletzungen bei meinen Mitarbeitern zu beklagen. Speziell die HR Managerin aus Singapur lobte diesen Teamevent hinterher in den höchsten Tönen, nachdem sie sich von besagtem Raftguide auch nochmal die nähere Umgebung in einer Privatführung hatte genau erklären lassen.

Im nächsten Jahr also Segway – Rafting wollte getoppt werden.

Segway, Sie wissen, das sind diese Zweiräder mit Lenker, auf denen man im Prinzip nur draufsteht und sich batteriebetrieben vorwärts und rückwärts bewegt, indem man sich leicht nach vorne oder hinten lehnt. Aufgrund der Deichsel und der Gyroskope, die zuverlässig ihren Dienst tun, ist es nach 2-minütiger Einweisung unmöglich mit so einem Ding umzukippen oder hinzufallen. Also prinzipiell. Nach besagter Einweisung heizten denn auch alle meine Team Mates mit ihren Gefährten über den geschotterten Übungsplatz und waren guter Dinge, endlich loszufahren. Der Event-Manager vorneweg, alle anderen wie an einer Perlenschnur hinterher, über die asphaltierten – wenn auch gut eingewucherten ehemaligen Patrouillenstraßen, die das

Dritte Reich am Obersalzberg für den Schutz seiner Führungselite hatte anlegen lassen.

An der ersten Pausenstation, der Alm am Scharitzkehl, fehlte dann plötzlich die hintere Hälfte meiner Mannschaft. Ich war nicht so richtig beunruhigt, ganz hinten fuhr ja noch mal ein Experte des Veranstalters, aber es war zumindest sehr seltsam und ich hatte keine Ahnung, wo sie abgerissen sein könnten. Die Gruppe kam ca. 15 Minuten später, einer meiner Schützlinge mit zerrissenen Hosen, blutigen Knien und erkennbar erschüttert von seinem Unfall, der sich im Verlauf der folgenden Minuten nach und nach aufklärte. So ist zwar das Stehen und Fahren auf einem Segway prinzipiell idiotensicher. Man kann nicht nach vorne umfallen oder zu schnell fahren, weil das Gerät bis zu einem bestimmten Grad beschleunigt und irgendwann den Vortrieb durch Gegendruck begrenzt. Und das gleiche auch nach hinten. Im Prinzip ist also nur Auf- und Absteigen etwas schwierig. Außer halt, man vergisst, dass links und rechts der eigenen Körperbreite noch je ein Rad ist und zirkelt zu eng um die Felsen, was mein malaysischer Kollege denn auch gleich versucht hatte.

Um so prompt das eine Rad gegen einen Felsen zu setzen. Im Prinzip und in der Realität waren eben schon immer zwei völlig unterschiedliche Dinge.

Nun ist so ein Einschlag mit 10km/h nicht wirklich lebensbedrohend - aber eben auch vom besten Gyroskop der Welt in dieser Millisekunde nicht wieder wettzumachen und so legte das Segway eine recht akute und akkurate Drehung um die eigene Hochachse hin und schüttelte seinen Fahrer unmittelbar ab. Ergo der desolate Zustand des Kollegen. Direkt nach diesem Zwischenfall stand das Gerät dann direkt am Felsen angelehnt, als ob gar nichts passiert wäre. Lim rappelte sich also wieder auf, klopfte sich den Dreck aus den Klamotten, stieg wieder auf sein Fahrzeug und brachte den Rest des Weges bis zum Pausenpunkt wacklig aber unfallfrei hinter sich und auch alle anderen waren noch guter Dinge.

Ich investierte die Pause, um Lim's Wunden zu behandeln und ihn nebenbei davon zu überzeugen, an dieser Stelle das Segway zu verlassen und mit dem Begleitfahrzeug zurück zum Startpunkt zu fahren. Dieses Unterfangen war natürlich angesichts der beiden Faktoren asiatischer Face-Loss und Männlichkeit – was ja in gewisser Weise zusammengehört – zum Scheitern verurteilt. Er wollte um kein Geld der Welt auf die Rückfahrt verzichten, versicherte, dass er sowohl fit als auch voll motiviert wäre und sich auf die Rückfahrt freuen würde. Alles garniert mit heftigem Kopfwackeln und „can, can". Ich meinerseits gab irgendwann auf, verzichtete angesichts dieser positiven Attitüde nach dem dritten Versuch auf mein Weisungsrecht als Vorgesetzter und informierte den Event-Manager, dass die Rückfahrt vollständig und gemeinsam erfolgen könnte. Schließlich ist hier Team, hallo?

Er erinnerte Lim und alle anderen noch einmal kurz an die Breite des Segway, bevor wir aufstiegen und den Weg zurück auf uns nahmen.

Und damit das Schicksal seinen Lauf.

Nun gab es auf der Rückfahrt zwar keine Felsen und schmale Wege mehr, aber dafür eine gerade Straße und etwas mehr Tempo, ging es doch bergab. Ach so – und ein paar Bordsteine am Straßenrand. Lim, der eben noch fast unterwürfig und mit dreihundert „Yes, yes" versichert hatte, dass er sich jetzt absolut bewusst wäre, wie breit so ein Segway wäre, nahm denn auch prompt einen davon mit, worauf sein Fahrzeug die inzwischen bereits bekannte Drehung vollzog. Allerdings diesmal mit mehr Wumms und auch etwas zackiger als eine Stunde vorher und Lim verließ das Segway entsprechend beschleunigt, welches sich seinerseits nach einer 90 Grad Drehung grußlos in den Wald verabschiedete. Dummerweise fiel der an dieser Stelle auch noch recht steil ab, sodass das teure Ding erst 10Meter tiefer einschlug und sich an Ort und Stelle in einen Total-schaden verwandelte.

Weiter oben am Weg lag Lim inzwischen quer und noch mehr als vorher blutend auf dem Weg, versuchte sich auf-zurappeln aber weil wir so schön in Reihe fuhren, kam nach Lim auch gleich YiYi – ebenfalls aus Penang - und überfuhr ihren Chef. Oder so in der Art. Jedenfalls konnte sie nicht mehr ausweichen oder bremsen und fuhr mit geschlosse-nen Augen und einem malaysischen Fluch oder Gebet – ich bin nicht so fit in der Sprache – vielleicht auch nur ein Schre-ckensruf, einfach direkt geradeaus. Was bei Auftreffen auf das zappelnde Hindernis am Boden wiederum dem Gyro eine nicht zu lösende Aufgabe stellte und sich in etwa das Gleiche vollzog, wie bei Ihrem Vorfahrer. YY flog also gera-deaus über ihren Vorgesetzen auf die Straße, das zweite Segway gesellte sich nach einer kurzen Drehung zu seinem Kollegen 10 Meter tiefer.

Mit diesem gelungenen Ausflug hatte ich also mein kom-plettes malaysisches Team mit ein paar Schäden in Gesicht, Handflächen, Ellenbogen und Knien in den Krankenstand befördert und damit den folgenden Budgetprozess um ein paar Tage verzögert. Zusätzlich verschiedene derangierte Kleidungsstücke erzeugt – darunter ein T-Shirt mit erkenn-baren Reifenabdrücken darauf, was später eine Gedenkvit-rine im Werk in Penang bezog (darunter ein paar mahnende Worte bezüglich Arbeitssicherheit…) – und eine Ge-schichte, die sich in Windeseile in der Firma herumsprach und später natürlich jedem meiner folgenden Teamevents eine Warnrundmail an Alle vorausschickte. Ich habe bis heute meine Assistentin im Verdacht.

Zusätzlich hatten wir die Segway-Flotte des Anbieters um 10% reduziert und Hausverbot bei ihm und allen seinen Wettbewerbern im Tal. Berchtesgaden war also für die kommenden Jahre tabu.

YiYi kündigte kurz vor dem Event des Folgejahres obwohl ich ihr geschworen hatte, es wäre strikt indoor und null gefährlich. Soviel mal zum Teamspirit.

Nächstes Mal definitiv Floß. Oder vielleicht einfach was trinken.

DREIZEHN

Mühlhausen – Leinefelde – Duderstadt

Es ist ein Jahr später, Mitten im August und ich hüpfe an der Stelle aus der Bahn, an der ich mich im letzten Jahr verabschiedet hatte. Nicht der gleiche Bahnsteig – aber immerhin. Endlich kann ich weitergehen, genau an der Stelle, wo ich letztes Jahr berufsbedingt aufhören musste.

Jetzt bin ich auch nicht mehr im Urlaub hier – die Dinge haben sich grundlegend verändert. Ob zum Besseren, kann ich an dieser Stelle noch nicht so recht einschätzen, das wird sich erst im Laufe der Zeit herausstellen, denn ich hab gleich mal den gesamten Job verloren. Beziehungsweise hab ich ihn nicht so recht verloren, sondern die glorreiche Geschäftsführung meiner Firma hat sich gedacht, ein Verkauf der Bude an die Konkurrenz wäre eine glänzende Idee. Und für die beiden war es auch absolut eine gute Idee – die Bedeutung des Begriffs „goldener Fallschirm" hat sich mir noch nie so deutlich offenbart. Was die Kollegen und Mitarbeiter angeht, sind die Meinungen gespalten, je nachdem, wen man so fragt. Aber der durchschnittlichen Geschäftsführung sind die Mitarbeiter natürlich auch mal grad egal, wenn es ums eigene Fort- und Auskommen geht.

Nun gut.

Mein neuer Chef, der Finanzvorstand der buckligen Konkurrenz, hielt nach dem ersten guten Morgen dann auch nicht lange mit seiner Meinung hinter dem Berg, dass er meinen Job eigentlich selbst könnte und nicht bräuchte und er würde mir deshalb die einmalige Gelegenheit geben, mich mal ganz neu und vor allem anderweitig zu orientieren. Nein, nicht in ein paar Monaten, eigentlich würde er eher an sofort denken und er hätte einen ersten Entwurf des

Kündigungsschreibens der Einfachheit halber auch gleich dabei. Ich möge doch bitte hier unten unterschreiben. Nein, lesen müsse ich das nicht unbedingt vorher.

Nun haben Kündigungen in Deutschland neben der unschönen Eigenschaft, dass man eben plötzlich auf der Straße steht, etwas durchaus Angenehmes. Diese Einrichtung nennt sich Kündigungsfrist und Freistellung. Und Abfindung. Nicht wie in den USA, wo man gleich seinen Karton auf den Tisch gestellt bekommt, mit der Auflage innerhalb von 1 Stunde doch bitte den Cube zu räumen und beim Rausgehen auch gleich die Zugangskarte beim Sicherheitsdienst abzugeben, nein. Hier ist Deutschland und zu der Verschnarchtheit, mit der wir uns so langsam in Richtung Stillstand bewegen, keine Autobahn mehr unter 20 Jahren Vorlauf gebaut bekommen und keinen Flughafen in 10 Jahren zum Laufen, haben wir natürlich Arbeitnehmerrechte, die zu unserer Beweglichkeit passen und sich gewaschen haben. Und die im Kern bedeuten, je länger man irgendwo schon sitzt, desto unwahrscheinlicher ist es, dass man je wieder aufstehen muss. Also quasi wie auf Lebenszeit festgetackertes Handtuch an der dritten Liege links am Hauptpool.

In Deutschland zählen noch Recht und Ordnung, damit die amerikanischen Imperialisten nicht tun und lassen können, was sie wollen. Und die chinesischen auch nicht, zumindest nicht ungestraft. Hier gibt es einen Kündigungsschutz, der der ganzen Welt „Finger weg!" signalisiert und der einem, sollte man sich auf „gefeuert werden" spezialisieren, sicherlich ein auskömmliches Dasein finanzieren könnte. Reiner Zufall, dass es im Internet noch keine Anwaltsseiten gibt, die eine Anleitung zum erfolgreichen (=finanziell hoch abgefundenen) Ausstieg aus der Firma geben. Mit Hinweis auf alle Formfehler, die ein argloser Geschäftsführer so machen kann, und die allesamt aber mal sowas von extra kosten.

So sehr ich das deutsche Arbeitsrecht für übertrieben halte, da es einem Arbeitgeber nahezu unmöglich macht, wirklich unwillige (und ich meine hier wirklich die, die sich auf den Jahren ihrer Firmenzugehörigkeit ausruhen, regelmäßig Freitags oder Montags oder – besonders beliebt - an den Brückentagen krank sind und die lieben Kollegen die Arbeit machen lassen) und dazu noch schlaue Mitarbeiter irgendwie in ihre Schranken zu weisen, so sehr bin ich jetzt davon angetan, wo ich davon informiert werde, dass meinen Job auch jemand in San Diego könnte, der noch gar nicht existiert. Na gut, geh ich halt erstmal wandern.

Für die Anreise wähle ich die Deutschen Bahn und obwohl ich eingangs erwähnt habe, dass ich wirklich Bahn Fan bin, beweist sie mir bei dieser einen Gelegenheit sofort wieder, warum ich mit dieser Einstellung ziemlich alleinstehe und die Mehrheit lieber unkomfortabel im Auto sitzt als noch unkomfortabler in der Bahn. Dem völlig überfüllten Zug von Rosenheim (Baustelle und Zugausfall irgendwo) folgt der Umstand, dass mein ICE in München jetzt ganz anders heißt, woanders steht und mit einem anderen ICE zusammengelegt wurde. Ein Wunder überhaupt, dass ich ihn finde. Es gelingt mir zwar noch rechtzeitig, aber das wars dann auch schon. Meine 1. Klasse Reservierung kann ich mir in die Haare schmieren, weil es zwar meine Sitznummer noch gibt – sie aber jetzt in einem anderen Wagen ist und das gilt ja nicht. Netterweise beteuert die Zugchefin, dass mit dem Gerätewechsel ohnehin alle Reservierungen hinfällig wären. Das haben sie aber geschickt gemacht, so braucht sich keiner mit einem anderen Fahrgast anzulegen, sondern alle sind in ihrer Wut auf die Bahn vereint. Ich setze mich also trotzdem auf meine Sitznummer und habe nur Glück, weil die andere Reservierung später kommt als ich. Erster Klasse bei der Bahn heißt, wie ich seitdem weiß, inzwischen auch auf den Gängen und auf dem Boden sitzen. Kontrolliert wird nicht – vermutlich, um unfreundlichen Gesprächen mit genau diesen Ersterklasse-

Reisenden zu vermeiden. Dass die Bedienung für die Getränke dafür auch nicht kommt, ist dann auch schon egal. Immerhin komme ich pünktlich in Erfurt an und die Bummelbahn nach Mühlhausen setzt sich ebenso exakt auf die Minute in Bewegung. Und so stehe ich am Nachmittag an der Stelle, wo ich vor einem Jahr aufgehört hatte. Ich bin frisch, fröhlich, ausgeruht und immer noch trocken. Das hatten wir ja auch schonmal anders.

Also los, zweiter Teil ich komme. Morgen geht es los – heute erstmal schön Stadtbesichtigung.

Während die mittelalterlichen Kleinstädte wie Rotenburg ob der Tauber, Quedlinburg oder auch Hannoversch Münden durch die interessierte Touristik regelrecht überlaufen werden, gibt es doch einige Kleinode in Deutschland – und damit auf meinem Weg – die sich durch weitgehende Unbekanntheit bzw. sogar Ignoranz gekennzeichnet sind. Das macht nicht einmal vor dem unparteilich erscheinenden ADAC halt, der in seinen Straßenkarten (liebe jüngere Leser – das ist sowas wie Google Maps ausgedruckt auf Papier und zu einem Heft gebunden – wischen funktioniert nicht) sehenswerte Städte mit entsprechender Einrahmung kennzeichnet. Und Mühlhausen hat: nichts. Also keinen Rahmen, nur gelb hinterlegt. Im Gegensatz zu Duderstadt, was ich in zwei Tagen sehen werde. Da weiß ich aber, was ich schöner finde.

Beim Ausklang des letzten Abschnittes hatte ich keine Zeit mehr, die Innenstadt ausgiebig anzusehen, das hole ich jetzt nach. Und werde absolut angenehm überrascht. Hatte noch jemand Zweifel an sinnvoller Verwendung der vielen Soli Milliarden, so möge er in Mühlhausen ansehen, was man mit Geduld, ziemlich viel Geld und fähigen Bauunternehmen so alles machen kann. Die mittelalterliche Reichsstadt glänzt wie aus dem Ei gepellt, grade gewaschen und nagelneu. Also mittelalterlich original neu halt. Die Ringanlage sieht aus, wie grade neu verputzt, die 13 (!) Kirchen stolz, die Stadttore groß und vor allem offen!

Die Nachmittagssonne tut verdächtig offensichtlich das Ihre, um den Ort im rechten Sommer-Licht zu zeigen – ich bereite mich darauf vor, dass das Begrüßungskommando der Touristikvereins hinter der nächsten Straßenecke hervorspringt und mir ein paar Broschüren in die Hand drückt – aber dieses i-Tüpfelchen wird dann doch ausgelassen. Das Hotel ist ebenfalls neu, sauber und adrett und unter dem Dach einquartiert wasche ich erstmal den Bahnstaub des Tages vom Körper, um so schnell wie möglich die Stadt zu besichtigen. Bei näherer Inspektion wird sichtbar, dass das Werk noch nicht vollbracht ist. Mühlhausen – etwas auf einer Anhöhe gelegen mit der Fußgängerzone und reichlich Kirchengebäuden in der Mitte und damit am höchsten Punkt. Davon geht es in den meisten Richtungen abwärts – was wohl auch standesmäßig zu verstehen ist. Mit jedem Straßenring, der weiter vom Zentrum entfernt ist, nimmt der DDR forcierte Verfall leider weiter zu. Könnte man auch mal eine Korrelation zur Parteizugehörigkeit aufstellen – Innenring CDU – oder wer immer hier grade regiert. Weiter draußen dann eher die anderen. FDP ganz außen und nur mit einem halben Straßenzug. Die nächsten Jahre ist man in Mühlhausen wohl noch ordentlich beschäftigt – und wenn man außen angelangt ist, kanns wohl auch in der Mitte gleich wieder losgehen. Leider beschränkt sich die Sanierungstätigkeit eher auf den mittelalterlichen Altstadtbereich – der Rest der Stadt ist – zwar ebenso alt und auch ansehnlich aber aufgrund der noch ausstehenden Instandhaltungsmaßnahmen - naja mittelschön.

Dennoch – die völlig intakte Stadtmauer mit ihren Wehrtürmen verlangt Besichtigung und trotz meiner latenten Höhenangst klettere ich auf den westlich gelegenen Rabenturm um einen Rundblick auf Dächer zu setzen. Die letzten Stufen der Stiege durch Dach nehme ich bereits mit wackligen Beinen um dann auf dem Ring Dach in gefühlt 100m Höhe zu stehen – die Brüstung vor mir aufgrund mangelnder Höhe wohl nicht mal geeignet, einen 6-Jährigen nachhaltig vom Sprung abzuhalten. 1m breit ist der Ring Gang...immer wieder muss ich an jemandem vorbei, der sich ebenso wie ich ganz eng an der Wand bzw. dem Dach entlang gepresst seitwärtsschiebt. Nach der 5. Schwierigen Passiermanöver bin ich einmal rum – die Aussicht nur wenig bemerkt – nichts wie runter hier. Ich will gerade die One-Way Stiege entern, da kommt nun auch noch das erste Musikinstrument nach oben geklettert – gefolgt von drei weiteren. Das Quartett tritt an zum abendlichen Turmblasen. Ich tippe es sind die ganz harten aus dem Mühlhausener Orchester – eben die ohne Höhenangst und Klaustrophobieanfallsproblematik.

Auf dem Ring geht es jetzt zu wie in bei Karstadt zu Beginn des Sommerschlussverkaufes und ich muss jetzt so schnell wie möglich hier runter bevor mir – oder jemand anderem ein Unglück widerfährt. Ich erspare Ihnen die Beschreibung des Getümmels um die Stiege zwischen kampferprobten Musikliebhabern und höhenphobischen Wanderern und Touristen – 10 Minuten und einige Nahtoderfahrungen später sitze ich schweißgebadet und entkräftet in der Fußgängerzone unter einem Baum, die Abendsonne leuchtet rötlich, bis auf ein paar Stimmen ist es völlig still und ich schwöre mir zum x-ten Mal, dass es das letzte Mal auf einem Turm war. Aber diesmal wirklich. Als plötzlich das Blasquartett ein wunderschönes Stück in die Abendluft zaubert. Ganz leise und fern wabert die Musik über die Stadt – kaum hörbar zunächst – vermutlich stehen die Kameraden falsch im Wind. Aber dann nimmt die Umgebungslautstärke angesichts der Darbietung ab und der Wind dreht und die Trompeten und Posaunen stehen klar und angenehm über Mühlhausen. Das Stück nimmt seinen Weg tief in mein Innerstes und explodiert dort mit ungeahnter Wucht. Und dann das Zweite noch eines und noch eines. Und es ist einer dieser Momente, an dem die Welt anhält und für 15 Minuten einfach mal vergisst, weiterzulaufen. Sogar die Vögel im Baum singen leiser angesichts dieser Schönheit – da bin ich sicher. Ich sitze und lausche und hoffe auf noch und noch ein Stück. Als der letzte Trompetenstoß über Mühlhausen verhallt ist, sitze ich noch eine gefühlte Ewigkeit dort – unfähig eines Gedankens oder einer Bewegung. Der Schatten des Turmes und die damit einsetzende Kühle des Abends holt mich zurück in die Realität – ich wische mir die Tränen aus dem Gesicht, checke kurz, ob mich jemand heulen gesehen hat – und wende mich langsam zum Gehen. Einfach zu nah am Wasser gebaut – ätzend. Nur weil ein paar Trompeten vom Turm pusten oder bei Rapunzel die Lampions hochsteigen.

Dieser Mozart hats aber schon draufgehabt...

Der zweite Teil ist somit bestmöglich eingeleitet. Der Drops ist quasi schon gelutscht, die 600km sollten kein Problem mehr sein.

Am nächsten Morgen geht's los. Ab durch die Fußgängerzone zurück zum Bahnhof, dann links und am Stadtrand entlang grob Richtung Nordwesten. Der Weg von Mühlhausen nach Leinefelde ist zunächst unspektakulär. Die bisher eher flache Umgebung geht langsam wieder in die wenigen norddeutschen Höhenzüge über, die ich in ein paar Tagen in Form des Harzes durchqueren will. Ich folge zunächst dem Unstrut-Wanderweg, der dem gleichnamigen Bach über ein paar Kilometer folgt, bevor ich mich nördlich wende. Ich quere ein paar Dörfer, die Atomschlagwochenende-Charakter verströmen: kein Mensch oder Tier weit und breit zu sehen, aber auch kein Verfall. Wie gerade evakuiert, fehlen nur noch ein paar offene Türen im Wind oder abgestellte Autos, vom EMP nutzlos gemacht und auf der Flucht stehengelassen. Hier könnte man sämtliche Folgen von the Living Dead drehen, ohne absperren zu müssen.

Falls jetzt irgendein Einwohner die Straße betrit und auch nur leicht humpelt, haue ich ab, soviel ist mal sicher.

Leinefelde begrüßt mich nicht so sehr mit adretter Altstadt, sondern dem riesigen Schornstein eines inzwischen geschlossenen Industriebetriebes. Stahl, Chemie? Zementwerk? Ich bin mir nicht sicher, wie ich die Anlage einordnen soll – in jedem Fall vor Jahren aufgegeben und der Natur überlassen. Schön ist anders, ebenso wie die folgende schnurgerade Prachtstraße Richtung Hotel. Rechts Industrie und altes Gewerbe, links Wohnblöcke. Tristesse pur und so nimmt der erste Tag einen eher frustrierenden Ausgang. Morgen nichts wie weg hier.

Die folgende Etappe zeichnet sich ebenfalls durch wenige Highlights aus, erst ein paar Felder, dann tauche ich kurz in den Wald ein, durchquere ihn, muss ein Stück an einer Bundesstraße zurücklegen. Dann tauche ich nachrechts weg und es geht durch ein gerodetes Stück in Richtung des Waldrandes. Es geht deutlich bergab – ich bin bereits auf den letzten 7 Kilometern nach Duderstadt und das liegt anscheinend im Tal. Das Wetter ist zunächst mal unaufgeregt und ich konzentriere mich auf meinen Geh-Rhythmus. Die Geräuschkulisse beschränkt sich auf das Singen der Vögel, die Baumkronen, die im Wind rauschen und meine Existenzlautstärke – die sich im Moment auf Gehgeräusche beschränkt. Der Boden meldet seine Beschaffenheit durch leicht unterschiedliche Töne. Mal knirscht Kies, dann wieder das kaum zu vernehmende Streicheln auf Gras. Höhere Gräser wischen am Bein mit einem leicht flirrenden Geräusch, Laub raschelt schon fast ohrenbetäubend. Waldboden ist selten und vielleicht auch deshalb der leiseste Untergrund. Er federt bei jedem Schritt und dämpft allen Schall weg. Umso mehr ist von meinem Equipment zu hören. Die Zippergriffe klingeln leise vor sich hin, die Rucksackgurte knarren ein wenig, wenn sie belastet werden und fast scheint es, als ob sie danach wieder ausatmen. Links rechts mit jedem Schritt meldet der Rucksack meinen Rhythmus zurück. Leicht rutscht er hin und her auf meinem Becken. Von meinem Gang in bestimmte Richtungen und Verwindungen gedrückt und darauf programmiert, die Grundstellung wieder einzunehmen. Meine Schuhe quietschen ab und an – obwohl ich ganz sicher bin, dass ich sie bezahlt habe. Die Hosenbeine schaben aneinander. Ich befinde mich in der ausgeklügelten Gewichtsverteilungszeremonie. Hüftgurt anziehen, um Schultern zu entlasten. Brustgurt zuziehen, Hand oben einhängen. Hüftgurt wieder lockerer. Hände an die Schultergurte, in die Mitte drücken oder nach außen ziehen. Jeder Eingriff verschiebt das Gewichtsverhältnis zwischen Becken und Schultern, gibt Entlastung für ein paar Minuten und sorgt dafür, dass ich wieder weiterkomme. Alle Stunde setze ich den Rucksack ab, fühle mich für ein paar Minuten wie auf dem Mond, trinke. Nehme keuchend das Ungetüm von Rucksack wieder auf und alles beginnt von vorne. Die ersten Schritte immer wie auf Eiern. Die ersten Blasen schmerzen, die Ferse drückt mir ihr Missfallen aus, die Sohle fühlt sich durchgelaufen an. Nach einigen Metern wieder im Rhythmus. In die Schmerzen hineinlaufen…und dann durch sie hindurch. Die Füße tun weh, mach die Schmerzen zu einem Teil von Dir. Verinnerliche sie und akzeptiere sie als Teil des Ganzen. Die Hacke ignoriert sich irgendwann von selbst. Die Schritte bewusst setzen. Bergauf ist angenehmer als runter…. der Druck wird von der Ferse genommen und die Zehen müssen nichts abfedern. So gesehen positiv. Dummerweise ist bergauf halt auch immer bergauf und geht an die Substanz. Also auch wieder nix. Der Wanderer wünscht sich ja eigentlich einen ebenen Untergrund ohne Hindernisse - konstant mit 1-2Prozent Gefälle. Und das gerne für ein paar Kilometer. Da geht was voran, da läuft es von selbst, ohne dass man Bremsen müsste, was für Knie und Füße der Gau ist. Gibt's so gut wie nirgends. Also die Schritte mit Bedacht setzen. Jedes schräge aufkommen wird mit Extraschmerz quittiert. Besser etwas anders abfedern. Und Gehen. Knatschen, atmen, knirschen, rascheln, klimpern, rutschen, keuchen, quietschen, stolpern, knacken, surren. Und immer weiter.

Die Etappe heute ist nicht sonderlich lang. Über eine langgezogene Wiesenstufe geht es leicht bergab – am Ende treffe ich dann unerwartet auf das letzte Wegekreuz der Kategorie 1 – aber mit einem dicken Plus für Zaun drum rum, Bankensemble und: Lage = Ausblick. Hier muss ich ja quasi anhalten und Pause machen. Mein Blick wandert die gelben Rapsfelder in der Ferne entlang. Ein leichter Wind federt jetzt, die Sonne ist herausgekommen und liefert sich einen ständigen Wettkampf um die Deutungshoheit mit haufenweisen Quellwolken, die am Himmel zügig entlangziehen und immer größere Lücken lassen. Das Wetter meint es gut mit mir – trocken und nicht heiß. Bisher zumindest. Die Sommerhitze soll erst in ein paar Tagen wiedereinsetzen, mal sehen, wie es sich bei 30 Grad oder mehr so geht – das hatte ich noch gar nicht. Ein Schluck aus der Flasche – jeder einzelne verringert das Gewicht des Rucksacks – auch wenn ja dafür der Körper entsprechend mehr wiegen müsste, aber davon merke ich natürlich nichts – vom Rucksack schon.

Also weiter.

Ich werde erneut aus meinem Rhythmus geholt, als ich die ehemalige innerdeutsche Grenze erreiche. Das grüne Band. Kurz vor Duderstadt werde ich durch ehemalige Grenzgebäude ebenso überrascht wie durch einen gefühlt intakten Grenzstreifen. Als Berliner fühle ich mich sofort erinnert, wie das damals aussah, diesen Eindruck werde ich nie mehr los. Hier steht also das Grenzlandmuseum und hat sich zur Aufgabe gemacht, das Vergessen dieses innerdeutschen Schandfleckes aufzuhalten. Mir wird plötzlich bewusst, dass meine Kinder allesamt nach dem Mauerfall geboren wurde – mithin nur Schulwissen darüber aufbringen, was für die Älteren unter uns – insbesondere die aus Berlin oder Transitfahrer – jahrelange Realität war. An dieser originalen Stelle des ehemaligen Grenzverlaufes sieht es in Abschnitten noch aus wie damals. Die Alarmzäune auf der DDR Seite sind ebenso vorhanden, wie der kurzgemähte Todesstreifen. Sogar die sandigen Streifen sind noch geharkt wie früher, die Beobachtungstürme stehen, als ob nichts passiert wäre und die eigentliche Grenzzaun, der ja bis zuletzt nicht überall eine richtige Mauer war ist vorhanden. Die Beleuchtungsanlagen sind intakt – ob sie nachts leuchten kann ich nicht sagen. So stehen hier 500m ehemaligen Grenzverlaufes als Anschauungsmaterial eines perfiden Systems, welches Grenzsoldaten immer paarweise, altgedient und Neuling zusammen einteilte, mit Bestrafung für Fehlschüsse auf Flüchtende agierte, Meldedrähte und Selbstschussanlagen installiert hatte und Hunde an Laufleinen die Grenzpatrouillen gehen ließ. All das anschaulich erklärt auf Schautafeln und einem umfangreichen Rundweg, der allerdings aufgrund seiner Länge und extremen Steigung vermutlich nur für sportliche Mitmenschen durchführbar ist. So einen wie mich. Um mich herum ist weit und breit niemand zu sehen – die nordkoreanische Gruppe, die unten an den Meldedrähten stehen, mal ausgenommen. Eventuell eine technische Weiterbildung um Ihre eigene Grenze etwas aufzupimpen.

Ich nehme die Extrahöhenmeter auf mich und keuche zum weithin sichtbaren Beobachtungsturm – einer Abschnittsleitstelle, wie ich hier lerne. Ich lege mich zu seinen Füßen auf den Golfrasen, blinzle in die Sonne und frage mich, ob wohl irgendeiner der Grenzoffiziere, die hier vor 30 Jahren Dienst hatten, irgendwie ahnte, dass hier mal einer quasi direkt unter seinen Füßen liegt und sich sonnt. Und auf die Grenze scheißen kann.

Wenn er das gedacht UND dann noch laut gesagt hätte, wär er seinen Rang wohl losgewesen.

Wenige Kilometer später ziehe ich in Duderstadt ein und damit einem der Highlights meiner Stationen. Die kleine Stadt weißt ein geschlossenes Fachwerkstadtbild auf, das bedeutet alte Häuser an jeder Ecke und allesamt bunt, gut erhalten und nett anzusehen. Leider brauche ich zwei Anläufe, um diesen Anblick ordentlich zu würdigen. Ich habe meinen ersten Stadtrundgang auf wackligen Beinen und bei kompletter Bewölkung gerade hinter mit, da kommt doch tatsächlich die Sonne raus und nötigt mir eine zweite Runde ab. Naja, was solls. Ich will ordentliche Fotos – wenn ich sie schonmal so billig bekommen kann.

VIERZEHN

Duderstadt – Bad Lauterberg – Clausthal - Goslar

Hier in Duderstadt treffe ich auch auf einen alten Gefährten früherer Etappen. Beziehungsweise einen eher unzuverlässigen Typen, so oft, wie der nicht da war, wo er sein sollte. Der E6 ist aber jetzt in voller Pracht wieder da und sogar markiert und ich werde ihm diesmal für einige Kilometer folgen. Der unschätzbare Vorteil markierter Wanderwege ist ja der, dass man ihnen einfach kopflos folgen kann und dann schon irgendwie richtig rauskommt. Keine Navigation an jeder zweiten Kreuzung und die Ungewissheit, ob der gewählte Weg durchgehend, ansprechend und richtig ist. Stattdessen blindes Verlassen darauf, dass auch an der kommenden Kreuzung wieder ein schönes Schild mit einem Pfeil steht, hin und wieder eine Entfernungsangabe und Zielpunkte. In der Regel kann man sich auch darauf verlassen, dass die Wegführung einigermaßen interessant ist.

Soweit die Theorie.

Als ich an früherer Stelle den E6 gekreuzt habe – oder ihn ein Stück ging – war die Beschilderung eine mittlere Katastrophe und nach kürzester Zeit war ich wieder auf mich gestellt. Hier soll nun alles anders werden, denn wie mitten in Duderstadt bereits zu sehen, hat der Harzklub hier die Federführung in der Wegbewartung inne, ein Heimat- und Wanderverein mit Sitz in Clausthal. Der E6 trägt hier ein schwarzes Kreuz auf weißem Grund und leuchtet tatsächlich an jeder zweiten Laterne – das lässt hoffen. Am nächsten Morgen folge ich diesen Kreuzen und werde zielsicher aus Duderstadt herausgelotst. Die Kreuzungen sind sauber beschildert, der Weg führt abwechslungsreich über die Vorhügel des Harzes Richtung Rhumspringe. Es geht über

Feld- und Waldwege, an Ackergrenzen entlang und über Wegspuren durch hohes Gras genauso wie gemähte Abschnitte. Teilweise ist nicht zu merken, dass hier eine der europäischen Autobahnen des Wanderns unter den Füssen verläuft – und das ist auch gut so. Ich komme gut voran – die regelmäßigen Wegweiser mit den Entfernungsangaben motivieren, weil ich die Kilometer runterzählen kann.

Leider ist damit nach kürzester Zeit Schluss.

Immer wenn's grade gut läuft, ich sag's Ihnen. Als ob die Energie beim Beschildern mit der Entfernung von Duderstadt aus der Arbeitsgruppe gewichen ist, werden die Markierungen spärlicher und eindeutig älter. Vielleicht haben Sie auch das bestellte Tausenderpack Aufkleber schon zur Hälfte in Duderstadt verbraucht, so wie sie da rumgepflastert haben, würde es mich nicht wundern. Die schönen neuen Tafeln und Aufkleber machen zunehmend uralten verwitterten Baumkreuzen Platz - zunächst ist aber wenigstens der Wegverlauf von nachvollziehbar. Auch wenn die Wegweisung auf den Fahrwegen deutlich besser ist als auf den nur noch zu Fuß erreichbaren Abschnitten – ich hab ja den Verdacht, dass der Harzklub doch eher motorisiert seiner Profession nachgeht. Da wo man nicht mal mit Moped durchkommt, sind die Zeichen komplett weg. Oder per Satzungsänderung ist jetzt Wandern verpönt?

In Rhumspringe ist es dann auch mit den letzten Schildern vorbei und als ich ein paar Kilometer später an eine Weggabel komme, prangt die letzte Markierung mitten auf dem Holzpfeiler – aber ohne Richtung. Ab hier wird jetzt also geraten.

Ich rate richtig – wie ich 3 Kilometer später noch mal an zwei nebeneinander auf einem Schild klebenden Markierern erkenne – wobei: nachdem weder vorher noch nachher noch irgendwas zu sehen ist, hat hier vielleicht nur der Markierer seine allerletzten Materialien aufgebraucht. So wie ich damals als Werbepostzusteller in der Mitte der Tour immer 50 Flyer in jeden Postkasten kippte. War ich halt schneller fertig.

Ok, weg ist er also wieder. E6-weglos aber dafür umso ordentlicher eingeregnet erreiche ich Barbis – einen Ortsteil von Bad Lauterberg am Harz, wo meine Unterkunft steht. Nachdem ich ordentlich nass bin, will ich auf die letzten Meter verzichten – morgen geht's eh an dieser Stelle wieder weiter. Dummerweise mache ich aber noch eine kurze Trocknungspause in einem Café und dadurch fährt mir der letzte Bus vor der Nase weg. Super hingekriegt Herr Senger, jetzt sind es nochmal 5 Kilometer extra bis in den Hauptort. Diesmal bin ich etwas weniger puristisch unterwegs – von wegen Geräusche der Natur hören und die Stille genießen. Es gibt wegtechnisch nicht viele Optionen zur Hauptstraße – und da sind mir alle Geräusche egal – zum ersten Mal brauche ich Musik als Motivator ob dieser traurigen Kulisse eines Straßendorfes auf absteigendem Ast. Die meisten Geschäfte aufgegeben, rechts und links Mietskasernen von öder Tristesse, Verkehr und Lärm. Desillusionierte Mütter schieben Kinderwägen durch die Gegend, aus der Trinkhalle torkeln schon jetzt am frühen Nachmittag einige Gestalten. Das Ende eines Wandertages, wie ich es mir nicht gewünscht habe - aber auch dies viel zu oft Realität in Deutschland. Wichtig, mich immer mal wieder zu erinnern, wie viel Glück ich habe, dass ich gesund bin, einen guten Job habe (wobei – im Moment ja eher nicht) und so eine Tour machen kann. Es gibt viel zu viele Menschen, für die sowas ein nicht zu erreichender Luxus ist und die vor lauter über den Tag kommen keinen Gedanken an umfangreiche Freizeit verwenden können. Ich hoffe, all die Autoren, die gerade wieder Bewusstseinserweiterung oder Neues Wandern veröffentlichen, erinnern sich zuweilen noch daran, auf wessen Kosten sie ihr schönes Leben leben und propagieren. Mit Jeff Lynnes maßgeblicher Hilfe in ordentlicher Lautstärke kann ich allen Verkehr ignorieren und komme eine gute Stunde später im Hotel an. Der Regen hat sich dann auch gelegt – lohnt sich vermutlich nicht mehr, wenn der Senger von der Straße ist.

Am nächsten Tag steige ich in den Harz hinauf. Lange habe ich mich auf diesen Abschnitt gefreut, auf den verwunschenen Harz mit den hohen Tannen, durch die der Wind fegt. Auf Hexen und Kobolde. Ok, ich hab nicht damit gerechnet, welche zu treffen, aber sie zum Ambiente dazu zu denken sollte erlaubt sein. Umso zunehmend enttäuschter bin ich im Lauf des Tages. Nicht wegen der Hexen. Sondern wegen der Wege im Harz.

Der Frankenweg hat es mir ebenso gezeigt wie der Hochrhöner und andere Weitwanderwege in deutschen Mittelgebirgen. Auch die Steige in meiner Heimat den Alpen sind wie man es sich wünscht: vielfach schmal, eng, kurvig und damit schlichtweg spannend. Der Harz hätte dafür durchaus Platz. Viel Wald, viel auf und ab, Bäche, Wiesen, Hochmoore, Seen. Aber die Wege – sind sorry - langweilig. Gefühlt 20 Meter breite Waldwege, allesamt geschottert, super befahrbar mit Randentwässerung und allem Drum und Dran. Die Beschilderung ist nagelneu, und an jeder zweiten Ecke steht ein Schild mit Verhaltensregeln für das Sein im Nationalpark. Dafür war anscheinend kein Geld mehr für Bänke, Tische oder geschweige denn Schutzdächer – im Harz soll es ja zuweilen regnen. Nicht mal an Kreuzungen, an denen 5 Wege zusammenkommen, ist irgendeine Ausruhmöglichkeit. Also neben dem Boden natürlich.

Und so dackle ich stundenlang über wenig kurvige Forststraßen, latent auf und ab und so gut wie nie in der Richtung, in die ich will, wie bei Segeln gegen den Wind. Die Gegend hat ihren Charme – die Wege sind in vielen anderen Gegenden Deutschlands schöner. Ich bin froh, als ich den Wandertag in Clausthal-Zellerfeld beenden kann. Die Stadt hat Bergbau-Historie und hat sich den Charme der alten Bergarbeitersiedlung mit ihren Holzhäusern bewahrt – zumindest in der Innenstadt. Die Hauptstraße ist gesäumt von diesen bunten Gebäuden, die allerdings ihre besten Zeiten gesehen haben. Holz benötigt eben öfters mal einen Eimer Farbe – und auch mal eine Ausbesserung – allerdings scheint dafür nicht wirklich die Präferenz zu bestehen. Du so sieht die Hauptstraße von Clausthal bis Zellerfeld entsprechend traurig aus. Die Häuser meist schäbig, die Läden überwiegend verwaist – und das ist noch die erste Reihe. Wenn ich in die Höfe sehe, überwiegend Verfall. Das ist etwas verwunderlich – ist doch die Einwohnerzahl mit rund 15000 relativ konstant – und die fast 4 Tausend Studenten und über tausend Mitarbeiter der örtlichen TU sollten sowohl für ein jugendliches Stadtbild als auch gute Einkommen sorgen. Aber Studenten scheinen wohl eher Wert auf eine gute Nahversorgung mit Döner oder Pizza als auf gestrichene Gebäude zu legen – und so sieht die Stadt leider recht heruntergekommen aus, zumindest Downtwon. Angenehme Ausnahme und damit vielleicht der Start für ein Anstreichwochenende ist der neue gestaltete Kirchplatz und die frisch in himmelblauem Holz erstrahlende Marktkirche zum Heiligen Geist – immerhin die größte Holzkirche Deutschlands.

Wusste ich natürlich auch wieder nicht.

Ich verlasse die Stadt am nächsten Tag in Richtung Goslar. Das Wetter hat sich wieder verschlechtert, es ist neblig und sprühregnet, was dem Ambiente durchaus nicht abträglich ist. Im Gegenteil, wenn man an einen verwunschenen Harz glaubt, ist das jetzt das richtige Wetter. Aus dem Nebel strecken Hexen und die ganze Palette der Fabelwesen ihre Finger nach mir aus. Lautlos, die Suppe schluckt nicht nur die Sicht, sondern auch sämtliche Geräusche. Ich federe über Feldwege – wieder Schotter – aber ausnahmsweise auch mal Waldboden, die Auftrittgeräusche sind lediglich ein kaum hörbares Matschen. Oder Quatschen? Sie kennen das Geräusch – es gibt keine Bezeichnung dafür. Ich schließe die Regenjacke bis hin zum Kinn und sofort stellt sich ein absurdes Wohnlichkeitsgefühl ein. Die Elemente werden ausgeschlossen, und sei es nur durch 0.2mm Goretexmembran. Es ist sofort warm und trocken – zumindest für die nächste Stunde bis einerseits das Gewebe stellenweise aufgibt und natürlich mein eigener Schweiß nicht so richtig zuverlässig abgeführt wird. Und das alles spielt sich auch nur oberhalb der Hüfte ab. Aber auf die Region kommt es schließlich an – wen stören schon nasse Beine. Körper und Geist konzentrieren sich immer auf das Wesentliche – und das sind Rumpf und Kopf, die Extremitäten sind im Überlebenswillen nicht zwangsläufig vorgesehen. Mein Rucksack schließt Wind und Wetter nach hinten aus, vorne strecke ich mein Kinn in den Regen, die Kappe hält die Feuchtigkeit von meinem Kopf, der Schirm sorgt dafür, dass Augen und Gesicht weitgehend trocken bleiben. So lässt es sich leben und ich marschiere an den Clausthal umgebenden Oberharzer Teichen vorbei, die ihre Existenz ebenfalls dem Bergbau verdanken und für den Betrieb von Pumpen gestaut wurden. Heute wären es wohl Wasserspeicher für Beschneiungsanlagen. Die Wasserqualität entspricht heute wohl auch wieder dem visuellen Hochgenuss – insbesondere während der tausend Jahre des Dritten Reiches war das aufgrund der in dieser Gegend angesiedelten riesigen Sprengstofffabrik nicht immer der Fall. Die ist inzwischen verfallen bzw. wurde von den Alliierten zwangsverfallen – also gesprengt. Warum immer alles gleich kaputt gemacht werden muss, frag ich mich ja auch. Nur wenig erinnert noch an diese düstere Zeit. Allerdings gibt noch immer ein hoch giftiges Klär- und Sammelbecken für die hier verklappten Schadstoffe, auch 75 Jahre später hat man also noch was von den tausend Jahren vorher.

Aber ich schweife ab.

Ich bin heute bereit, dem Harz noch eine zweite Chance zu geben – der Start ist zumindest vielversprechend. Die Wege sind zwar noch immer recht breit – aber immerhin ist die Kombination aus Wiesen, Wald und Seen eine Augenweide. Auch im Nebel.

Die Feuchtigkeit hängt schwer in den Bäumen und Gräsern, Nebel steigt aus den Seen auf, der Sprühregen sorgt für kaum Geräusche und auch keine Einschlagswellen auf dem Wasser, Bäche gurgeln die zusätzliche Feuchtigkeitszufuhr weg. Nur kurze Zeit dauert diese Idylle – dann stehe ich wieder auf einer Forstautobahn, neben mir haushohe Holzhaufen, der Boden übersät mit Rinden und Astabfällen, die die Waldarbeitsmaschinen hier hinterlassen haben. Die industrielle Holzindustrie geht nicht sonderlich ästhetisch mit der Natur um – wenn die Baumfällmaschinen einen Weg hinter sich gelassen haben, ist für einen Wanderer kaum noch die Möglichkeit, seinen Fuß auf ein Stück ebenen Bodens zu setzen. Also stapfe ich nach kurzer Zeit wieder eher frustriert durch den Wald und hoffe auf das Wunder eines einfachen Fußwegs. Der kommt dann doch noch bei meinem Abstieg Richtung Goslar – aber natürlich wieder nicht so, wie gedacht. Die Forststraße windet sich in kilometerlangen Schleifen zugegeben moderaten Gefälles – doch rechts bietet sich ein Waldweg, der steil aber gut gangbar eine Abkürzung von sicherlich 20 Minuten verspricht. Soweit die Theorie – aber ich gebe mich ihr willig hin. Hauptsache mal ein anderer Weg.

Sie ahnen was kommt.

Die doch recht ordentliche Steilheit mit 15 kg auf dem Rücken, Regen von oben und Schlamm unten verspricht recht schnell, ihre ganz eigene Dynamik zu entwickeln. Vorsichtig mache ich einen Schritt nach dem anderen, suche festen Tritt auf Nadeln und Grassoden. Pünktlich zur Hälfte des Abschnittes liegt dann ein Baum quer im Weg. Natürlich mit der Krone, nicht nur dem Stamm, einfach kann ja jeder. Und ich unterstelle dem Harzklub mal, dass er das Ding absichtlich nicht wegräumen lässt, um abschreckende Beispiele zu schaffen und die Wanderer auf den markierten Wegen zu halten.

Wobei Markierung und Harzklub...Mhmmm. Ne klar.

Nun gut. Umgehen geht nicht, weil es links und rechts des Weges zu steil ist – umkehren kommt nicht in Frage. Also mitten durch. Ich erspare Ihnen die Details – aber die 20 Minuten Zeitvorteil der Abkürzung gehen an diesem Baum zum Teufel. Dafür addieren sich zu meinen Blasen und Druckstellen an den Füßen ein paar Blessuren und Abschürfungen auf Armen und Beinen, weil 52 Jahre alte 189cm plus Rucksack eben doch nicht mehr so elegant durch das Astgewirr kommen, wie ich mir auf mich selbst einbilde. Ich hoffe, hier hängt keine Wildtierkamerafalle, die heute Abend die Förster zum Totlachen animiert. Aber irgendwie kämpfe ich mich durch die Äste und schaffe es ohne meine Jacke oder den Rucksack zu zerreißen, was jetzt nicht die Einfachste alle Übungen ist.

Das soll mir in meinem Alter erst mal einer nachmachen, denke ich stolz, als ich mich zum Weitergehen wende, passe vor lauter Selbstlob eine Sekunde lang nicht auf und liege auch schon in der gleichen wie ein Käfer auf dem Rücken. Bzw. auf Arsch und Rucksack. Das geht so schnell, dass ich nicht mal reagieren kann. Aua. Wo ich schonmal unten bin, bleibe ich also auch erstmal liegen und fluche ein bisschen vor mich hin, während ich im mich hineinhorche und Inventur mache. Keine großen Schmerzen, also nochmal gutgegangen. Natürlich bin ich mal wieder so richtig schön dreckig, war ja klar. Dann rapple ich mich auf, was mit dem Rucksack hinten gar nicht mal so einfach ist und eher ein rumrollen und damit noch mehr Dreck bedeutet, bevor ich mich über die Seite hochstemme. Ich addiere einen blauen Fleck am Hüftknochen zur Sengerschen Mängelliste. Und nach wenigen tapsigen Schritten auch noch ein Ziehen im rechten Bein – vermutlich hab ich mir vor lauter Eleganz beim Fallen noch was angezerrt. Doppelt vorsichtig klettere ich den Rest des Pfades nach unten, bis ich auf eine Kreuzung der alt bekannten Waldwege treffe, die ich im gleichen Moment beschließe, ab jetzt nicht mehr zu verlassen. Echt ehrlich. Abends komplettiert eine Zecke im Arm und ein Riss in der Hose die Einsicht, dass man im Harz doch bitteschön auf den ordentlichen Wegen bleiben sollte. Sowas stand auch sicher auf den Holzschildern am Nationalpark…hätte ich sie doch mal bloß gelesen.

Vorsichtig und noch etwas staksiger als an einem sonst üblichen Tagesende vervollständige ich die Distanz des Tages, passiere weitere aufgestaute Seen, das Weltkulturerbe Rammelsberg, ein riesiges ehemaliges Erzbergwerk, welches ich entgegen ursprünglicher Idee heute doch nicht besuchen werde und laufe am frühen Nachmittag in Goslar ein. Hier komme ich wieder voll auf meine Kosten – ich liebe diese kleinen Fachwerkgassen, das Kopfsteinpflaster, die uralten Häuser, die 7 oder mehr Generationen kommen und gehen gesehen haben. Die Kaiserpfalz, die an diesem Ort bereits über 1000 Jahre für die tadellose Bautradition Deutschlands steht – ein Umstand, der mit den heutigen Materialien wohl kaum mehr erreicht werden wird – oder können Sie Sich vorstellen, dass Ihr Haus aus Porenbeton so lange hält? Das zerbröselt 800 Jahre früher – spätestens.

FÜNFZEHN

Goslar – Wolfenbüttel – Warberg – Helmstedt

Die kommenden beiden Tage steht mit 70km Luftlinie zwei riesige Etappen an – nicht unbedingt, weil ich scharf darauf bin, schnell vorwärts zu kommen, oder es mal wieder allen zu zeigen, sondern weil in der Pampa zwischen Goslar und Wolfenbüttel und auch danach Richtung Helmstedt so viele Unterkünfte zu finden sind, wie am Nordpol. Genau. Also beiße ich in den sauren Apfel und gehe die Strecke in einem Zug. Also zweimal einem Zug, erst rund 40 und dann rund 33km

An dieser Stelle sei bemerkt, dass Etappen dieser Länge – falls Sie selbst planen: 30km Luftlinie entsprechen sicherlich 33-35km effektiv – kaum Spaß verbreiten und darüber hinaus absolut schlecht für die Physis sind. Je nach Ihrer individuellen Konstitution und dem Trainingszustand sind Füße in gut eingelaufenen Schuhen durchaus in der Lage, bis zu 30km gut und schadenfrei durchzuhalten, aber anschließend geht es absolut an die Substanz – und damit auch an die Fähigkeit, spätere Etappen gut zu meistern. Finden Sie gerne heraus, wo Ihre eigene Todes-Zone beginnt – und bedenken Sie, warum Fernwanderwege meist „nur" Tagesetappen zwischen 15 und 20 km durchschnittlich aufweisen. Läppisch, habe ich mir immer gedacht. Aber für die Krafterhaltung und natürlich auch den Spaß an der Tour sind das eher realistische Größen, die ich persönlich bei der Planung zukünftiger Wege – und damit auch dem Rest dieser Tour - berücksichtigen werde.

An diesem Tag aber eben erst mal 40.

Das Wetter ist gelinde gesagt, bescheiden und die Wettervorhersage auch – was immerhin die Gefahr bannt, dass ich vor lauter sonnigen Plätzchen und den damit verbundenen Pausen nicht vorwärtskomme. Wenn es kalt und nass ist, geht es sich auch schneller. Ich glaube den halben Weg, den Gesang der Sirenen (Dusche und warmes Zimmer/Bett) des nächsten Hotels zu hören und jedes Hinsetzen und Pausieren ist vor allem mal eine ziemlich kalte Angelegenheit oder bedarf umfangreicher Umziehaktionen, auf die ich überhaupt keinen Bock habe.

Also stapfe ich los.

Die Markierungen des E6 sind in Goslar schlicht nicht vorhanden – also gebe ich mir gar nicht erst die Mühe, die Zeichen zu suchen, sondern verlasse mich auf meine Navigationsapp. Interessanterweise sind auf diesem Teilabschnitt umfangreiche Markierungen zu finden - sobald man Goslar hinter sich gelassen hat – aber speziell an den Kreuzungen ist regelmäßig Raten angesagt – wer immer die Markierungshoheit hier innehat (ist es schon wieder der Harzklub??): es gäbe da durchaus etwas Luft nach oben.

Ich habe Goslars Stadtgrenze gerade hinter mir, als ich auf ein Pensionärsehepaar treffe, welches mich freundlich anspricht.

Was ich denn mit dem riesigen Rucksack vorhätte.

Ich bin Fernwanderer Richtung Ostsee.

Und wo wollen Sie heute hin?

Nach Wolfenbüttel.

Also sowas hätten Sie ja noch nie gesehen.

Sowas wie mich?

Nein, nein, einen Wanderer. Sie würden hier seit 15 Jahren spazieren gehen, aber einen Wanderer hätten sie noch nie getroffen.

Ich wende ein, dass hier der E6 verläuft – also immerhin eine der wesentlichen Wanderfernstrecken in Deutschland – wenn nicht Europa.

Ja, das möge wohl sein, aber wandern würde hier sonst niemand, das hätten sie sicher bemerkt.

Es folgt eine kurze Unterhaltung, in der ich von dem gebürtigen Wolfenbüttler aufgeklärt werde, was es dort Interessantes zu sehen gibt, gefolgt von einem kurzen Sprint durch die Geschichte im Allgemeinen und die Welfen im Besonderen. Er ist offensichtlich historisch interessiert. Es folgt die Empfehlung unbedingt die Bibliotheca Augusta zu besuchen, die über 1 Million Dokumente beherbergen würde. Ich gebe zu bedenken, dass ich nicht so ganz viel Zeit in Wolfenbüttel eingeplant hätte, und das ja schon recht viele Bücher für einen Abend wären, was ihn aber nur anspornt, ein paar alternative Ideen auszubreiten.

Seine Frau springt mir aber rettend zur Seite und nimmt mir das Versprechen ab, zumindest Klein-Venedig anzusehen, das würde schnell gehen.

Ich verspreche es und wende mich langsam zum Weitergehen – die beiden wünschen mir von Herzen viel Glück und vor allem Gesundheit. Gesundheit wäre so wichtig – anscheinend mache ich aufgrund des Wetters doch einen etwas mitgenommenen Eindruck.

Ich bin bereits 25m weiter, als ich hinter mir einen Ruf höre und mich nochmal umdrehe. Er kommt winkend hinter mir hergelaufen und ich checke an mir, ob ich vielleicht irgendetwas vergessen haben könnte. Nichts. Ich gehe also wieder zurück und dem aufgeregten Mann entgegen.

Wenn Sie in Schladen vorbeikommen, sprudelt es aus ihm heraus (wir hatten darüber gesprochen, wo der E6 entlangläuft), machen Sie doch einen Abstecher zur Pfalz in Werla. Das wäre mal eine Hochburg der Kaiser gewesen und ein wirklich interessanter Ausflug.

Ich bedanke mich herzlich und verspreche, auch dies zu erwägen.

Sichtlich glücklich und zufrieden winkt er ein letztes Mal und wendet sich ab.

Ich schaue mir das Ganze am Abend im Internet an – der Abstecher sind 3km zusätzlich – one way.

Heute ist leider auf Kultur geschissen.

Der Weg verläuft einigermaßen abwechslungsreich durch den Tag – bis ich die A24 unterquere und den Oderwald betrete, der immerhin rund 10km Durchmesser aufweist und vom E6 in seiner gesamten Länge von Süd nach Nord komplett durchquert wird. Ich bin dringend pausenbedürftig und verspreche mir, an der ersten Bank eine Pause einzulegen. Nur noch ein kleines Stück, dann kommt sie sicherlich. Also ganz sicher. Sich irgendwo in die nasse Gegend zu setzen macht einfach keinen Spaß – also noch ein kleines Stück. Und diese Bank – kommt nicht.

Sie kommt nicht an der ersten größeren Wegekreuzung und auch nicht der nächsten oder der übernächsten. Heute weiß ich, sie kommt überhaupt nicht – in diesem Wald steht keine einzige Bank, geschweige denn eine Schutzhütte oder eine überdachter Picknickplatz. Das ist niederschmetternd – so albern das jetzt vielleicht klingt. Ich bin sicherlich nicht der Meinung, dass man jeden Wald und alles Feld mit Freizeiteinrichtungen pflastern sollte – aber wenn man letztlich die Idee eines Fernwanderweges ernst nimmt und die Menschen animieren möchte, ihren Arsch hochzukriegen, wird das wohl eher mit etwas positiver Motivation gelingen als mittels Verordnung von Spaß. Auf 10 oder mehr Kilometern keine Möglichkeit zu bieten, sich wenigstens mal hinzusetzen, ist wohl eher wenig zielführend. Da hilft auch der Geo-Kunde Weg, der sich durch Teile des Waldes schlängelt nur bedingt. Die Lehr-Stationen sind sichtbar. Schön angelegt mit Holzabsperrung um das Volk vom seltenen Karstgestein abzuhalten, jeweils mit riesiger Infotafel und – keiner Sitzgelegenheit. Hmm.

So wird das nix, liebe Anrainer.

Nach 8 Stunden und viel zu wenig Pausen humple ich abends um 5 in Wolfenbüttel ein und betrete das Hotel, wo ich von einer Angestellten etwas irritiert beobachtet werde, wie ich meinen Rucksack vom Rücken wuchte und auf einen ihrer Designer-Loungemöbel werfe. Mit leisen aber deutlich hörbaren Schmatzgeräuschen meiner Schuhe trete ich an Ihren Tresen. Sie entschließt sich zur Professionalität und setzt Ihr freundliches Gesicht auf.

„Schönen guten Tag, Kann ich Ihnen helfen?"

„Ja können Sie. Guten Tag. Senger der Name, Sie müssten eine Reservierung für mich haben."

„Ah, Herr Senger. Na da haben wir Sie ja schon. Schön, dass Sie da sind - hatten Sie eine gute Anreise?"

Ich schaue an mir herunter. Schlammige Hose, völlig durchnässte Schuhe, die Regenjacke hat vor 2 Stunden aufgegeben.

„War ganz ok." lüge ich.

„Ach das ist ja schön. Unseren Parkplatz haben Sie bereits gefunden?"

Jetzt ist es an mir, irritiert zu sein. „Parkplatz? Der ist vermutlich hinterm Haus – aber ich bin zu Fuß da."

„Oh, natürlich. Nun, wir hätten Sie doch auch vom Bahnhof abholen können."

Der Bahnhof ist keine 300m entfernt. Wie glaubt sie, bin ich auf dieser Strecke in den Matsch gefallen?

„Auch dem in Goslar?"

Fröhliches Lachen. „Na, der ist ja nun doch ein bisschen weit, nicht wahr?"

„Ja ziemlich."

„Naja, nächstes Mal sagen Sie einfach vorher Bescheid, dann steht unser Shuttle HIER am Bahnhof und gabelt sie auf." Offensichtlich ist auch hier bisher noch kein Weitwanderer aufgetaucht. Ich muss an das Ehepaar von heute Morgen denken.

„Ich brauch dann bitte nur noch Ihre Unterschrift hier auf dem Anmeldeformular." Sie schiebt mir das Papier hin.

Ich zittere ihr eine Unterschrift hin. Oder sowas ähnliches. Kaum zu glauben, wie sich 40km auf die eigene Unterschrift auswirken. Ich muss unwillkürlich an die graphologische Analyse von Napoleons Unterschrift vor und nach Waterloo danken. Vorher schwungvoll, selbstsicher, elegant – eben ganz Chef. Hinterher...nun ja. Hingeschissen könnte man wohl treffend dazu sagen. Ob das auch aus Gründen der Kraft oder Kälte war, wie jetzt gerade bei mir, weiß ich natürlich nicht. Ich muss mal die Graphologen fragen.

Als Höhepunkt des Eincheckvorganges tropfe ich Ihr – vorgebeugt zum Unterschreiben – von der Kappe direkt auf das Aufnahmeformular. Knapp an ihr vorbei.

Sie findet auch das richtig lustig.

„Ist mir gar nicht aufgefallen, dass es draußen so doll regnet. Auf dem kurzen Weg vom Bahnhof bis hier so nass geworden. Na, jetzt sind Sie ja im Trockenen. Zimmer 23, dort den Gang entlang. Ich wünsche Ihnen einen schönen Aufenthalt."

Ironischerweise wird mich booking.com morgen auch noch nach meiner Zufriedenheit mit dem Eincheckvorgang befragen. Immerhin war sie sehr freundlich – aber volle Punktzahl? Ich weiß noch nicht so recht.

Der Regen des Vortages hat sich verzogen und einem recht stabilen Hochdrucksystem Platz gemacht – so der Wetterbericht. Die Temperaturen der kommenden Tage pendeln sich um die 17 Grad ein, was zum Wandern in Kombination mit der Sonne eigentlich eine ganz angenehme Sache ist. Da fällt die Klamottenauswahl auch leicht – die Hose bleibt lang und oben kann ich die T-Shirt-Option gleich vergessen. Dicke langärmlige Unterwäsche – Verzeihung: Base Layer heißt das jetzt - und meine Lieblings-Windstopperweste oben drüber. Das reicht locker, wenn die Sonne scheint. Der Wind reißt allerdings Löcher in mein tolles Konzept – weniger am Windstopper aber drüber, daneben und drunter tut der Windchill manchmal richtig weh. Aber für noch ne Jacke ist es wiederum zu warm. Ich brauche dringend ein Teil mit dünnem Stoff am Körper aber dicken Armen.

Ich bin nun endgültig im Norden angekommen. Nicht allein die Landschaft hat sich nach den letzten Ausläufern des Harzes verändert, und ist jetzt weiter, lichter, fernsichtiger, flacher sondern auch die Wetterbedingungen. Wind gehört ab jetzt jederzeit zum Programm. In verschiedener Stärke – windig, sehr windig oder richtig windig – aber ständig. Und interessanterweise auch ständig von vorne.

Er wird mich die kommenden Tage stetig begleiten, was die Geräuschkulisse in der Natur nachhaltig beeinflusst. Einerseits rauschen Blätter und Bäume ungleich lauter, manchmal so sehr, dass ich mich unvermittelt umdrehe, weil ich Autos hinter mir wähne – in der Nähe einer Bahnstrecke verwechsle ich starke Böen mit einem nahenden ICE, von dem weit und breit nichts zu sehen ist. Bei einer kleinen Nebenstrecke ohne Elektrifizierung auch eher unwahrscheinlich. Aber ich hätte schwören können....

Die Vogellaute sind dagegen deutlich in den Hintergrund getreten – schade eigentlich – übertönt wird alles von einem ständigen Sausen an oder in den Ohren, nur zu unterbinden, wenn ich den Kopf drehe. Aber wer will schon immer nach links sehen, wenn er geradeaus läuft. Also dran gewöhnen.

Nur im Wald hat sich fast nichts verändert. Mag der Wind über den Wipfel tosen und manchmal auch in die Baumkronen fahren, mehr als ein leichtes Wehen kommt am Boden nicht an. Zusätzlich nur quietschen, ächzen und knirschen viele Bäume in ihrem hin- und herschwanken. Umso heimeliger fühlt es sich an, hier unterwegs zu sein. Der Wald schützt, schirmt ab, schafft Behaglichkeit. Der Windchill entfällt und sofort ist mir ein paar Grade wärmer - in den Sonnenflecken ist es geradezu tropisch. Ich will eigentlich gar nicht wieder raus - zum Glück geht der Weg auch heute wieder längs durch einen Forst. Im Vergleich zum Oderwald gestern ist dieser aber erschlossen.

Ich bin unterwegs im Elm, dem markanten Höhenzug zwischen Braunschweig, Helmstedt und Schöningen, von dem kaum ein Süddeutscher jemals was gehört hat, obwohl hier erstaunliche Sehenswürdigkeit beheimatet sind. Ich nenne nur mal den Kaiserdom und die Pfalz von Königslutter, ein Ort von erhabener Schönheit vergangener Monarchen. Mit der für einen Bayern lächerlichen Höhe von knapp über 100m an seinem höchsten Punkt ist dieses Gebiet fast komplett bewaldet, lediglich von ein paar Bundesstraßen durchzogen und ringsum fällt das Ganze um etwa 50m ab – für den wortwörtlichen Flachlandtiroler also ein nahezu unüberwindbares Hindernis. Dementsprechend leer ist es auf den Zuwegen in den Elm – die örtliche Bevölkerung vermeidet den mühsamen Aufstieg und fährt gleich rein. Um dann auf den „oben" gelegenen Wanderparkplätzen unter sich im Stau zu stehen. Am größten, weil am zentralen Weg gelegen, komme ich vorbei. Schon von weiten sind die Motorräder und Ferraris zu hören, die an diesem Sonntag auch mal raus in die Natur dürfen. Wie immer hinken wir den USA, wo der freizeitbewusste Mensch grundsätzlich einen Motor - diesen dann aber in jeder erdenklichen Form - unter dem Hintern haben muss, um Spaß zu empfinden, ordentlich hinterher und übernehmen auch diesen Trend – wenn er nicht schon längst angekommen ist. Und so staut sich die Karawane bereits bis weit auf der Bundesstraße, um auf den Parkplatz des Ausflugslokales einbiegen zu können. Ich brauche ein paar Minuten, um angesichts der vielen Blechkarossen, die allesamt nicht bereit sind, ihr eingebautes Vorfahrtsrecht auch nur für ein paar Sekunden aufzugeben, über die Straße zu kommen. Im gleichen Moment gebe ich auch die Idee auf, hier eine kurze Pause einzulegen. Dem Massenandrang an der örtlichen Ausflugslokalität entkomme ich lieber gleich wieder und kaue ein paar Meter später meine Brotzeit anstatt einer Portion Pommes.

Konsequent – blöd, Herr Senger Und ich hatte so eine Lust drauf.

Wie üblich bei solchen Verkehrstechnisch günstig gelegenen Punkten, die vielen eher nicht so sportlich veranlagten Mitbürgern eine Freizeitgestaltung in Wanderform zumindest ansatzweise ermöglicht, wird das Angebot eher sporadisch angenommen. Sprich, mir kommen in maximalem Abstand von 1 km zur Kneipe noch ein paar Gruppen entgegen – die meisten junge Familien mit mehr oder weniger genervten Kindern, die mit der Aussicht auf Eis oder Kaiserschmarrn in den Wald gelockt wurden und erst am Wendepunkt erfahren mussten, dass die einzige Eisdiele die da vorne ist, wo Papa das Auto geparkt hat. Jetzt müsst Ihr leider den ganzen Weg zurück, das tut uns total leid, ihr beiden. Aber zur Belohnung gibt's da ganz sicher einen Germknödel. Echt jetzt.

Haben wir mit unseren schließlich auch so gemacht.

Als letztes kommt mir noch ein Seniorenehepaar entgegen. Sie hat erkennbar Probleme beim Gehen, langsam und bedächtig setzt sie einen Schritt vor den anderen, beißt aber die Zähne zusammen und lässt sich nichts anmerken. Erst beim Näherkommen erkenne ich, dass sie weit über 80 sein muss. Wieder die Frage nach dem Wohin und Woher, die ich pflichtgemäß beantworte.

Sie hebt den Daumen. „Das finde ich toll, was Sie da vorhaben. Ganz prima. Wir sind früher auch so viel gewandert, nach dem Krieg und auch noch später. Das war immer eine wunderbare, freie Zeit, wissen Sie? Die wünsche ich Ihnen auch - einen guten Weg für sie."

Lächelt mich an und dreht sich um, die 500m zurück zum Parkplatz auf sich zu nehmen – für sie wohl eine gewaltige Strapaze, bei der ihr ihr kaum jüngerer Partner hilft. Sie haken sich unter und entfernen sich langsam und bedächtig. Zurück bleibt der Eindruck, in diesen wenigen Sekunden außergewöhnliche Menschen getroffen zu haben. Warum auch immer. Danach ist wieder Stille im Wald und ich setze mich für eine Pause.

Das Blöde an einer Pause ist das, was danach kommt.

So wie am ersten Tag nach einem Urlaub, wenn man mit zitternden Fingern sein Outlook wieder anschaltet und kurz darauf zu der Überzeugung gelangt, dass die sofortige Kündigung das einzige geeignete Mittel für die Situation ist, weil 563 ungelesene Nachrichten schlicht nicht zu schaffen sind. Die ersten Schritte nach dem Break sind die absolute Hölle. Füße brauchen beim Gehen die Konstanz und den Gleichmut der Bewegung über Stunden und Kilometer. Weitwandern ohne schmerzende untere Extremitäten gibt's nicht – aber ich muss halt im Flow bleiben. Panta rei. So schön und nötig die Pausen sind, so extrem die ersten Schritte danach. Nach jeder Pause sehe ich aus, wie alle Hauptakteure in „The Living Dead" zusammen. Ich stehe mühsam auf. Packe mein Zeug wieder ein und wuchte das Gerät auf den Rücken. Gurte festziehen, Sitz prüfen. Hals drehen und entsperren. Die Sekunden genießen, in denen das Leben noch schön ist, weil beide Beine fest auf dem Boden stehen und ich noch regungslos verharren und den Vögeln lauschen kann. Dann ist es soweit. Kurzer Check auf die Navi App und die nächsten Abzweigungen einprägen. Handy verstauen. Und dann geht's los.

Der erste Schritt.

Ich humple in Zeitlupengeschwindigkeit los, Auftreten mit einem kompletten Fuß unmöglich. Gewichtsverteilung von links nach rechts. Mal nur die Zehenspitzen belasten, dann Ferse, rechter Rand und das Ganze wieder von vorne. Die Knie protestieren mit Knirschen, die Oberschenkel brennen. Ich bin überzeugt, dass mein Trip zuende ist – ich schaffe hier keine hundert Meter mehr. Und wenn dann dauern sie eine Stunde. Das wars. Ende. Aus. Amen.

Die lädierte linke Ferse pumpt und sendet mit jedem Schritt heftige Protestimpulse an mein Schmerzzentrum, der Schuh ist eindeutig enger geworden. Die zugeklebten Blasen am rechten Vorderfuß sind in der Pause anscheinend wieder aufgequollen und es fühlt sich an, als ob ich auf rohem Fleisch gehe. In Zeitlupe, Schmerzlaute durch die Zähne pressend bewege ich mich vorwärts. Schritt für Schritt für Schritt. Geschmeidig sieht anders aus – eckig, unrund, arthritisch sind eher zutreffende Adjektive. Zum Glück nur sieht mich hier keiner – jeder Zuschauer würde mir sofort zu Hilfe eilen, mir den Rucksack vom Rücken reißen, stabile Seitenlage verordnen und umgehend den Notarzt rufen. Nach den ersten 100 wackligen Schritten wird es langsam leichter. Die Füße rutschen zurück in das Bett der letzten 30 Wandertage und stellen sich darauf ein, ihren Widerstand aufzugeben. Langsam aber immerhin. Das Gestell, welches sich schon über eine neue Freiheit gefreut hatte, nimmt widerstrebend den rhythmischen Gang wieder auf, der Rucksack wird von den Schultern unter Murren als zugehörig akzeptiert. Während ich mich eben noch auf meine stechenden Schmerzen konzentrieren muss, um in die Schritte hineinzukommen, läuft die Automatisierung des Bewegungsablaufes nach dem Reboot wieder hoch. Nach 10 gefühlt endlosen Minuten ist es, als ob nie was gewesen wäre. Die Maschine läuft wieder, die nächsten 5 Kilometer können kommen. Bis zur nächsten Pause, wenn das Ganze wieder von vorne losgeht.

Nach ein paar weiteren Kilometern und dem erneuten misslichen Versuch einer Abkürzung – fragen Sie bitte erst gar nicht – erreiche ich den Waldrand und mein Freund der Wind ist wieder da. Obwohl ich Richtung Osten gehe, kommt er von vorne, was bei uns ja eher die Ausnahme ist.

Ich drehe mich um und mache die Gegenprobe. Wieder von vorne.

Ich hab's immer gewusst.

Wenn es eine feste Regel beim Wandern – wie auch beim Radeln – gibt, dann diese: Wind kommt immer von vorne. Wenn Sie das als unabänderliche Tatsache verinnerlicht haben, geht's Ihnen bei Ihrem nächsten Wanderprojekt sicherlich besser.

Ich bringe die letzten Meter des Tags hinter mich, der Wind hat endgültig die letzten Wolken vertrieben und in strahlender Abendsonne laufe ich in Warberg ein, wo ich heute eine Burg beziehen werde. Zumindest eine Nacht mal unter alten Eichenbalken schlummern. Nie wieder zweimal über 35 Kilometer an zwei Tagen.

Never ever. Not ever.

SECHZEHN

Warberg - Helmstedt – Öbisfelde - Gardelegen

Die zweite heftige Etappe habe ich erstaunlich souverän weggesteckt, anscheinend bekomme ich wirklich langsam Übung in dieser Wandersache. Ich kann sogar noch einigermaßen normal gehen.

Nach Morgentoilette und Frühstück begebe ich mich in den Burghof und erledige meine Wandervorbereitungen in der Morgensonne. Burg Warberg beherbergt ein Weiterbildungszentrum des Landes Niedersachsen und lebt insbesondere von Tagungen und größeren Feiern. Wanderer oder einzelne Gäste sind die absolute Ausnahme und so habe ich mir die verfügbaren 50 Zimmer mit zwei anderen Personen teilen können. Also statistisch gesehen. Damit ist die Burg aber mit allem ausgestattet, was der anspruchsvolle Tagungsgast erwartet. Bar, Raucherecken, Spiel und Spannung und Teambuildingmöglichkeiten und ein schönes Ambiente. Nicht zuletzt in Form eines schönen Innenhofes, der mit Loungemöbeln ausgestattet den Gast mit seinem Bier oder Rotwein aufnimmt. Oder eben auch mich bei letzten Rucksackchecks. Umso schwerer fällt das Losgehen. Es ist schon jetzt angenehm warm und in der Sonne lässt es sich ganz wunderbar aushalten. Ich erwäge kurz einen faulen Pausentag. Und gebe mir dann einen Ruck und stemme mich hoch. Los geht es.

Ich schlendere – wenn man das langsame bedächtige Gehen mit Rucksack so nennen will - noch einmal um die Burg, mache ein paar Fotos in der Morgensonne, bevor ich dann meinen Weg nach Norden suche – er führt direkt einmal durch Warberg. Ein paar Mal links und rechts und ich nähere mich dem Ortsausgang als sich plötzlich etwas vor mir die Tür eines Einfamilienhauses öffnet und eine ältere Dame heraustritt. Sie schließt hinter sich ab und macht sich daran, die drei Stufen zum Eingang hinabzuklettern, was ihr sichtlich Mühe bereitet. Bei Näherkommen hat sie die 80 sicherlich weit überschritten. Wir begegnen uns, als sie die Eingangspforte zu ihrem Garten öffnet und ich vorbeigehe und sie mich bemerkt.

„Oha, ein Wanderer!"

Ich wünsche Ihr einen guten Morgen.

„Na, wo wollen Sie denn hin?"

„Jetzt erst mal nach Helmstedt. Und dann sehe ich weiter."

„Soll ich Sie mitnehmen?"

Ich bin so überrascht, dass mir ein lautes Lachen und gleichzeitig ein „nein, wirklich nicht" entfährt. Das war jetzt aber völlig unfreundlich, schließlich macht sie mir hier ein überaus nettes und gar nicht selbstverständliches Angebot.

Schnell schiebe ich ein „Ich mach das hier freiwillig, wissen Sie?" hinterher und lächle sie an.

Auch falsch…bedank Dich gefälligst Du Idiot! Aber bevor ich meine Defizite in Konversation korrigieren kann, zuckt sie auch schon mit den Schultern, dreht ab zu ihrer Garage und wünscht mir über die Schulter noch einen guten Weg. 32. Tag bis zum ersten Angebot, mich mitzunehmen. Ich muss lächeln, während ich weitergehe. 500m später fährt sie mit heulendem Motor und bereits deutlich überhöhter Geschwindigkeit an mir vorbei, die Hand zum Gruß gehoben. 75km/h innerorts würde ich mal tippen.

Polo GTI.

Ich betrete wieder ehemalige Grenzrandgebiete. Die kommenden Etappen tauchen mich tief ein in meine eigentlich erfolgreich verdrängte Kindheit. Ich laufe durch Orte und Gegenden, die wohl in jedem Berliner der Teilung noch

Erinnerungen ins Gedächtnis rufen werden, waren Sie doch tief und unverrückbar verbunden mit dem, was es hieß, in West-Berlin zu wohnen und groß zu werden. Der Ort Helmstedt – oder Marienborn auf der ostdeutschen Seite – ist in meinem Hirn zwangsassoziiert mit teilweise langem Warten im Auto in mehreren Linien, laufende Motoren, Hitze, Unsicherheit, Nervosität. Nur um irgendwo einem mürrischen Typen in Uniform in einer kleinen Blechhütte übertrieben freundlich unsere Pässe auszuhändigen, zwei gelangweilte und völlig lächerliche Fragen wie „haben Sie Waffen im Auto" ausgesucht freundlich zu verneinen und dann vor gewunken zu werden. Rechts ein abgedecktes Transportlaufband, auf dem unsere Dokumente uns überholten. Und 50m später noch eine Blechhütte – die allerdings etwas größer und weitläufig überdacht – in der ein anderer nicht weniger gelangweilter Klon in gleicher Uniform, gleichem Haarschnitt und gleichem ausdruckslosen Gesicht jeden Pass aufklappte, teilweise unter Nennung des Namens nach dem abgebildeten Menschen im Auto suchte – wir Kinder auf der Rückbank mussten uns dann immer brav vorbeugen - und üblicherweise mit einem unverständlichen Grunzen, was wohl sowas wie „Gute Fahrt" geheißen haben könnte, die Pässe aushändigte und mit einer Handbewegung bedeutete, gefälligst aus seinen Augen zu fahren. Und zwar pronto. Mein Vater fuhr an, meine Mutter checkte so schnell wie möglich ob die Pässe komplett waren – was natürlich jedes Mal der Fall war – und die Erleichterung im Wagen war groß. Uhrencheck – ah heute gings schnell, nur 25 Minuten.

Irgendwann in späteren Jahren, als sowohl die Grenzer als auch der ganze Transitprozess immer entspannter wurde, schoben wir und zunehmend mehr andere Berliner den Wagen schrittweise auf den zig Spuren vorwärts, und sei es nur um uns die Zeit zu vertreiben. Rechtlich gesehen waren wir ja bereits auf dem Hoheitsgebiet der Deutschen Demokratischen Republik – die solche Aktionen nicht immer besonders mochte. Aber Umweltschutz ist ja auch international und irgendwann wars egal.

Aber das war eher in Berlin, wo wir grundsätzlich tagsüber das Land verließen – während wir in Helmstedt, Hirschberg oder Herleshausen, den drei uns geläufigen Grenzübergängen auf der Westseite, üblicherweise abends ankamen, sonnengebräunt und aufgekratzt nach einem Urlaub, zurück nach Berlin am letzten Tag der Ferien, zusammen mit hunderten anderen Berliner Autos, die den gleichen Trip machten. Orange Beleuchtung, Überwachungstürme, Zäune und Mauern – auch für uns Kleine hatte das Ambiente einen geheimnisvollen, aber nicht wirklich schönen Nimbus. Wenn zu allem noch geräuschschluckender Nebel kam – an den ich mich interessanterweise noch deutlich erinnern kann, obwohl es sicher nur selten diese Konstellation hatte - dann wich die Spannung einer unwirklichen Bedrückung, dass das hier der Eingang zu etwas ganz Fiesem wäre. Die zuverlässig unfreundlichen Männer in ihren Uniformen, noch schlimmer und unfreundlicher waren tatsächlich die weiblichen Exemplare, irgendwo bellende Hunde und über allem sofort der ätzende Geruch der Braunkohlemeiler, der für mich untrennbar zur DDR gehörte wie der nicht minder fürchterliche Akzent der Bewohner damals. Zusätzlich zu dem äußerlichen sicht- und riechbaren Arrangement herrschte im Auto meist eine diffusnervöse Spannung, die meine Eltern verbreiteten, sobald wir uns auch nur der Grenze näherten. Meine Mutter sammelte und checkte zum x-ten Mal unsere Pässe, die Gespräche oder das Raten von Autokennzeichen stoppte und wich Stille im Auto. Wenn wir Kinder es nicht sofort kapierten, erhielten wir einen der seltenen Anraunzer von unserer Mutter – das Autoradio wurde zum Schweigen gebracht - und mein Vater erschien plötzlich dünnhäutig und gar nicht mehr lustig. Dann die westdeutsche Grenze, an der man ohnehin meistens durchgewunken wurde und die bange Hoffnung, dass der Autoandrang heute bitte übersichtlich und damit die Wartezeit nur kurz wäre. Die Auswahl der kürzesten oder schnellsten Schlange, links, nein die, nimm die, nein die andere. Das Resultat versagte zuverlässig – rechts oder links waren sie immer besser dran. Das Vorkriechen zum ersten Kontrollhäuschen, gespannt nervöse Ruhe auch bei uns Kindern, die wir die ganze Geschichte ohnehin nicht so recht blickten – wobei uns auch irgendwie klar war, dass das hier kein Spaß war. Nicht unbedingt richtig gefährlich, aber trotzdem irgendwie bedrückend und latent nicht einschätzbar.

Erst recht, nachdem wir irgendwann einmal ohne ersichtliche Grund an der Grenze in Berlin heraus gewunken wurden und unsere Autofahrt in die Ferien mit ein paar Stunden Wartezeit in sengenden Sonne begann, unterbrochen nur von Grenzbeamten, die erst unseren Vater und dann die Mutter in einen „Verhörraum" ausliehen, sie mit ein paar unzusammenhängenden und nicht nachvollziehbaren Fragen malträtierten und uns irgendwann dann doch passieren ließen, weil sie anscheinend die Falschen ausgesucht hatten. Was auf der DDR- Seite wohl ein schlichter bürokratischer Fehler war, verursachte auf der Seite meiner Familie zunächst völlig verkorkste Ferien, weil mein Vater – geboren in Magdeburg - einige Tage brauchte, um sich von dem Schock der plötzlichen hilflosen Situation und seinen Nachwirkungen wieder zu erholen. Er sah in diesen Minuten an der Grenze wohl bereits sein gesamtes aufgebautes Leben in Berlin in Trümmern und sich selbst als Republikflüchtling – der er eigentlich nicht war, Magdeburg hatte er schon als Kind im Krieg verlassen müssen – in einer Zelle in Bautzen. Mitsamt der Familie in Sippenhaft – beides eine völlig abwegige Angst, schließlich waren wir alle Westdeutsche mit Pass und allem Drum und Dran und konnten nicht einfach hopsgenommen werden. Diese Souveränität in der Einschätzung der Situation benötigt aber den Abstand einiger Jahre und 800km Distanz vom Ort des Geschehens – und damals ging meinen Eltern der Arsch auf Grundeis.

Geblieben war uns allen für immer eine dumpfe und ungreifbare Bedrücktheit oder sogar Furcht, wenn wir uns einer der Transitgrenzübergänge näherten. Helmstedt stand seit jeher für Grenze-Auto und nichts weiter. Öbisfelde für Grenze-Zug – noch weniger greifbar – fuhren wir doch so gut wie nie mit der Bahn.

Umso absichtlicher und gespannter habe ich meine Route entlang dieser beiden Orte gelegt. Ich möchte mit den Namen ab jetzt eine Altstadt, ein Hotel, eine Sehenswürdigkeit verbinden. Ein Eis in der Sonne oder eine Pizza in der Fußgängerzone.

Zunächst sind es aber einige Kilometer Schotter, die zwischen Warberg und einem Helmstedt-Eis liegen. Ich kann einem Wanderweg folgen, der verschiedene Punkte zwischen Elm und dem weiter nördlich gelegenen Flechtinger Höhenzug miteinander verbindet. Der Weg ist recht unspektakulär, bis ich eine Bahnlinie überquere und an ein paar alten Häusern mitten im Wald ankomme. Ein Schild klärt mich auf, dass hier vor hundert Jahren eine recht ansehnliche Kohlen-Zeche stand, neben produktionsrelevanten und Verwaltungsgebäuden unter anderem ein mehrgleisiger Bahnhof, um das schwarze Gold in die nahen Stahlwerke in Salzgitter oder Wolfsburg zu bekommen. Ein messerscharfes Schwarz-Weiß-Foto aus dem Jahr 1928 zeigt die Belegschaft. Geschwärzte Gesichter, Ihre Werkzeuge geschultert oder darauf gelehnt, einige mit der damals wohl üblichen krummen Pfeife im Mund. Ausschließlich Männer, stolze Blicke, einige grinsende Gesichter obwohl es wohl kaum viel zu lachen gab im Bergbaubusiness. Die vorderste Reihe liegt, danach knien, sitzen und stehen sie in mehreren Reihen um alle ins Bild zu bekommen. Gruppenfotos werden wohl auch in 200 Jahren noch nach der gleichen Systematik gemacht. Lange betrachte ich das Bild – versuche mir Gesichter oder Typen einzuprägen. Vergleiche es in Gedanken mit Bildern aus meiner Bundeswehrzeit – ähnlich stolz und blöd sahen wir aus. G3 statt Hacke,

Stahl- statt Blechhelm. Die Gesichter schwarz und grün geschminkt eine durchaus greifbare Ähnlichkeit zu den Kohlenstaubgesichtern auf dem Foto. Alle müssen inzwischen längst verstorben sein, zurück zum Staub. Das Foto ein letztes übrig gebliebenes Andenken an 123 unterschiedliche Leben. Familien, Kinder, Freude und Leid. Gegründete Dynastien oder einsames Sterben. Viele vermutlich im Krieg geblieben.

Was wird wohl von mir übrigbleiben? Naja, jetzt ja mal zumindest ein Buch.

Tschaka.

Ich reiße mich los und gehe die letzten 5 Kilometer nach Helmstedt. Betrete die Innenstadt und Fußgängerzone. Ersetze Grenzgebäude durch Kirchen und oranges Licht durch warme Sonnenstrahlen. Esse ein Eis im Schatten des Domes. Es gibt ein Museum der Teilung, welches ich auslasse.

Und gehe einen Tag später einfach weiter mit neuen Erinnerungen. Nur wenn Sie heute Helmstedt zu mir sagen, ist es wieder da. Grenze. Mist aber auch.

Es folgen norddeutscher Kiefernwald, Wiesen, Felder, Äcker. Naja.

In Öbisfelde werde ich schon am Ortseingang mit der Historie überschüttet. Das übliche Teilungsschild an der Bundesstraße sehe ich nicht zum ersten Mal – auch hier mahnt es unserer Vergangenheit. Daneben eine Skizze der Sicherungsanlagen, die Öbisfelde damals fest umschlossen – der Ort war zu grenznah für ein normales Leben. Umso mehr kämpft er heute darum, aus dieser Randlage zu entkommen. Wolfsburg ist nah – VW dominiert hier alles inklusive der Abfahrtstafel der Bushaltestelle. Shuttle ins Werk getaktet nach den Schichtplänen. Damals war hier Grenzbahnhof mit Lokwechsel auf die russischen Taigatrommeln, die Sie vielleicht als ebenfalls Berliner oder

Ostdeutscher an dem typischen Sound erkennen können, auch wenn Sie grade aus dem Schlaf geholt werden. Kontrolle und all das andere Pipapo verschlangen immer unselig viele Minuten und benötigten Platz – die Bahnanlagen sind immer noch weitläufig und vielspurig – allerdings sind nur noch wenige Schienen in Benutzung und der Bahnhof ebenso verwaist wie das in hunderten anderen zu kleinen Orten Deutschlands der Fall ist.

Öbisfelde hat bereits einiges an Aufbauarbeit geleistet. Die Burganlage – eine Sumpfburg, was immer das genau sein mag – ist bestens in Schuss. Die Stadtmauer ist zu erahnen und die Innenstadt hat sich bereits in Teilen herausgeputzt. Die großen Kirchen stehen stolz – auch wenn eine aus Kostengründen geschlossen und nur auf Anfrage zu besichtigen ist. Das Hotel am Markt ist ein Kleinod aller Herbergen, in denen ich unterkomme. Nagelneu renoviert und ausgebaut, mit einem wundervoll ruhigen Innenhof, der so auch in der Toskana beheimatet sein könnte, und in dem ich den Tag mit den kulinarischen Highlights des Ortes ausklingen lasse. Aufgrund eines fehlenden Restaurants muss der Bedarf zwar aus der lokalen Dönerbude in Kombination mit einem Supermarktbesuch gedeckt werden – aber Hammer in der Abendsonne zu sitzen und dieses Riesending zu killen.

Der folgende Tag bringt wieder echte Wanderlangeweile. Die Wege ziehen sich kilometerlang geradeaus durch vertrocknete Kiefernwälder. Monoton immer das Gleiche. Unten nix, oben eine dürre Krone, dazwischen dicke Streichhölzer, die sich im Wind hin und her biegen. Nach dem zu heißen und zu langen Sommer völlig ausgetrocknet. Ich bin in Sachsen-Anhalt und man merkt auch 30 Jahre nach der Wiedervereinigung, dass die Bewirtschaftung der Wälder und Landschaft hier anders vorgenommen wurde. Die Felder der Kolchosen sind ebenso riesig, wie die verbliebenen Höfe, die alle über mindestens 4 riesige Kuhställe, 2

Scheunen und das entsprechende Equipment an Traktoren und Feldgeräten verfügen. Die Gülle wird in Tanks aufbewahrt, die es in der Größe mit dem Erdölterminal in Rotterdam aufnehmen können und in die Erdsilos für das Winterfutter passt sicherlich auch eine mittelgroße Flüchtlingsunterkunft. Entsprechend der Größe der Betriebe und ihren Traktoren gibt es kaum noch einen normalen Feldweg, wie ich sie bisher überall angetroffen habe. Stattdessen hat der VEB Betonplatten in jahrelanger Planübererfüllung nicht nur am antifaschistischen Schutzwall, sondern auch in der restlichen Republik dafür gesorgt, dass Fahrzeuge auf Feldwegen an keiner Stelle einsinken. Jeder noch so abgelegene oder unbedeutende Feldweg hier verfügt über Platten der Größe, 3,00 x 0,60, jeweils mit drei Metallhaken für den Kran. Immer 5 Platten in zwei Spuren geradeaus, dann eine quer. Darauf geht es sich sicherlich gut – aber etwas Natürlicheres unter den Schuhen wäre auch mal wieder ganz schön.

Der Mangel an Kurven hat Vor- und Nachteile. Einerseits weiß man zu jedem beliebigen Zeitpunkt, wo man eine halbe Stunde später sein wird. Man sieht es sogar schon. Die Navigationsintensität nimmt um gut 90% ab und beschränkt sich auf eine Kreuzung so etwa alle Stunde. Wenn man Abschalten will und Wandern als esoterische Alternative zum Yoga oder Angeln begreift – hier geht es ganz sicher. Das Gehen beschränkt sich auf eine immer gleiche Bewegung. Schritt für Schritt für Schritt. Betonplatten sind glatt, keine Unebenheit behindert den Flow, keine Erhebung erfordert Anstrengung und dementsprechend geht es auch nirgendwo wieder runter. Das Gehen ist eine Maschine auf dem Zeitstrahl. Vorne ist Zukunft, hinten ist Vergangenheit und hier und jetzt ist immer grade Gegenwart. Und – um bei den positiven Dingen zu bleiben: wer wollte nicht schon immer mal seine eigene Zukunft sehen. Hier geht das mit absoluter Zuverlässigkeit.

In einer halben Stunde stehe ich dann da hinten. Geil.

Rein sachlich betrachtet, kann es einem natürlich völlig egal sein, ob man immer geradeaus geht, oder auf einem kurvigen Weg. Ob Bäume darüberstehen oder nicht, ein Fluss Gesellschaft leistet oder Wiesen den Blick aufsaugen. Die Entfernung bleibt immer die Gleiche und die Arbeit (Kraft mal Weg) auch. Und trotzdem: hier zu gehen ist öde. Ich sehne mir Abwechselung in Form eines Hügels, einer Kreuzung, eines Waldrandes herbei. Meinetwegen auch einer Straße. Die schnurgerade Landschaft, die riesigen Felder, der stetige strenge Wind machen mich mürbe und ich bekomme ein Abschalten nicht mal annähernd so gut hin, wie in den vorhergegangenen Tagen. Ich bin froh, als ich endlich vor Gardelegen diese Systematik verlassen kann und erstmal den Drömling passiere, der aber irgendwie mehr verspricht als er hält. Der Name Drömling ist mir zumindest ein diffuser Begriff, irgendwo schon mal gehört. Ausgewiesenes Vogelschutzgebiet. Fürs nächste Mal bei wer wird Millionär merken.

Vogelschutz würde dafürsprechen, dass der Sound von oben differenzierter und vielfältiger ist – aber das kann ich nicht bestätigen. Nun kenne ich mich Null mit Vögeln und ihren Geräuschen aus, ich könnte den Ruf der Amsel nicht von einem Uhu unterscheiden – wobei doch, Uhu krieg ich vermutlich hin – aber Sie verstehen, worauf ich hinauswill. Der Drömling hat für mich den gleichen Sound wie jeder andere Wald bisher. Außer es war Sturm und die Vögel hielten den Atem an und damit mal die Klappe. Drömling kann auch seinen Namen abgeben und wieder Wald heißen, ändert auch nichts. Da wird es erst interessanter, als ich die letzten Kilometer entlang der ICE-Linie Hamburg – München über Wiesenwege zum Ziel gelange. Alle 10 Minuten donnert ein weißer Pfeil mit Tempo 300 vorbei – hier ist nicht mal Schotter zwischen den Schienen, vermutlich um durch den Luftsog keine Steine aufzuwirbeln und den Unterboden zu zerstören. Hab ich auch noch nie gesehen.

Ich erreiche Gardelegen über Fischteiche und ein schönes Restaurant im Blockbohlenstil, welches ich mir für heute Abend verspreche. Aber jetzt erstmal hinein in die flächenmäßig drittgrößte Stadt Deutschlands – nach Berlin und Hamburg. Entstanden 2001 durch Eingemeindung von allem, was nicht bei 3 auf dem Baum war. Auf ähnliche Art scheint Gardelegen auch Hansestadt geworden zu sein – durch den bürokratischen Akt des Beitritts zu diesem Bund. Damit ist mein Bild von stolzen Hansestädten wie Hamburg, Lübeck oder Bremen erheblich in Mitleidenschaft gezogen und ich beschließe, nach meiner Rückkehr an meine gute Bekannte Fr. Bauer, die Bürgermeisterin von Rosenheim zu schreiben und ihr einen ähnlichen Schritt vorzuschlagen.

Hansestadt Rosenheim. Also, wenn das so einfach geht?

Leider hat Gardelegen sonst nicht soo viel zu bieten. Die Fußgängerzone ist bemüht aber nicht so richtig schön, mein Hotel hat Gasthauscharakter von vor 30 Jahren. Sauber und alt. Immerhin gibt es in der Nachbarschaft ein paar sehenswerte Gebäude, darunter die 800 Jahre alte Kirche St. Nikolai. Nachdem sie rund 750 Jahre unfallfrei hinter sich gebracht hat – was angesichts von regelmäßigen Feuern im Mittelalter wahrlich nicht so oft vorkam, wurde diesem Lauf Ende des Zweiten Weltkriegs dann doch ein jähes Ende verabreicht und die Amerikanische Luftwaffe verzielte sich bei einem Angriff auf die immerhin rund 3 km entfernten Bahnhofsanlagen.

Kann absolut vorkommen bei Tagangriffen, sorry Leute. Jetzt isse halt kaputt, können wir auch nicht mehr ändern. Und sonst so?

Danach fehlten für die folgenden 50 Jahre wesentliche Teile des Baus – insbesondere Dächer, Fenster, Inneneinrichtung und so weiter. Oben ohne stehengeblieben ist sie immerhin. Heute steht sie immer noch oder wieder stolz da, Turm und Apsis sind seit knapp 30 Jahren wieder bedacht, restauriert und renoviert und einsturzsicher gemacht worden. Der Mittelteil ragt aber weiterhin wie ein stolzes Gerippe als Mahnmal für Frieden in den Himmel. Besichtigung erneut nur nach Voranmeldung, die ich natürlich wieder mal nicht habe. Gerne hätte ich das Bauwerk gesehen, was mich ein wenig an die Kirche San Galgano in der Toskana erinnert, in der man unter regelmäßig blauem Naturzelt und auf Gras durch die Ruinen der Kirche wandert und sich wie in einem untergegangenen Zeitalter fühlt.

Der Rest von Gardelegen wird übrigens von einem älteren Herrn namens Otto Reuter bestimmt. Der angeblich berühmteste Sohn der Stadt ist inzwischen Namensgeber für eine Straße, mehrere Parks, zwei Schulen, einen Kindergarten und ein Hotel. Zusätzlich einige Denkmäler und Sprüche an jeder Ecke. Kein schlechtes Ergebnis eigentlich. Immerhin schon 100 Jahre tot klingt es, als wäre er der Dieter Hallervorden von damals und mit entsprechendem Ruf im gesamten deutschsprachigen Raum unterwegs gewesen. Die abgebildeten Sätze von ihm sind – nun ja – eher out und wenig lustig. Damals anscheinend der Brüller, der die Hallen füllte – heute vielleicht eine unbedeutende Randfigur im von Selbstdarstellern überbordenden Netz. Mit nur einer Hand voll Followern wird's halt nix.

Auf nach Salzwedel.

SIEBZEHN

Gardelegen – Kalbe (Milde) - Salzwedel

In den letzten Kapiteln habe ich nicht immer ausführlich dazu Stellung bezogen, wie es meinem Körper inzwischen – nach erneuten 2 Wochen des konstanten Gehens – so geht. Ich möchte Sie einerseits nicht ständig damit langweilen, dass es hier oder da wehtut – andererseits gibt es interessantere Beobachtungen am Wegesrand als den körperlichen Verfall – oder in besten Fall – Gleichstand des eigenen Körpers. Irgendwas schmerzt immer, mal mehr mal weniger. Ein Stechen hier – nach 2 Minuten ist es wieder weg. Ein Drücken da, weil der Rucksack heute mal anders sitzt. Ziehen in den Beinen, Aufgescheuerte Innenschenkel, weil die Unterhose die Falsche war. Jeden Tag was anderes, und immer wieder neu. Nie ganz schön und nie ganz schlecht. Gehört eben dazu.

Aber heute Morgen ist irgendwas ganz anders.

Nach der bekannten Weisheit ist man tot, wenn man morgens aufwacht und nichts wehtut. Jedenfalls ab einem gewissen Alter. Nun habe ich dieses Alter eindeutig erreicht und anscheinend bin ich heute Morgen ganz besonders lebendig – denn mir tut alles weh. Das ist jenseits der allabendlichen und allmorgendlichen Übel, mit denen ich umzugehen gelernt habe. Die Schonung des Körpers ist die Pflicht auf so einem Trek und ich halte mich immer an die alte Soldatenregel: Niemals Laufen, wenn man stehen kann. Niemals stehen, wenn man sitzen kann. Niemals Sitzen, wenn man liegen kann. Und unbedingt schlafen, wenn man schon mal liegt. Das beherzige ich seit Wochen, mache regelmäßige Pausen, wo immer ich das Bedürfnis dazu habe - oder auch wenn ich es nicht habe, aber eine gewisse Zeit verstrichen ist - sitze auf jeder Bank, die nicht bei drei auf dem Baum ist und pause auch an schönen Stellen auf Wiesen, an Schuppen oder Bäumen. Das allabendliche Ausstrecken auf dem Bett ist nötig und hilfreich, ebenso wie die Nachtruhe um sich zu regenerieren. Trotzdem ist es jeden Abend so, dass mich die Schwerkraft in der Dusche gnadenlos nach unten zieht, ich mich verknotet irgendwie hinsetze – und dann nur mit Mühe wieder herauskomme und die ersten Schritte, nachdem ich meine Trekkingschuhe von mir geworfen habe, die Hölle sind. Meine Füße haben sich inzwischen völlig an das Fußbett in meinen Schuhen gewöhnt und verweigern die Zusammenarbeit, wenn ich ein paar Schritte barfuß machen möchte. Sodass ich allabendlich eigentlich erst einmal durch die Gegend humple wie ein 80-jähriger. Zumindest die ersten Schritte, bis der Körper wieder in Schwung kommt.

Als kleine legale Dopingprodukte verwende ich regelmäßig Magnesium-Tabletten, Arnika-Salbe und Gummibärchen. Wobei die letzteren eher der Tatsache geschuldet sind, dass sie gut schmecken und eventuell ganz gut für die Knie sind. Ok letzteres ist nicht bewiesen, aber sie sind zumindest mal nicht schlecht für die Knie und das reicht mir als Begründung für den Verzehr völlig aus. Mit diesen Mittelchen lassen sich die schlimmsten Themen im Griff halten – auch wenn Weitwandern natürlich immer wieder auch Schmerzen bedeutet. Mal mehr, mal weniger.

Heute ist mehr.

Ich kann nicht sagen, was anders ist. Das Bett war jetzt nicht der Hammer, aber auch nicht so schlimm. Die gestrige Etappe war etwas länger, aber kein Weltrekord. Das Wetter war nicht übermäßig heiß und ich habe eigentlich regelmäßig getrunken und gerastet. Trotzdem komme ich heute kaum hoch, und als ich stehe, kann ich diesen Zustand kaum halten. Es ist, als ob der Körper in einen – hoffentlich temporären – Streik eingetreten ist. Scheiß-Ver.Di Mentalität, keine Vorwarnung. Diese unangekündigten Aktionen des Personals von x oder y ist mir schon bei meinen zahlreichen Dienstreisen auf den Keks gegangen, wann immer ich dann mal am Flughafen oder sonst wo gestrandet bin. Jetzt also in Gardelegen, mal sehen, wie ich hier wieder wegkommen will. Ich humple in die Dusche, irgendwie zieht es hinter den Knien in den Unterschenkel, aber beidseitig, was eine Zerrung oder sowas eigentlich ausschließt. Und Zerrung kommt ja auch nicht beim langsamen Gehen oder über Nacht. Naja, wird sich gleich wieder geben. Parallel, und das macht mir mehr Kopfzerbrechen, habe ich mich doch verlegen, jetzt merke ich es. Das ganze Kreuz ist irgendwie krumm, es zieht in meine Arme hinein und den Hals halte ich auch etwas schief. Das allerdings ist nicht durch ein paar wärmende Schritte zu beseitigen, fürchte ich. Das braucht Salbe und Ruhe und eventuell Hilfe von außen, um mich wieder klarzukriegen. Wenn Ich so weitergehe – mit dem Riesenrucksack, ist das vermutlich nicht förderlich.

Während ich mich mit Mühe in die Dusche wuchte, mache ich weitere Bestandsaufnahme. Es zieht etwas in den Armen – kommt vermutlich vom Rücken und strahlt aus. Der Lower Back, also der verlängerte Rücken Richtung Hüfte klemmt ein wenig, aber das ist im Bereich des Normalen. Letztlich gehe ich vermutlich etwas krumm, was die Muskeln in der Nähe der Wirbelsäule anstrengt. Inzwischen hab ich es in die Duschwanne geschafft und drehe auf. In jedem Hotel ein anderes Konzept, in welche Richtung der Hebel gedreht werden muss und wie weit. Ich pegele den Wasserstrahl ein und beginne damit, mich weich zu machen. Ich hab zwar keinerlei Masseur-Kenntnisse, aber warm kann ja nicht so ganz schlecht sein. Früher hat mich meine Mutter unter die Rotlicht-Lampe gepackt, wenn was wehtat, das funktioniert also sicher. Ich bewege den Kopf langsam nach links und rechts, rechts geht es nicht so weit und sperrt irgendwo, hier liegt also wohl das Problem. Dr. Google in Action.

Ich bringe für die folgenden 10 Minuten den Kopf immer wieder an die Widerstandsgrenze und versuche sie hinaus-zuschieben, bewege die Arme auf und ab und hin und her. Versuche, die Muskeln zu spannen und wieder zu entlas-ten. Armkreisen geht angesichts der beengten Verhältnisse leider nicht und auf das warme Wasser will ich noch nicht verzichten. Irgendwann muss ich ohnehin raus und auch den Rumpf etwas bewegen. Die Stationen der guten alten Trimm-Dich-Strecken fallen mir ein. Das gabs immer so ein Holz, was man hoch und runter bewegen sollte und dann nach links und rechts. Und Rumpfkreisen, Rumpfkreisen gabs auch. Familie 10x, Sportler 20x.

Irgendwann beschließe ich, dass die Warnwasserbehand-lung jetzt genug wäre und beende das Duschbad. Raus aus der Dusche ist noch genauso schwierig wie rein und ich stöhne bei dem kleinen Schritt als ob ich grade irgendeinen nationalen Rekord gebrochen hätte. Das kann ja heute lustig werden. Das Rumpfkreisen hat nicht allzu viel gebracht, immerhin fühle ich mich nicht mehr ganz so unbeweglich. Mit Holz wäre es sicher besser gewesen. In Zeitlupe ziehe ich mich an, kurzer Blick aus dem Fenster, wieviel es sein muss, und mache mich daran, die Treppe herunter zu kom-men. Das mit den Treppen hatte ich nun schon an verschie-denen Stellen dieses Berichtes – ich will mich auch nicht ständig wiederholen. Aber lassen Sie es mich mal so sagen: Treppen werden in diesem Leben meine Freunde nicht mehr!

Ich ziehe das Frühstück hin, solange es geht, aber irgend-wann ist Check-out und der nächste Abschnitt läuft sich letztendlich auch nicht allein. Also hoch und los.

Die heutigen 17 Kilometer sind wieder – oh Wunder - eine typisch norddeutsche Angelegenheit. Wiesen, Wiesen, Wie-sen. Paar Bäume, kleinere Waldstücke und einige Entwäs-serungsgräben. Alles grob entlang der Milde, die bereits den Stadtgraben von Gardelegen mit Wasser versorgt hat. Wenn sie es nicht gleich ist. Also der Stadtgraben.

Meine ersten Schritte heute sind wie erwartet tapsig, unsicher, humpelig. Wie erwartet, verfallen die Füße und Beine nach ein paar hundert Metern in die altbekannte Ordnung und versehen ihren Dienst wie sie sollen. Wie auch erwartet, macht das Gestell da schon etwas mehr Probleme. Der Hals hat zwar etwas an Bewegungsfähigkeit zurückgewonnen – gleichwohl ist es immer noch nicht möglich, einfach so nach hinten zu sehen. Nun gut, das ist für die Masse der Strecke ein minderwichtiges Problem, aber es nervt. Noch mehr nervt, dass ich krumm gehe. Also mich krumm halte. Der Rucksack hat das Thema wie befürchtet nicht vereinfacht und hängt so scheps auf dem Rücken, wie ich stehe. Ich drücke deshalb mit Nachdruck und Absicht die Hüfte gegen den Schmerz und hoffe, dass ich dadurch nicht wie ein S stehe, sondern, etwas gegen die Verspannung tue. Jeder Osteopath unter Ihnen schüttelt vermutlich den Kopf ob dieses hemdsärmeligen Verfahrens.

Immerhin hilft es, dass der Schmerz etwas nachlässt und ich zumindest mobil bleibe. Also kein Feststecken des Kreuzes oder was immer so ein Hexenschuss bedeutet. Und Bandscheibe war bei mir zum Glück noch nie ein Thema.

Ich folge dem Weg Richtung Norden aus Gardelegen heraus, kreuze mal hin und mal her und versuche mich auf den Wind und die Natur zu konzentrieren. Irgendwann gelange ich tatsächlich in meinen Flow und vergesse den Rücken und alles, was damit zusammenhängt. Eine erste Pause lege ich in Schenkenhorst ein. Hier hat die örtliche Gemeindeverwaltung sich etwas für Wanderer oder Fahrradfahrer überlegt und eine überdachte Bankgruppe mit Tisch direkt an der Brücke über die Milde aufgestellt. Daneben haben Kinder ein Schild gemalt, dass das Gemeindeamt bittet, die drumherum liegende Wiese nicht zu mähen und die Wildblumen am Leben zu lassen. Anscheinend hat man sich darangehalten, denn die Wiese sieht schön wild aus.

Nach ein paar Minuten gehe ich weiter, wieder mit dem üblichen Ritual. Aua, aua, uahh, usw.

Ende Schenkenhorst gehe ich wieder runder und verzichte auf die Gelegenheit, mich gleich nochmal hinzusetzen, denn der Ort ist pro Tourismus und pro Wanderer, hat mitgedacht und ein ähnliches Bankensemble wie eben steht auch auf der Nordseite direkt an der Milde. Vielleicht ist es auch weniger für die Wanderer als die Radfahrer, die hier vermutlich zahlreicher auftauchen. Hier aber mitten im durchaus lebhaften Wind, weshalb ich ganz gut dran vorbeikomme. Der Weg folgt jetzt in langen Schleifen direkt der Milde, ich gehe auf Gras oder Lehmboden.

Hin und wieder mal ein Baum, der über das Bild hängt und den wunderschönen Eindruck komplettiert. Eine Radlergruppe Senioren kommt mir entgegen, als ich mich gerade mal wieder auf eine Bank gesetzt habe und auf den kleinen Fluss schaue. Sie fahren allesamt grußlos vorbei, den Blick starr geradeaus. Hier lerne ich meine Lektion, auf die ich in späteren Kapiteln noch eingehe. Radler grüßen einfach keine Wanderer. Wenig später – ich wundere mich noch über die Beobachtung eben, komme ich in Kalbe an. Aufgrund der frühen Zeit ist mein Hotel noch versperrt – träge liegt der ganze Ort in der nachmittäglichen Sonne. Es rührt sich absolut nichts, nicht mal ein Hund ist zu hören. Das Kopfsteinpflaster glänzt ein wenig, die Kirche gegenüber vom Hotel ist verschlossen.

Also nutze ich die Zeit für einen ganz langsamen Stadtbummel – ein Stück weiter sollen laut Maps zwei Eisdielen sein. Ich finde sie, genau auf den beiden Seiten einer Brücke, warum sie sich diese Konkurrenzsituation ausgesucht haben, erschließt sich mir nicht. Ich habe also die Qual der Wahl, entscheide mich für die, die etwas neuer und moderner aussieht und erstehe 3 Kugeln. Setze mich in die Sonne im Gastgarten und erwarte, in Kürze verjagt zu werden. Immerhin ist hier nur was für die, die einen „ordentlichen" Eisbecher erworben haben, nix im Straßenverkauf. Es kommt aber niemand, es wird wohl nicht so eng gesehen. Wobei, es ist aber auch nichts los hier insofern nehme ich niemandem den Platz weg und diene eventuell sogar als Lockvogel für andere Interessenten und so verdöse ich die nächste Stunde in dem bequemen Stuhl und lasse das dörfliche Treiben an mir vorbeiziehen. Dann fummle ich wieder meinen Rucksack drauf, wende ich mich ganz langsam Schritt für Schritt zurück zu meinem Ausgangspunkt und hoffe, dass die Hotelrezeption jetzt um 3 besetzt ist. So schön das Eis war, fürs Gestell hat es mal gar nichts gebracht. Ich hoffe auf ein gutes Bett und dass sich meine Bänder und Knochen morgen wieder ordentlich sortiert sind. Mit einigem an ABC-Salbe werde ich mal nachhelfen.

Rezeption ist besetzt und ich bekomme ein ebenerdiges Zimmer mit Terrasse in den schön begrünten Innenhof. Langsam wird's besser. Und abends ist sogar noch ein Stadtbummel durch den Pottkuchen möglich. Der heißt tatsächlich so, weil die Milde hier entweder natürlich – vermutlich aber künstlich zu einer Art Stadtgraben ausgeformt ist und ein ovales Stück mit Häusern komplett einrahmt. Irgendwann entstand dann wohl die Bezeichnung, dass man hier entweder IM Pottkuchen – oder aber draußen wohnt. Ich wohne auch im Kuchen, sogar im Landhotel mit gleichem Namen. Gebucht, weil ich die Bezeichnung so originell fand. Leider ist das Stadtzentrum noch immer – 30 Jahre nach der Wende – nicht gerade eine Augenweide. Viele sehr heruntergekommene Gebäude, teilweise sogar eingestürzte Dächer und noch immer dominiert das gern genommene DDR gelbgrau. Vielleicht, weil die Farbe hier immer noch so viele Fans hat. Als ich die Wirtin auf diesen Umstand anspreche, warum hier immer noch der Geist der DDR zu wehen scheint und warum es nicht mehr umtriebige Menschen wie sie gäbe, die hier was aufbauen, ergibt sich ein zwiespältiges Bild.

Sie erzählt mir von westdeutschen Investoren, die angeblich ganze Stadtteile aufgekauft und dann einfach liegen gelassen haben in der Hoffnung, durch die Wertsteigerung Profit zu machen. Und wenn's noch nicht klappt, einfach weiter liegen lassen. Sie erzählt von mangelndem Geld bei Vielen und wenig Arbeitsplätzen und ist trotzdem stolz auf die Künstlerszene in der Stadt und was hier los wäre und von Gästen, die nach ein paar Tagen gar nicht mehr weg wollten. Ich bin trotzdem noch skeptisch, vielleicht zu ungeduldig. 30 Jahre sind eine so lange Zeit, da wünsche ich mir mehr Aufbruch, so wie Frau Hotelier es geschafft hat. Dass sie dann ausgerechnet noch aus dem Südwesten ist, hilft der Sache nicht wirklich.

Ich nehme mir vor, in 10 Jahren nochmal vorbeizuschauen.

Am nächsten Morgen geht's meinem Körper langsam wieder. Kopf dreht sich wieder soweit, dass ich einen Schulterblick werfen kann, Kreuz ist etwas besser und überhaupt hat ein Ausruhmachmittag so einiges bewirkt. Erstaunlich, was Ruhe – richtig eingesetzt – so alles bewirken kann. So trete ich die Etappe nach Salzwedel an, die ich Ihnen hier ersparen werde. Regen, Wind und eintönige Landschaft über die nächsten 25 Kilometer. Nichts Erzählenswertes als ich den Tag abspule wie in Trance. An solchen Tagen mit langen Wegen, schlechtem Wetter und nicht sehr beeindruckender Natur wähle ich dann auch mal die Hilfe meiner Spotify Playlist und einem Kopfhörer. So vergehen 6 Stunden dann doch erträglich. Wobei das vielleicht die Psyche austricksen kann, aber nicht die Physis. Am Abend bin ich fix und alle, stolpere direkt ins Bett und schlafe noch vor der Dusche sofort für eine Stunde ein. Dann erst mache ich mich auf, die Sachen auszukriegen und wieder wärmer zu werden. Ich muss hier dringend einen Ruhetag einlegen, was ich hiermit beschließe. Übermorgen geht's weiter, morgen mal etwas durch Salzwedel humpeln.

Das muss reichen.

ACHTZEHN

Wegekreuze

Eine architektonische und oft auch visuelle Eigenart speziell in Süddeutschland ist die der Wegekreuze, im bayerischen auch Marterl genannt. Also nicht etwa eine Kreuzung von Wegen oder Straßen, sondern das was nicht ausschließlich aber doch bevorzugt an so einer Kreuzung steht. Zumindest im südlichen und mittleren Teil des Landes ist dieser religiös begründete Bauwahn an jeder zweiten Ecke in unterschiedlichen Kategorien zu begutachten. Nach der international anerkannten Senger-Skala gibt es 4 grundsätzliche unterschiedliche Versionen davon:

(I)   einfaches Kreuz oder Marterl, also die ganz einfache Version. Kreuz in die Gegend gestellt, bevorzugt Holz – aber natürlich auch aus Granit möglich. Spruch drunter, Baum drüber, fertig. Vermutlich die angemessene Dankes- oder Gott-ist-groß-bezeugung des Kleinbauern oder mäßig situierten aber trotzdem hochgläubigen sonstigen Bevölkerungsschichten. Von den Dingern gibt es gefühlt tausende Exemplare, die mehr oder weniger gut erhalten alle hundert Meter irgendwo am Wegrand stehen. Teilweise ganz allein, manchmal auch in einer Reihe, was sich dann Kreuzweg nennt. Wobei so ein Kreuzweg zum Pause machen eher ungeeignet ist, die Einzelexemplare hingegen haben hin und wieder mal ne Bank dabei, was dann der Ruhe schon eher zuträglich ist. Wie gesagt, von dieser Version gibt es – zumindest im südlichen Deutschland – das letzte Marterl stand kurz vor Duderstadt - wirklich viele Exemplare und damit auch ausreichende Varianten an Pausenmöglichkeiten der einfachen Art.

Oder Sie setzen sich einfach ohne Kreuz ins Gras, geht natürlich auch.

(II)   Version zwei ist dann schon etwas wichtiger, teurer und natürlich auch schöner. Hier wird das lapidare Kreuz durch eine kleine Kapelle ergänzt, wobei max. 4qm Grundfläche gerade mal dazu anregen, im Stehen des Herrn zu gedenken – oder natürlich im Knien, wenn die entsprechende Bank vorgesehen ist. Vielfach zu finden übrigens, die Bankvariante. Neben der architektonischen Vielfalt und dem Variantenreichtum dieses Layouts bieten diese Gedenkkapellen bereits den Vorteil, dass man bei der Nutzung – also egal welcher – nicht in der Landschaft steht, sondern im Trockenen. Beim Beten vielleicht egal – aber, wenn ich den Fokus etwas größer wähle, fällt mir ja immer auch Pause machen oder unterstellen ein – hier ein Riesenvorteil. Als Atheist und logisch denkender Mensch würde ich immer behaupten, Gott wäre es egal, warum einer bei ihm zuhause ist. Solange er sich ordentlich aufführt. Auf einer der zahlreichen Regenetappen meiner Tour konnte ich auf diese Gastfreundschaft zählen und mich in einer Kategorie 2 unterstellen. Das Miniaturkirchlein stand irgendwo im Nirgendwo am Waldrand an einem Wiesenweg. Weit und breit kein Gehöft geschweige dessen eine Ortschaft, die vermuten ließe, warum jemand genau an der Stelle eine Kapelle errichten wollte. Vielleicht die Aussicht - unter sonnigen Rahmenbedingungen hätte ich das vielleicht beurteilen können – an diesem Tag war ich aber mal wieder pitschnass, mir war kalt und ich hatte keine Ahnung, wo ich genau war, weil beim Navigieren chronisch die Gefahr bestand, dass das Handy absäuft und somit einige Vorsicht geboten war. Als die Kapelle aus dem Nebel auftauchte und ich eintrat. Der Platz reichte gerade mal, sich hineinzustellen – mit Rucksack hinten drauf stieß ich bereits an die nächste Wand und umdrehen ging auch eher schlecht. Kopf musste ich einziehen – früher war man wohl etwas unter

1,90. So stand ich also verkrümmt und frierend in dem Gebetsraum, versuchte eine Peilung meines Standortes und sah hinaus über die nässetriefenden Äcker in das sich darüber ausbreitende White Out. Maria sah sich das Geschehen skeptisch an, ich fühlte ihren Blick in meinem Nacken, während ich ihr die gute Stube nasstropfte. Nach ein oder zwei Minuten drehte ich mich um, entschuldigte mich für die Unordnung und schickte mich an, weiterzugehen. Sie lächelte milde und sah mich sehr traurig an – was so völlig zu meiner Stimmung passte.

(III) größere Kapelle bis 10qm Betfläche. Hier geht es natürlich schon etwas komfortabler zu. Ein bis zwei Reihen von Betbänken sind meist obligatorisch und eine Tür sichert den Bereich vor den Naturgewalten und natürlich dem Menschen. Ansonsten alles wie vorher, Holzstatue der üblichen Verdächtigen, Maria meistens oder Jesus natürlich. Interessant, dass ich so ein Gebäude für Gott niemals gesehen habe. Also der Sohn kriegt einen Haufen an Ehrerbietung in architektonischer Form, und für den Papa ist nichts drin, das ist schon seltsam. Kann natürlich sein, dass die Kirchen für Gott sind und der Filius nur die Kapellen abbekommt. Und natürlich die Mutter, die kriegt natürlich keine komplette Kirche, ist ja wohl klar. Kirche und Patriarchat gehören schließlich untrennbar zusammen. In dieser Version kann ich mich auch mit Rucksack ohne Probleme umdrehen, mich innen hinsetzen ohne irgendwas zu zerstören oder Gefahr zu laufen, mich einzuklemmen und in einer Kategorie 2 jämmerlich zu verhungern. Das ist insofern schon mal ein gewisser Luxus, und in der Historie vielleicht auch mit entsprechenden finanziellen Möglichkeiten begründet, finde ich die Kategorie 3 Stätten doch vorwiegend angrenzend an große Höfe. Also, wenn ich richtig gezählt habe.

(IV) Was mich zur Subkirche bringt, also letzte Stufe bevor das Ganze richtig schön groß und anmutig werden darf und mit Maria dann definitiv nichts mehr zu tun hat. Ich rede über große Kapellen mit Kreuz und Baum daneben. Und Bank, Bank ist hier im Standard enthalten und total wichtig für den Wanderer. Oder die Oma, die ihren Spaziergang für ein Päuschen unterbricht. Das Vorzeigeexemplar schlechthin für diesen Typus steht interessanterweise nicht an meinem Weg, sondern in der Nähe meines Wohnortes in Bad Feilnbach. Unter einer riesigen Kastanie, die dann auch schon auf das Baujahr dieses Arrangements schließen lässt, steht die weißgetünchte Schönheit einer Kapelle, mit kleinem Turm, Eichenportal und Glasbildfenstern. Rundherum eingezäunte Wiese, eine Bank mit Mülleimer und daneben – halten Sie Sich fest: ein Felsblock auf den der örtliche Denkmalschutzverein ein kleines Gipfelkreuz, eine Kletterroute samt kleiner Figuren und Seilversicherung gebastelt hat. Einfach süß. Im Hintergrund erheben sich das Wendelsteinmassiv und der zahme Kaiser für pittoreske Aufnahmen. Leider sind auch die Hunde-Verbotsschilder am Zaun unübersehbar und müssen immer aufwendig weggefotoshoppt werden. Von diesem Typus habe ich unterwegs immerhin eine Handvoll gefunden und jede einzelne mit einer Pause bedacht und mich mit einem Gebet bedankt. Atheist hin oder her, Gott für das unverdiente Glück meiner Gesundheit und meiner wunderbaren Freizeit zu danken ist vermutlich nicht religionsgebunden.

Interessanterweise war bei Kategorie IV immer gutes Wetter, seltsam eigentlich angesichts meiner sonstigen Quote. Und auch hier war die letzte Station vor dem heidnischen Norden Deutschlands auf der Route bereits weit vor Duderstadt.

Die aber dafür mit allem pipapo.

Obige Qualitätseinteilung ist natürlich ergänzbar, kann doch jede Kategorie mit Bank und eventuell sogar einem Tisch gepimpt werden, Bäume können sich schattenspendend darüber erheben und natürlich zählt vor allem mal die Maklergrundregel: „Lage, Lage, Lage" die durch Ruhe, Bach, See, Fluss, Brücke, Mühle oder sogar Bergpanorama im Hintergrund eine Unzahl von möglichen Extrapunkten aufbietet. Das erhöht die Anzahl der realistischen Varianten auf 3.784.312.

Also rein nach Skala jetzt.

Wer von Ihnen offenen Auges durch die Lande wandert, wird sich der Freude an diesen teilweise sehenswerten und immer willkommenen Bauwerke nicht erwehren können. Ich sag Ihnen: Picknick auf Rasen, in der Herbstsonne, angelehnt an die erwärmte Wand einer kleinen Kapelle, Weidenbaum drüber: da kann man den lieben Gott mal einen guten Mann sein lassen.

Wann immer ich an eine dieser Einrichtungen gelange, staune ich über die Vielfalt der Möglichkeiten, seinen Glauben – oder was immer der Beweggrund für die Errichtung des jeweiligen Objektes war – auszudrücken. Vom einfachen Kreuz ohne Schnickschnack, dem weißen unverzierten kleinen Kubus, in dem eine raue unbehandelte Holzbank schon beim Ansehen Schmerzen bereitet, wenn man sich nur vorstellt, darauf zu knien - bis hin zu ganzen Anwesen, die wöchentlich vom örtlichen Traditionsverband gewartet und verschönert werden. Mit Zaun drumherum, ordentlich geschnittener Buche daneben und gemähtem Rasen. Bank nur mit Mülleimer und Tisch sauber abgeschliffen und vom Moos befreit. Und wo's so schön aussieht dann auch mit traditionellen deutschen Schildern, dass Hunde, Kinder und sonstige Störenfriede gerne wegbleiben dürfen und die Benutzung der Bank auf eigene Gefahr zu erfolgen hat. Und natürlich Spendenbox. Vergelts Gott.

Die Motivation unserer Vorfahren, solche Bet- und Gedenkstätten zu hunderten zu errichten, erschließt sich mir übrigens nicht wirklich. Am Ende stammen sie doch überwiegend aus einer Zeit, die uns die Geschichtswissenschaftler mit den Termini „Hartes Leben", „Entbehrungsreich", „bittere Armut" und so weiter beschrieben haben. Als Bauer ist man damals morgens eher nicht auf den 500PS Fendt, mit Stereo, GPS und Klimaanlage geklettert, sondern bestenfalls den ganzen Tag über zusammen mit zwei Pferden oder Ochsen hinter einem Pflug her gelatscht und hatte am Ende des Tages so viel gepflügt, wie der Fendt in 5 Minuten schafft. Und natürlich nicht mal halb so gut. Wenn ich mich hinter zwei Pferden am Pflug vorstelle, traue ich mir zu, dass ich das einen halben Tag lang schaffen würde. Was angesichts meiner mir immer wieder von verschiedensten Seiten attestierten chronischen Arroganz und Selbstüberschätzung vermutlich bedeutet, ich würde nach 43 Minuten für einen Monat in den Krankenstand eintreten. Mit Rücken, zwei kaputten Armen und einem Bein weniger.

Und Sie so?

Warum also liegt der Agrarunternehmer des Jahres 1800 am Wochenende nicht im Bett und erholt sich vom Pflügen, sondern baut dann auch noch von dem Geld was er nicht hat, eine kleine Kirche zum Dank an den Gott, der ihm den ganzen Mist eingebrockt hat. Also indirekt zumindest. Logisch klingt das nicht gerade – aber Glauben und Religion an sich hat natürlich auch nichts mit Logik zu tun.

Wobei. Vielleicht erschließt sich die Motivation oder zumindest Gottes Größe dann doch damit, dass diese Wegemarken heute da sind und sich zahlreich an unseren – und hier meinem – Wanderweg drängen. Gerne genommen in jeder Kategorie danke ich unseren Vorfahren für diese Inkonsequenz in der Entscheidungsfindung von Herzen, hatte ich doch bei meinem Weg etwas zum Ansehen,

Fotografieren, Innehalten, Pause machen und Anlehnen. Oder Unterstellen, wie o.g. Kategorie II mitten im Nirgendwo in Franken.

Letztlich ist es natürlich auch so: hätten unsere Vorfahren damals schon das heutige deutsche Bauverhinderungsrecht besessen oder vor jedem Bauvorhaben eine ordentliche Kosten-Nutzen-Rechnung gemacht, gäbe es heute absolut keinen Kölner Dom und kein Freiburger Münster zu bestaunen. Wenn man das Baurecht allein ansieht, gäbs sicherlich keinen einzigen schönen Stadtkern zu sehen! Völliger Brandschutzalbtraum.... Dennoch besichtigen wir heute zu tausenden die architektonischen Highlights in aller Welt und fragen und, wie zum Geier die das vor 500 Jahren mit den damals doch sehr beschränkten technischen Mitteln gemacht haben. Leider wird es dann dabei auch bleiben, folgt doch die heutige Architektur eher anderen Grundsätzen und insbesondere moderne Kirchen sehen ja mit einigen wenigen Ausnahmen absolut peinlich aus. Und wenn dann doch mal ein Glaubensfürst die Sache in die Hand nimmt, und etwas bauen will, was in 200-300 Jahren noch die Besucher anzieht, dann stoppen wir das Projekt in letzter Sekunde, regen uns alle auf und schütteln den Kopf über die unangebrachte Arroganz eines Bischofs namens Tebartz van Elst und seine Badewanne. Dabei hatte der Mann Weitblick – vermutlich halt nur ein paar Jahrhunderte zu spät geboren. Die heutige Zeit ist eben dominiert von Pfennigfuchsern und Erbsenzählern – und denen wird zugehört, was eine langfristige Investitionsplanung vielfach schon im Ansatz unterbindet.

Die Kaufleute gabs früher wohl auch schon – allerdings mit dem Unterschied, dass der finanzielle Berater von Ludwig II. sicherlich nichts zu lachen gehabt haben dürfte, als dem König mitten in Herrenchiemsee das Geld ausging (können Sie übrigens genauso besichtigen). Ein „hab ich Ihnen doch vorher schon gesagt" wäre in der Situation vermutlich nicht so gut angekommen, wenn man an seinem

Leben im Allgemeinen und dem eigenen Kopf im Besonderen hing. Wenn es nach der kaufmännischen Spaßbremse gegangen wäre, stände aufgrund schwerwiegender Cash-Risiken und fehlender wirtschaftlicher Nachhaltigkeit vermutlich weder Linderhof noch Hohenschwangau und Herrenchiemsee wäre 30 Zimmer vorher gestoppt worden.

Aber seien Sie mal ehrlich, Neuschwanstein ist schon geil, oder?

NEUNZEHN

Salzwedel – Lüchow – Dömitz - Ludwigslust

Der Sommer hat mich eingeholt. Oder überholt, wie auch immer. Zumindest ist er da, volle Kanne. Heute und die kommenden Tage wird es warm und wenn schon, dann gleich richtig. So, wie inzwischen in Mitteleuropa üblich mit den 30+ Graden. Immerhin nicht die 40, die wir dieses Jahr im Westen auch schon hatten. Aber bei 33 oder so mit dem Gepäck, was sich ja nicht wegzaubern lässt, vorwärts zu kommen, ist anstrengend genug.

Die gute Nachricht – und es gibt ja immer irgendwie und irgendwo eine – ist die, dass bei 30 Grad plus keinerlei Gefahr besteht, irgendwann an dem Tag mal zu frieren. Das ist bei Wandertemperaturen um die 20 Grad nicht zwangsläufig gegeben. Da ist es viel schwieriger, was Geeignetes anzuziehen. Durchgeschwitzt ist es bei mir immer in kürzerer Zeit und dann reicht ein wenig Wind oder ein größerer Schatten und schon beginnt das Frösteln. Und damit dieses Spiel, Ärmel wieder runter, Weste vorne schließen, irgendwie Windschutz erzeugen, was letztlich wieder das Schwitzen fördert. Nicht nur einmal hab ich mir beim Wandern denn auch eine schöne Erkältung zugezogen, da reicht eine halbe Stunde im Wind, der einen schön runterkühlt.

Aber heute ist alles gut. Kurze Hose, Funktions-Shirt. Fertig. Und so schön warm.

Obwohl mir also schön warm ist, bin ich ganz glücklich, dass ich mich quasi ein wenig daran gewöhnen kann. Die heutige Etappe ist lediglich 14 oder so km lang. Zeit, morgens noch etwas liegenzubleiben und etwas später loszugehen.

Leider hält die Technik am heutigen Tag einen kleinen Scherz für mich bereit, ob das jetzt mit der Temperatur zusammenhängt, kann ich allerdings nicht sagen. Ich hoffe mal nicht, sonst kann das ja die Woche lustig werden. Es beginnt damit, dass mich erstmals auf meinem Weg die eigentlich überaus genaue und zuverlässige Kompass-App im Stich lässt, was ich merke, als der als Wanderweg bezeichnete Pfad erst durch ein verschlossenes Tor führt – hier haben sich andere Wanderer – oder auch nur ein paar lokale Partyfans – noch einen Weg durch den Zaun gebahnt – aber 100m später enden die Wegspuren in einem Haufen von Coladosen und Bierflaschen und vor einem kapitalen Brombeergebüsch, welches zuverlässig den Zugang zu der dahinter liegenden Jeetze versperrt. Und nicht etwa vor der dort angeblich vorhandenen Brücke, nein, Brücke ist mal gar nicht. Nur Jeetze. Der Brombeerurwald davor wäre vielleicht mir einer Machete noch zu machen – mit meinem Fahrtenmesser würde es zwangsläufig etwas schwieriger – and dann würde noch eine Flussdurchquerung folgen, was bei der Temperatur keine völlige Katastrophe wäre, aber noch bin ich nicht so weit. Der Kartencheck indiziert keine weitere Brücke in den nächsten 5 Kilometern – es hilft also auch kein Umgehen. Ich muss zurück und in Salzwedel auf der Bundesstraße diesen lächerlichen Fluss queren. Soviel mal zur Entspannungsetappe.

Eine halbe Stunde später habe ich den Rück- und Umweg erledigt, allerdings führen jetzt auch offensichtliche Wanderwege direkt am gegenüberliegenden Ufer der Jeetze entlang, was natürlich viel spannender wäre, als die eingezeichnete Straße zu gehen. Eine Radfahrerin biegt direkt vor mir in den Weg ein und nachdem sie keine Picknickdecke dabeihat, interpretiere ich, dass die Sache – also der Weg - nicht irgendwo endet, sondern einen Ausgang hat. Ich folge ihr, womit ich dann auch gleich schon den zweiten Fehler heute eingeleitet habe. Denn kurze Zeit später stehe ich mitten in einer Gartenkolonie, die auf der Karte ebenfalls nicht vorhanden ist. Gleichzeitig hat sich das GPS aufgehängt und verortet mich zuverlässig irgendwo in der Nähe von

Wien, was jetzt auch nicht so recht hilfreich ist. Einigermaßen verunsichert checke ich dreimal, wo ich sein müsste. Glücklicherweise bin ich kein Orientieridiot – ich bin genau da, wo ich sein sollte. Nur die Häuser gehören hier laut Karte absolut nicht her – vielleicht eine kleine Revoluzzeraktion der Salzwedler, die mal austesten wollten, ob ihnen das Bauamt dahinterkommt, wenn sie eine ganze Siedlung schwarz in die Gegend setzen. Bei einem einzelnen schwarz dazu gebauten Schuppen kommen sie einem gleich drauf. Ne ganze Ortschaft ist vielleicht eine zu große Ungeheuerlichkeit. Könnte also klappen.

Kartenlos versuche ich, einen Weg aus diesem Labyrinth aus Häusern, Gärten, Wegen und Ecken zu finden, verfranze mich mehrfach und stehe schlussendlich wieder fast genau da, wo ich Fr. Fahrrad ursprünglich gefolgt bin. Das ist einerseits gut, weil ich jetzt wieder weiß, wo ich bin – andererseits ist eine weitere Stunde vergangen, wodurch ich natürlich wenigstens etwas von Salzwedel gesehen habe. Zum Glück ist Montag und nicht Samstag, sonst hätte ich mir den Weg zwischen lauter Grillpartys und mitleidigen Blicken suchen müssen. Ich hätte natürlich auch jemanden nach dem Weg fragen– oder einen Blick auf Maps werfen können. Aber ich hab ja Stolz.

Nach Neustart des Handys bin ich jetzt in Prag.

Inzwischen ist es dann auch 12 – eine gute Zeit, die 14km endlich anzufangen. Mein Weg führt mich heute mehr oder weniger entlang der Jeetze, einem kleinen Neben- und Zufluss der Elbe, der sich träge mit lediglich homöopathischer Strömungsintensität von Salzwedel über Lüchow bis Hitzacker windet und es aber dann doch irgendwie schafft, dort in die Elbe zu münden. Schwerkraft vielleicht. Früher ein wichtiger Handelsweg, der mittels Treidelschiffahrt genutzt wurde – davon zeugen auch heute noch ein paar Schautafeln, wenige kleine Landestege und hin und wieder mal ein zugewucherter Steig genau entlang des Flusses.

Leider sind die alten Treidelpfade – auf denen Pferde oder Menschen die Schiffe zogen - weitestgehend verschwunden – sodass mein Weg die wenigste Zeit direkt am Wasser entlangführt – immerhin bleibt es in Sichtweite.

Die Wege sind wieder vom VEB Betonplattenkombinat gestaltet – und insofern im Prinzip fahr- und wandertauglich. Allerdings wurde hier etwas ganz Neues versucht. Die Platten sind keine Platten mehr, sondern mit zwei Streifen Löchern ungefähr in Schuhgröße versetzt. Ob dieses Konzept den Nobelpreis für einen umweltorientierten Mitarbeiter des VEB gebracht hat, oder schlicht der Rohstoffknappheit geschuldet war, kann ich nicht sagen. Es sieht auch durchaus schön aus, hat sich doch die Natur durch die Löcher ihren Weg gebahnt und der Plattenweg strahlt in prallem Grün, durch den landwirtschaftlichen Verkehr aber immer noch auf wenige cm zurückgedrängt. Allerdings sind die Grasfelder vom Niveau durchweg unterhalb der Betonstege und die Betonunterbrechungen deshalb scharfkantig und trügerisch und echte Umknickprovozierer. Für Autos und größere Gefährte sicher hervorragend zu nutzen, für den Wanderer – also mich – eher nicht. Meine normale Spurweite ist ungefähr 40cm – heißt in diesem Fall, ich gehe entweder links auf Beton und treffe rechts die Löcher oder umgekehrt. Alternativ kann ich versuchen auf dem Betonsteg zu balancieren – oder besonders breitbeinig zu gehen, also Steg und Steg. Beides ist nicht die leichteste Übung und ich treffe regelmäßig nicht das, was ich anpeile und trete schmerzhaft auf oder knicke tatsächlich um. Ich versuche eine Weile mal das Eine oder das Andere und entscheide mich letztlich für das Gehen in der Mitte – also direkt im Gras, was sich noch als das kleinste Übel entpuppt.

Was für mich im Wesentlichen nur lästig ist, sollte sich für Fahrräder als schlichtweg unmöglich erweisen. Ich glaube niemand kann so gut und sicher zielen, dass er sein Rad zuverlässig auf einem 15cm breiten Betonsteg behält. Irgendwann wird jeder mal links oder rechts daneben liegen und dann tuts einen Schlag und die Felge dürfte hin sein. Je nach Tempo inklusive Überschlag oder einfachem Abstieg. Folgerichtig begegne ich den ganzen Tag keinem einzigen Radler auf diesen immerhin als Fernradwegen bezeichneten Strecken – scheint also in den einschlägigen Foren schon bekannt zu sein.

Nachdem Salzwedel in der ehemaligen DDR liegt und mich mein Weg ins Wendland – also nach Niedersachsen führt – überquere ich jetzt erneut die ehemalige Zonengrenze. Hier bekommt die Jeetze auch noch ein L dazu – in Niedersachsen heißt die jetzt Jeetzel. Fragen Sie nicht, ich weiß auch nicht warum. Die Grenzgegend erklärt immerhin, warum die meisten eingezeichneten Brücken schlicht nicht mehr vorhanden sind – alle gesprengt oder sonst wie abgebaut. Das grüne Band ist bei Kenntnis der Umstände also immer noch erkennbar. Auch steht direkt am ehemaligen „Übergang" zwischen den Staaten ein Stück des alten Grenzzaunes und eine Gedenktafel für einen Flüchtling, der hier 1973 in eine der hier montierten Selbstschussanlage geriet und dabei sein Leben verlor. Unter einer alten Eiche stehen jetzt historische Informationen, ein vergammelndes Kreuz und 5 Meter Drahtzaun, eine Gedenkstätte im Niemandsland. Nicht mal in Google Maps erwähnt. Heute wäre Hans Franck, so hieß der Mensch, 63 gewesen. Als ich das Thema abends googele, finde ich heraus, dass die ersten Selbstschussanlagen oder auch Splitterminen, denn nichts anderes waren sie, genau hier im Grenzabschnitt von Salzwedel-Lüchow getestet und 1961 erstinstalliert wurden. Also genau hier, wo ich jetzt fast 60 Jahre später stehe. 71000 solcher Anlagen wurden gebaut und installiert – erst 1983 der Abbau beschlossen. Zu dem Zeitpunkt wurden bereits 160 Flüchtende Menschen durch die Auslösung verletzt, und unzählige direkt getötet oder tödlich verletzt. Wieder einmal eine bittere Anekdote, wenn man sich mit deutsch-deutscher Vergangenheit beschäftigt – oder wie ich quasi direkt auf ihr herumläuft. Dinge, die meine Kinder zum Glück vielleicht gar nicht mehr lernen werden.

In Niedersachsen ist Schluss mit den Öko-Betonplatten, ab jetzt ist gleich mal komplett asphaltiert, was zwar für die Beine angenehmer ist – fürs Auge leider nicht so. Ich quere Wustrow unter der stechenden Sonne und langsam ist es Zeit, eine größere Pause einzulegen, die Hitze macht mir dann doch zu schaffen, auch wenn ich das nicht so recht wahrhaben will. Ich halte zweimal kurz im Schatten, um etwas zu trinken und den Wasserhaushalt nicht zu sehr zu beeinträchtigen aber ich brauche jetzt tatsächlich mal eine längere richtige Rast und vor allem muss ich mal für eine Weile aus der Sonne raus, Cap hin oder her. Ich habe Glück, wenige hundert Meter weiter finde ich ein kleines Wiesenstück mit direktem Zugang in den Fluss. Wie ein geheimer Badeplatz der Dorfjugend. Die Jeetzel hat sich hier bezüglich ihrer eigentlichen Fließrichtung temporär umentschieden und scheint sich rückwärts zu bewegen. Vermutlich eine visuelle Täuschung, weil der Wind auf dem trägen Fluss die Entengrütze bewegt. Überhaupt blüht das Gewässer recht intensiv, nicht gerade sehr einladend. Immerhin bietet das Wiesenstück aber einen Einstieg. Also erst mal die Füße kühlen und den Schweiß abwaschen. Nach kurzer Überlegung, wische ich die Entengrütze weg und setze ich mich komplett ins Wasser, was mir dann immerhin bis zum Bauchnabel geht – schwimmen will ich in der Brühe aber trotzdem nicht, obwohl das den Körper nicht unerheblich runterkühlen würde. Immerhin ist es früher Nachmittag und damit temperaturtechnisch high noon. Aber die Erfrischung ist trotzdem nicht zu verachten und langsam komme ich wieder in den angenehmen Bereich. Dann lege ich mich für ein Nickerchen ins Gras und starre in den indigoblauen Himmel, den keine einzige Wolke verunstaltet. Ich bin grade weggedämmert, als es schräg hinter mir vernehmlich knistert. Träge öffne ich die Augen, drehe meinen

Kopf und sehe einem Mauswiesel direkt ins neugierige Gesicht.

Und bevor Sie hier sagen, was für ein Klugscheißer ich wäre und ob ich sie zoologisch auf den Arm nehmen möchte: ich kann gerade mal einen Hund von einer Katze unterscheiden, ok? Ich hab auch erst auf Marder getippt, aber das Viech war viel zu kein. Der Rest ist Wikipedia…vielleicht wars also auch ganz was anderes. Bis sie mir das Gegenteil beweisen, war es ein Mauswiesel.

Ca. 3m von mir steht es neugierig auf den Hinterbeinen und beäugt mich vorsichtig. „Hey" sage ich überrascht, und „na?" während ich vorsichtig nach meiner Kamera spähe. Liegt leider weit neben mir – aber ich muss es versuchen. Das glaubt mir ja sonst wieder keiner. Langsam bewege ich die Hand Richtung Handy, beobachtet von Fr. oder Hr. Wiesel, der jetzt etwas aufgeregter wirkt und immer ein paar Sätze hin und her hechtet und sich dann wiederaufrichtet und beobachtet. Ich bin am Handy, aber es gibt ein kleines Geräusch und das reicht, um unsere zarte Freundschaft zu zerbrechen. Ratz fatz flüchtet Wiesel in einen großen Ast- und Laubhaufen, unter dem es jetzt heftig zu rumoren beginnt. Ich hoffe mal nicht, dass Familie Wiesel jetzt gleich umziehen will oder muss. Als nächstes raschelt es noch einmal, und eine kleine Maus verlässt den Haufen, läuft auf einem daliegenden Ast an mir vorbei in Richtung Fluss. Das ist ja ein richtiger Zoo hier.

Ich stelle mir vor, wie Hr. Wiesel sich Hr. Maus vorgeknöpft hat, um ihn mal die Lage checken zu lassen. Kurzes Wortgefecht.

„Einen Scheiß muss ich. Ich geh da nicht raus."

„Wenn Du jetzt nicht sofort nen Abgang machst, kannst Du Dir gleich ne neue Bude suchen. Du hast Deine Beine lang genug auf meinem Tisch gehabt. Und meine Tochter kriegst Du auch nicht."

„Alter, Was soll ich denn mit Deiner Tochter? Ich bin eine Maus."

„Du bist gleich gar nichts mehr, wenn Du Deinen kleinen Hintern nicht sofort rausbequemst."

„Nazimethoden!"

„Beweg Dich! Und zwar pronto."

„…"

Und Maus kommt raus. Schnell an mir vorbei, der Blick starr geradeaus. Dumdidumdidum…was ich nicht sehe, sieht mich nicht, lalala. Schnell neue Bude suchen. Längst Zeit für was Eigenes, dieses blöde Wiesel kommt ständig mit was Neuem.

Wiesel seinerseits nutzt die Ablenkung durch die Maus und springt indes rund 5Meter hinter meinem Rücken über die Wiese und von seinem Haufen in einen Anderen. Professioneller Stellungswechsel würde ich mal sagen, Respekt.

Zeit für mich zu gehen, offensichtlich habe ich genügend Unruhe im Biosphärenreservat Wendland gestiftet. Eine Stunde später laufe ich in Lüchow ein, wieder ein ganz bezaubernder Ort mit einem nahezu geschlossenen Fachwerkensemble. Nicht nur die schmucke Hauptstraße kann sich sehen lassen, auch die übrigen Ortsteile zeichnen sich durch viel Holz und Stein aus, wenn auch nicht ganz so perfekt renoviert wie Downtown. Leider scheint die Bundesstraße mitten durch den Ort zu führen und dann auch noch als Golf GTI Teststrecke der einheimischen Jugend zu dienen – beides nicht grade hilfreich für einen gemütlichen Stadtkern. Übrigens ging 1811 nahezu die gesamte Stadt Lüchow samt Schloss und Kirche bei einer Brandkatastrophe unter. Nur 5 Stunden benötigte das Feuer, dass in einer Brennerei ausgebrochen war, um 193 Wohnhäuser, 89 Hintergebäude und 116 Ställe zu zerstören, was damals fast der gesamten Stadt entsprach. Schließlich waren die Baumaterialien zur damaligen Zeit Großteils hervorragend brennbar. In der direkten Folgezeit muss hier die größte Baustelle Europas gewesen sein, also quasi Berlin in der Walachei, denn innerhalb nur eines Jahres wurde Lüchow in einem völlig neuen und bis heute erhaltenen Bild wiederaufgebaut. Unterhalb des noch stehenden Schlossturmes findet sich die obligate Danksagung an den damals amtierenden Distriktbaumeister Lietzmann, der dies bewerkstelligte. Zu seinem Glück hat er vor 200 Jahren gelebt, was ihm Ruhm und Ehre einbrachte. Zitat: *Die historische Leistung Lietzmanns besteht darin, dass er in seinen Planungen für den Wiederaufbau mit frischem, klarem Blick in die Zukunft blickte. Er konnte es tun, weil die Staatsgewalt ihn nicht behinderte und weil er sich frei entfalten konnte.* Wahre Worte und Gnade der frühen Geburt. Heutzutage hätte der Herr Lietzmann nach drei Jahren Papierkram vielleicht mal seinen dritten Bauantrag (die ersten beiden hatten ein paar Formfehler) mit 289 Seiten Auflagen inklusive drei Feuernottreppen pro Gebäude zurückbekommen und bei Lektüre von Seite 85 („Ausgleichsflächen und sonstige ökologische Auflagen") als öffentlichkeitswirksame Protestaktion Suizid vor dem Bauamt begangen. Was aber natürlich gar nichts geholfen hätte. Jetzt also Ehrenmal im Schlosshof statt Gedenkplakette auf dem Klo im Landratsamt – gut gelaufen für ihn. Und für Lüchow auch – geschlossenes Fachwerkstadtbild statt Treppenwitz.

Zeit, sich zur Elbe aufzumachen.

Die Etappe nach Dömitz ist schnell beschrieben: Langeweile. Das Wendland mag eine tolle Gegend zum Radfahren sein und vermarktet dies ja auch überaus erfolgreich – für mich Wanderer ist es genau eins: öde. Die Jeetzel, die „drüben" noch zugewuchert und naturnah war, ist auf der niedersächsischen Seite komplett und nagelneu eingedeicht. Ich vermute, beim letzten dicken Elbehochwasser hat's die braune Brühe flussaufwärts bis Lüchow gedrückt und damit sowas aber überhaupt gar nie wieder vorkommt, sind die Deiche auf gefühlte 5 Meter aufgerüstet worden. Das mag praktisch sein, ist aber ein ästhetischer

Totalausfall. Ein Traktor ist grade dabei, den Deich zu mähen, was die letzten Reste des Aufmuckens der Vegetation im Keim erstickt. Nix wie weg und ich lege einen Zahn zu, was bei schon jetzt 30 Grad nicht die leichteste Übung ist. Kopf abgeschaltet trotte ich über weitere Feldwege, die sich in Form und Art wenig unterscheiden. Gerade, alle paar km mit Glück eine Abzweigung, unten Schotter, links und rechts Feuchtwiese, hin und wieder ein Entwässerungsgraben. Oben blau mit Sonne. Dem Deich folgt ein ähnlich langweiliger Weg – schnurgerade 5km durch die Lucie – ein nichtssagendes Waldstück. Muss ich mich nicht großartig umstellen, heute wird's anscheinend nicht besser. Wobei, Sand statt Schotter unten. Doch noch eine Variation.

Als weiteres Wegehighlight dann eine Asphaltstrecke Richtung Elbe, heute ist also nicht wirklich mein Tag. Ich tappe leicht bergauf, versuche zumindest den Schatten des Waldes auszunutzen – Asphaltgehen ist bei Hitze und dem Reflektieren des Untergrundes grenzwertig. Zu jeder Zeit das Gefühl, die Sohlen müssten eigentlich jeden Moment schmelzen und ich eins mit dem Untergrund werden. Was natürlich lächerlich ist, aber da gibt's so ein Tim-und-Struppi-Bild, was fest in meinem Unterbewusstsein festhängt. Die Kilometer ziehen sich, ich bin inzwischen langsam wirklich fertig. In der nächsten Ortschaft definitiv Pause und etwas Kaltes trinken, Körper kühlen. Nur kommt der nächste Ort erst in 3 Kilometern – und einen Laden oder ein Café hat er nicht. Was ich zu diesem Zeitpunkt natürlich noch nicht weiß.

Zum zweiten Mal wenn es grade echt blöd und schwierig wird – diesmal freilich weil das Wetter zu gut statt zu schlecht ist, gibt es etwas Hilfe. Hält doch glatt mal ein freundlicher Autofahrer an und fragt, ob er mich ein Stück mitnehmen soll. Das ist mir bisher noch nie passiert. Interessierte oder auch mitleidige Blicke gab es reichlich – aber noch nie hat jemand gehalten. Und hier kommt dann wohl der Unterschied zwischen meinem Erlebnis am Frankenweg und heute: Hitze ist besser als Regen. Und ich bin nach meinen ganzen Etappen inzwischen auch zäher und stolzer geworden. Oder blöder, so wie Sie wollen. Obwohl ich reichlich am Ende bin, bedanke ich mich freundlich und gebe zu verstehen, dass ich das hier aus Spaß mache und der Weg mein Ziel wäre. Doch wirklich. In der derzeitigen Situation eine glatte Lüge, aber da ist sie auch schon draußen und er fährt schulterzuckend wieder, während ich mich instinktiv frage, ob ich eigentlich noch alle Klötzchen im Beutel habe, den guten Mann einfach so weiterfahren zu lassen. Na gut, passiert ist passiert und ich werde nicht winkend hinter ihm herlaufen. Alles nur ein Witz, warten Sie doch mal!!!

Geht ja schließlich nicht. Also weiter.

Der nächste Ort hat wie erwähnt keine Kneipe, aber immerhin eine Bushaltestelle mit Dach und Bank, was also Schatten und Liegen bedeutet. Zusätzlich pfeift ein fröhlicher Wind durch das hölzerne Wartehäuschen und kühlt mich. Zu trinken habe ich noch dabei, auch wenn das Wasser inzwischen pisswarm ist. Ich liege eine halbe Stunde in der Wüstenhitze, der Wind passt absolut dazu. Dann raffe ich mich auf und gehe die zwei Kilometer zur Elbe. Hier wird das Leben dann langsam interessanter. Ich komme direkt an der alten Dömitzer Eisenbahnbrücke raus, einem Monument alter deutscher Baukunst. Über einen Kilometer lang wurde hier die Elbe bereits zur Jahrhundertwende überspannt – wie damals üblich in architektonischer Schönheit, die heute allzu oft komplett abhandengekommen und langweiligen Zweckbauten gewichen ist. Aber hier steht ein Bauwerk von zeitloser Schönheit – und wie so vieles von damals leider kaputt. 1945 einem der letzten alliierten Bombenangriffe zum Opfer gefallen und anschließend angesichts der deutschen Teilung gar nicht erst wieder aufgebaut – im Gegenteil: auf ostdeutscher Seite wurden die Trümmerteile weggeräumt, damit niemand auf die Idee kam, darüber in den Westen zu balancieren – stehen blieb auf westdeutscher Seite ein Stahl und Steingerippe, was Besucher durchweg als spannend und magisch beschreiben. Fragt sich, warum es nicht mal wiederaufgebaut wird – so viele schöne Brücken gibt's ja nun auch wieder nicht. Mir käme so ein Aufbau absolut gelegen – die Brücke zielt genau auf mein weithin sichtbares Quartier für heute Nacht, ein alter Speicher am Hafen von Dömitz wurde in ein schickes Hotel umgebaut. 5 Stockwerke hoch kann ich es vom Fuß der alten Brücke sehen – einen guten Kilometer entfernt. Dummerweise steht es eben auf der anderen Seite der Elbe also muss ich den Umweg über die Straßenbrücke nehmen – satte 5 Kilometer mehr, was ich glücklicherweise erst hinterher nachrechne.

Als ich die neue Elbebrücke zur Hälfte hinter mir habe, sehe ich erstmals die riesigen Quellwolken, die sich im Westen bereits deutlich abzeichnen und beachtliche Höhe erreicht haben. Sie scheinen schnell näherzukommen, erstmals höre ich auch schon ein fernes Grummeln. Das Gewitter wird also wie angekündigt am Abend eintreffen. Im Moment ist mir das aber völlig egal. Mir ist heiß, ich habe viel zu wenig Wasser zu mir genommen und mein Körper ist an der Grenze zur Überhitzung. Trotz Gewitter hinter mir wende ich mich am Ende der Brücke also bei erster Gelegenheit vom Weg nach Dömitz und steige die paar Meter zur Elbe hinunter. Grau, grün und irgendwie so gar nicht schön fließt sie träge vorbei, das Ufer ist mit Steinen zugelegt, aber das ist ir jetzt mal egal. Schuhe aus, und über die Steine ins Wasser gestakst und dann erst mal wieder kühlen. Füße, Beine, ich schaufele das brackige Wasser über meinen nackten Oberkörper, Mann tut das gut.

Der erste Blitz zuckt noch weit hinter der Brücke, die ich vor 5 Minuten verlassen habe, aber jetzt folgt bereits ein Donnern. Ich muss zusehen, dass ich vom Wasser wegkomme. Es ist einigermaßen mühsam, die Socken und Schuhe wieder anzubekommen, einerseits weil ich nach diesem Tag echt fertig und unbeweglich bin, andererseits bekomme ich ständig Sand in die Socken und es braucht zwei oder drei Anläufe, einen sauberen Fuß in die Socken zu bekommen. Als ich endlich fertig bin, steht die schwarze Gewitterwand schon auf Höhe der Elbebrücke und es donnert regelmäßig. Der Wind hat deutlich angezogen und weht die etwas kältere Luft bereits in starken Böen in mein Gesicht, was so wundervoll ist, dass ich vor Glück laut beginne zu lachen. Jetzt in ein dickes Gewitter zu kommen, hat keinen Schrecken. Trotzdem muss es ja auch nicht sein, völlig klatschnass zu werden, vielleicht kann ich das ja noch vermeiden. Laufend zu flüchten ist angesichts meiner Konstitution allerdings ausgeschlossen, also gehe ich in meinem normalen Tempo weiter Richtung der Festung. 5-10 Minuten werde ich wohl noch brauchen. Der Wind nimmt noch ein wenig mehr zu, die schwarzen Wolken hinter mir bauen sich immer weiter auf und sind jetzt fast an mir dran. Blitze zucken regelmäßig, einer schlägt genau in die Elbebrückenkonstruktion, genau als ich mich wieder einmal umdrehe. Holla.

Für die Brombeeren am Burggraben der Festung habe ich ausnahmsweise keine Augen mehr, auch wenn ich jetzt wirklich gerne welche gegessen hätte. Schließlich hab ich noch immer Durst und inzwischen auch einen ordentlichen Hunger. Ich biege gerade auf den Weg in die Festung ein, als die Hölle losbricht. Nahezu von einer Sekunde auf die andere kippen die Wolken über mir Ihre Fracht aus und es geht von Trockenheit innerhalb eine Sekunde in Schütten über. Was mich bewegt, dann doch in einen kurzen Laufschritt überzugehen, 10 Meter vor dem rettenden Dach komplett nass zu werden, ist eine Ironie, die ich heute nicht brauche. Ich schaffe es gerade so noch in den Burgeingang, bzw. -durchgang, während vorne und hinten die Welt untergeht. Das Gewitter ist jetzt direkt über mir, wie der nicht mehr vorhandene Zeitunterschied zwischen Blitz und Donner beweist. Da steht man doch gerne in einem Gebäude, was an dieser Stelle schon ein paar hundert Jahre unversehrt auf dem Buckel hat. Ich setze mich auf eine Bank vor dem Eingangsgebäude und lasse das Unwetter passieren. Fange Wasser mit meiner Flasche auf, trinke, genieße. Nach 20 Minuten ist alles vorbei und ich mache mich auf den letzten Kilometer durch das Dorf Dömitz, was jetzt 10 Grad kühler ist als vorher, aber immer noch zu dampfenden Straßen und Dächern reicht. In Pfützen steht das Wasser auf den Wegen, von allen Bäumen und Dächern platschen die letzten Tropfen hinein. Kein Mensch mehr auf der Straße.

Ich durchquere das wirklich niedliche Städtchen, wo ich als Relikt der sozialistischen Zeit unter anderem eine leerstehenden Original-Kaufhalle mitten im Ortszentrum ausfindig mache. Auch nach 30 Jahren Einheit hat sich noch keiner gefunden, den Schriftzug mal zu entfernen, so wie es auch hier, immerhin einem touristischen Hotspot am Elbe-Radweg, immer noch nicht gelungen ist, sämtliche Häuser zu renovieren oder wiederaufzubauen. Leerstand neben wunderbar renovierten und restaurierten Gebäuden, kleine niedliche Hotels und Pensionen, kleine Cafés und dann wieder Ruinen oder schöne Stadthäuser, die langsam vergammeln. 30 Jahre nach der Wende noch immer dieses Problem – ich frage mich, ob es auch noch so aussieht, wenn die Wende länger her ist, als die DDR Bestand hatte. In 14 Jahren wird es so weit sein.

In der örtlichen Eisdiele gleich gegenüber der zentral gelegenen Kirche muss ich anhalten. Hier wird Original DDR-Softeis versprochen und bereits an allen Ortseingängen vermarktet. Honecker grinst von der Rückwand des Lokals als Portrait in 1x2m, die Eismaschinen sind original vom VEB und das Eis (Vanille, Orange und obendrauf inzwischen ein Schuss Erdbeere. Laut Besitzerin eine Geschmacks-explosion – zumindest aber Weltniveau) wird mit Löffeln serviert, die mikroskopisch klein und original sind. Wie man Eis aus einem halbkugelförmigen Ding von rund einem erbsengroßen Durchmesser lutschen soll, erschließt sich mir bei kritischer Betrachtung des Konzeptes nicht. In der

Praxis läuft es noch viel schlechter als vorab eingeschätzt. Meinem Rummäkeln, dass man damit ja noch in einer Woche mit dem Becher beschäftigt wäre, begegnet Frau Eispirat mit einem Lächeln und dem vollen Vertrauen in meine Esskünste. Sagt sie zumindest. Und überhaupt...eine Woche hätte noch keiner gebraucht. Auch damals schon nicht.

Das Eis ist der Hammer. Aber die Löffel sind trotzdem Scheiße.

Immerhin habe ich wieder genug Energie um die letzten Meter der Hauptstraße zu folgen und in das Hotel am Dömitzer Hafen einzuchecken. Und dann erst mal auf dem Balkon sitzen und in den Sonnenuntergang starren.

Hinter Dömitz wird die Gegend wieder schöner. Kein Vergleich zum öden Wendland mit seinen am Lineal gezogenen Kanälen und Straßen in platter Monotonie, hier wird es etwas hügelig (sofern man Erhebungen von rund 10m als Hügel bezeichnen kann). Die Elde, der längste Fluss Mecklenburg-Vorpommerns entwässert die Müritz Region und fließt als eine kleinere Wasserstraße, die inzwischen fast nur noch von Sportbooten genutzt wird, genau bei Dömitz in die Elbe. Von meinem Hotel kann ich die letzte Schleuse gut sehen. Sie begleitet meinen Weg wie eine alte Bekannte. Mehrfach überquere ich sie, passiere kleinere Schleusen und angelegte Staubecken, die nötig sind, um die 45Höhenmeter zur Elbe auszugleichen.

Nachdem der Sommer heute nochmal von seiner ganz heißen Seite auftritt, setze ich mich an einen der künstlichen Seen – was ihm nicht anzusehen ist – und nehme angesichts der überwältigen Einsamkeit an dieser Stelle ein erfrischendes Bad. Das wollte ich eigentlich gestern schon in der Elbe machen – aber die braune Soße hatte mir dann doch zu viel Strömung und das Ufer sah zu wenig einladend aus. Mit der Erfrischung im Gepäck gehen die letzten Kilometer nach Ludwigslust fast wie von allein. Tapp, tapp unten, leises Schaben, Zerren und Quietschen oben am Rucksackgestell und ich laufe in meinem Etappenziel ein.

Ludwigslust ist erkennbar entstanden, als Fürsten sehr viel Geld und sehr viel Muße hatten, sich ein Schloss und dessen gesamte Peripherie selbst zu planen und aufzubauen. Wesentliche Teile der Stadt sind am Reißbrett entstanden und wurden in Jahren aufgebaut, die wesentlichen Achsen durch die Stadt sind doppelt so breit wie üblich und gleichen breiten Prachtboulevards – auch wenn ich hier nicht in Paris stehe und am Ende alles sehr gemütlich und gar nicht überlaufen ist. Die Kleinstadt glänzt aufgeräumt, sauber und ordentlich – zumindest in ihrem Zentrum. Am Bahnhof und etwas weiter außerhalb sin die Ostjahrzehnte ebenso wenig weg zu definieren, wie in allen anderen Städten der neuen Länder, durch die ich schon gewandert bin. Der Schlosspark hat die Dimensionen des New Yorker Central Parks und bietet in jedem Winkel architektonische Kleinode und landschaftsbauliche Attraktionen. Hier wurden Kilometer von Kanälen gebuddelt und mit Kaskaden und Schleusen gebändigt. Wasserfälle, Springbrunnen, und Fußballfeld große Wiesen unter Weiden und Eichen. Alle nach Entstehung der Anlagen ein paar hundert Jahre alt.

Eine eigene Kirche steht ebenso herum wie ein komplettes Mausoleum – das alles natürlich zusätzlich zum drittgrößten Schloss Norddeutschlands, welches angeblich Versailles nachempfunden ist. Ich werde in meinem Besichtigungsdrang von einem weiteren kapitalen Gewitter unterbrochen – lang hatte es sich angekündigt angesichts des schwülen Tages. Schon seit einer Stunde ist der Himmel wolkenverhangen und das Donnergrummeln war nicht mehr zu überhören. Ich rette mich in letzter Sekunde in die Hofschenke gegenüber der herrschaftlichen Mauern, hier war die alte Wache untergebracht – jetzt gibt es hier tolle Sachen zum Essen und Trinken und während der Himmel seine Schleusen für die nächsten beiden Stunden öffnet und die angelegten Kaskaden des Schlossteiches vor ganz neue Herausforderungen stellt. Vorher gemächlich dahinplätschernd verwandeln sie sich in der kurzen Zeit meiner

Beobachtung in kapitale Wasserfälle und ich mache mir ernste Sorgen um die Statue in der Mitte der Anlage, die sich jetzt mitten in einer tosenden Strömung befindet und deutlich zu wackeln scheint. Das alles ist aus meiner Warte gemütlich zu betrachten, sitze ich doch auf einer um 50cm erhöhten Terrasse, die ordentlich überdacht ist und höchstens mal eine wenig Gischt oder Sprühwasser zu mir treibt.

Zwei Stunden schaue ich mir das an, dann ist die Speisekarte rauf und runter abgegessen und die 4te Spezi schmeckt schon nicht mehr. Ich hechte also durch 5Minuten nachlassende Regenintensität zurück zum Hotel.

Genug für heute…ab morgen Richtung Schwerin.

ZWANZIG

Ludwigslust – Banzkow – Schwerin – Ventschow

Der Weg Richtung Schwerin beginnt eigentlich erst richtig in Neustadt. Vorher die leider viel zu oft übliche Waldeinsamkeit, schnurgerade Wege, mal Schotter – wenn ich Pech habe auch mal ein Reitweg, was knietiefen Sand bedeutet. Für Pferde sicherlich toll und schön gepolstert – für mich eine anstrengende Tortur. Abdrücken bringt genau: nichts. Ich rutsche von links nach rechts wie auf Schnee. Mal hält der Boden mal ist er wieder tief und schier bodenlos. Das geht so die ersten 10 Kilometer mal schlecht und mal schlechter und in Neustadt bin ich dann das erste Mal für heute im Eimer. Zum Glück bietet die Stadt, wenn schon keine absoluten architektonischen Wunderwerke zumindest ein solides Schloss und zu allem Überfluss auch noch eine Burg, in deren Vorhof ich mich setze, um auszuruhen.

Zu meinem großen Glück findet das alljährliche große Ritterspektakel zu einem anderen Termin statt – mitten zwischen in Rüstung oder Wams gekleideten Mittelalterfans zu stehen, so mit meinem Rucksack und verschwitzt jenseits der Wohlfühlgrenze, muss ich jetzt nicht haben. Obwohl es sicher interessant wäre zuzuschauen, wie sich hunderte üblicherweise solide im Leben stehende Bundesbürger für ein paar Tage in Idioten verwandeln, die zu Trommelschlägen mit Lanze und Schwert aufeinander losgehen. Und sei es auch nur zum Spaß und nicht in echt. Ich frag mich trotzdem, was da schiefgelaufen sein könnte während ich so über die friedliche Wiese schaue und ein Eichhörnchen mich unsicher aus der Ferne betrachtet, als ob es mich für den Nuntius hält, der den alljährlichen Wahnsinn ankündigt. Alle Baumbewohner ab ins Zwischenexil. Und falls Sie mir diese Beschreibungen nicht glauben – sehen Sie Sich gerne mal in Google Streetview die zig Bilder an, die hier 2017 zum 25ten Jubiläum geschossen wurden. Grad das kein Blut spritzt.

Um dem Ganzen einen Wandergedanken zu verpassen : mit Rüstung und oder Waffen von a) nach b) zu kommen wäre ja auch mal eine lustige Vorbeschäftigung für die Ritterfans – also Anmarsch aller Beteiligten mit Pferd und Wagen und in voller Montur von Ludwigslust bis hier – nur die läppischen 10 Kilometer. Sicherlich würde die eigentliche Schlacht dann vermutlich nach wenigen Sekunden aufgrund konditioneller Probleme von Amtsrat Schmidt und Konsorten abgebrochen werden müssen. Angesichts von Rettungswagen wäre dann auch der eine oder andere wohl wieder ganz glücklich, im heutigen Deutschland zu wohnen und nicht in einer echten Auseinandersetzung den ziemlich sicheren Tod zu erleiden. Und wenn auch nur ein Arm oder Bein verlustig ginge. Dann doch lieber nur ein Wochenende martialisch tun und hinterher schnell wieder an den sicheren Schreibtisch. Mit AirCon.

Nach Neustadt und einigen Kilometern auf Straßen liegen rechterhand einige riesige Fischzuchtgebiete, das Wasser der Elde wurde hier vermutlich entnommen und künstliche Seen beachtlicher Größe angelegt. Fischereibetriebe inklusive. Außerdem sehe ich mit Begeisterung eines der ersten Reetdachhäuser in der Region, untrügliches Zeichen, dass ich dem Meer inzwischen doch um einiges nähergekommen bin. Der Schleusenwärter der Lewitzschleuse wohnt also gemütlich unter Reet – ich überlege, ob so ein Dasein auch was für mich wäre. Der hats nicht schlecht, einfache Entfernung Wohnung – Arbeitsstätte 0.01km. Das lässt sich wohl sogar mit der SPD Initiative für Recht auf Homeoffice für alle in Einklang bringen. Beim Pflege- oder Einzelhandelspersonal war ich mir nie so sicher, wie die Geschichte fliegen sollte. War vielleicht auch eher ein persönliches Thema eines wichtigen Politikers. Vermutlich sogar

CSU – da kann man sicher sein, dass es auch der größte Bier-festblödsinn bis zur Gesetzesinitiative schafft – bevor irgendein Gericht die Sache stoppt. Siehe Autobahnmaut.

Zurück zur Schleuse überkommen mich jetzt alternative Gedanken: jeden Tag von 08 – 19 Uhr zur Verfügung stehen…das könnte auch mal langweilig werden. Zumal ich noch bei keiner Elde-Überquerung oder Annäherung irgendein Schiff gesichtet habe. Wenige Kilometer später tauche ich bei Friedrichsmoor endlich wieder in einen spannenden Wald ein. Seit langer Zeit mal wieder. Ein aufgelockerter Mischwald. Buchen wechseln sich mit Eichen und Kiefern ab. Der Weg schlängelt sich durch die Kilometer, Baumstämme liegen sauber aufgeschichtet am Wegesrand, Farn hat einige bereits überwuchert. Lichtungen mit Brombeergestrüpp, Gras und kleineren Bäumen – so stelle ich mir einen interessanten Wald vor. Das Auge isst mit. Die Bäume sind unterschiedlich alt und hoch, der Weg regelmäßig aber nicht ständig beschattet. Die Färbung der Laubbäume wechselt sich immer neue mit dem Grün der Nadelvertreter ab. Sorry Lucie, aber das war bei Dir leider gar nix.

Gut, wenn ich nochmal überlege, ist das Urteil etwas beeinflusst von der Tatsache, dass ich Brombeeren liebe und mich hier quasi durch den halben Wald gefuttert habe. Also, das hatte natürlich etwas Positives. Aber war trotzdem echt schön. Also Lucie, wirf mal n paar Brombeerbüsche in die Waagschale und dann reden wir nochmal.

Am Ende des Waldweges komme ich auf eine Lichtung mit Kanalbrücke, Wegetafel und Bank. Daneben kiloweise noch mehr Brombeeren. Ich pflücke und futtere, trinke, lege mich mit inzwischen gefühlten 3Kilo Frucht in mir hin und bin in Sekunden weg. Offensichtlich haben die letzten über 20 Kilometer schon ihren Preis. Aber jetzt ist es ohnehin nicht mehr weit. Eine halbe Stunde später schrecke ich auf, die Sonne steht inzwischen schon recht tief – Zeit die letzten Schritte bis Banzkow hinter mich zu bringen. Der namenlose Kanal bleibt zunächst mein Begleiter – das fast schwarze moorige Wasser läuft geräuschlos in die entgegengesetzte Richtung. Allerdings fällt mir auf, wie sehr sich die Vogelstimmen in der Nähe von Wasser verändern. Das Zwitschern im Wald ist eine Sache, es klingt fröhlich, weitläufig und vertraut. Am Wasser wechseln die Stimmen in frech, überschwänglich, satt. Wasser ist wohl nicht nur für Menschen die Grundlage aller Existenz. Ich quere die letzten Wiesen und ziele auf die alte Lewitzer Mühle, die schon weithin sichtbar ist und die umliegenden Wiesen überragt. Nicht nur aufgrund ihrer Größe, sondern weil hier auch wieder einige Hügel im Spiel sind und das Gebäude an windiger Stelle errichtet worden sein wird. Erfreut stelle ich fest, dass das Hotel über ein Hallenpool verfügt – ab ins Wasser.

Von Banzkow bis in die Landeshauptstadt MecPomms sind es nur noch 15 Kilometer – ein Spaziergang von etwas über drei Stunden – aber ich möchte genug Zeit haben, um mir die Innenstadt anzusehen. Der Weg ist ein Highlight der letzten Tage. Der Störkanal verbindet den Schweriner See mit der Elde, auf ihn treffe ich in Banzkow. Im Gegensatz zu den bisherigen Flussläufen ist dieser Kanal – auf dem ebenfalls in der Vergangenheit getreidelt wurde – in einem wunderschönen Zustand. Kaum Schiffsverkehr, aber dafür auf seiner gesamten Länge ein alter Treidelpfad der an seinem südwestlichen Ufer verläuft. Immer am Wasser laufe ich dahin, die Kühle des Morgens wird hier noch etwas länger festgehalten. Eine schwache norddeutsche Brise kühlt den Tag zusätzlich und ich genieße inzwischen die Passagen, an denen die Sonne von den Bäumen nicht gehindert wird, den Weg zu heizen. Ein Paddler im Lidl-Aufblasboot zieht träge vorbei – das Paddel klatscht leicht beim Eintauchen. Wenn eine Seite aus dem Wasser kommt, gibt es einen kleinen Moment von leichtem Rinnsal und ich frage mich unversehens, wie dieses Gefährt wohl mit einem Bodenkontakt umgehen würde. Ich hab nix gegen Lidl, Aldi usw. – aber in diesem Fall sieht es nicht so völlig sicher aus. Gut am Ende ist es nur ein kleiner Kanal, Wassertiefe 1,50. In der Mitte. Er fährt allerdings ganz an der Seite und die Steine am Boden scheinen nur Millimeter unter dem nicht vorhandenen Kiel nur darauf zu warten, der Stiftung Warentest, die hier leichte Sicherheitsmängel beim Modell Paddelfix Premium ausgemacht hatte, den Rücken zu stärken. Ich bereite mich mental auf eine Rettungsmission vor „Nein, nicht schwimmen. Waten Sie einfach nur hierher zu mir." Aber meine Wiederbelebungsfähigkeiten werden nicht benötigt und das Paddelfix dreht um und lässt sich zurücktreiben.

Hin und wieder nähert sich ein Radler – aber ansonsten ist es still, fast melancholisch in der Herbstsonne zu wandern. Leider nähert sich irgendwann die Stadt in Form der zwar wenig befahrenen A14 – es reicht, um den kurzen Genuss der Stille nachhaltig zu zerstören. Bis Schwerin wird es zwar wieder etwas leiser – aber am Ende nähere ich mich einer pulsierenden Stadt und den dazugehörigen Geräuschen, die ja bekanntlicherweise nie so richtig verstummen.

An den Outskirts von Schwerin angekommen, führt der Weg immer entlang des Sees bis in die Innenstadt. Zeit genug, die Schönheiten der Stadt ausgiebig zu bewundern – was an der Seeseite vermutlich keine große Kunst ist. Hier ist eindeutig die Geldseite und eine wunderbare Villa reiht sich an die Nächste. Alles mindestens schön, wenn nicht protzig. Der Weg führt immer direkt am Wasser entlang – die Gebäude müssen allesamt mit der zweiten Reihe vorliebnehmen, was den Charakter dieses Streifens eindeutig positiv beeinflusst. Am stadteigenen Strandbad – wer hat sowas schon in dieser Größe und mit Sandstrand lege ich eine kurze Rast ein und genieße die erneut echt warmen Strahlen der Herbstsonne. Zum Baden ist es für den Normalbürger anscheinend bereits zu kalt – überhaupt nichts los hier und das bei dem Wetter.

Ab Stadtgrenze sind es immerhin über 8 km bis ich endlich vor dem überaus beeindruckenden Stadtschloss und damit dem Regierungssitz der Landesregierung stehe. Angesichts der Vielzahl heruntergekommener Schlösser, an der ich in den letzten Wochen vorbeigekommen bin, macht die Entscheidung der Landesregierung, hier in eines einzuziehen völligen Sinn. Ich meine, wer kann ein Schloss bewirtschaften? Das hat ewig viele Zimmer, die üblicherweise einer Renovierung bedürfen, die Bausubstanz ist gerne fragwürdig, das Heizen alleine benötigt jährlich ein mittelgroßes Waldstück. Und zu allem Überfluss müsste die Großfamilie mindestens 50 Personen umfassen, um alle Zimmer halbwegs vollzukriegen. Jetzt sind sie dran: wie viele kriegen Sie so zusammen, wenn Sie Tante Erna, die gesamte bucklige Verwandtschaft und meinetwegen auch noch alles im dritten Grad halbwegs Bekannte mit einrechnen. Bei meiner Familie komme ich bis 30 – also nicht mal annähernd die richtige Größe – ganz abgesehen, dass Tante Hilde NIEMALS mit Großonkel Fred unter einem Dach wohnen würde. Und damit ist dieses Gedankenexperiment auch schon zuende: Schloss erben und haben bedeutet zwangsläufig Ruin. Außer: sie haben die Option auf eine der folgende vier Möglichkeiten: a) Hotel, b) Museum, c) Landesregierung, d) Flüchtlingsunterkunft. Vielleicht noch Schule/Internat. Und Schwerin hat nun eben c).

Und für alle unter Ihnen, die das jetzt immer noch kritisch sehen: wenn Sie eine bessere Idee haben, wo ein Land seine ganzen Minister, Ihre überwiegend überflüssigen Staatssekretäre und dann noch den gesamten völlig überbezahlten und ebenso -forderten Staatsschranzenhaufen elegant unterbringen kann : ich bin ganz Ohr. Aber vielleicht wollen Sie ja auch lieber die Flüchtlinge, denen solls schließlich gut gehen bei uns.

Dem Stadtschloss geht's also mal gut – und auch der restlichen Stadt sieht man an, dass eine Regierung und ihr Apparat auch einiges an Geld mitbringt. Der Zustand der

Häuser ist durchweg wesentlich über dem Durchschnitt der Umgebung, die Restaurant- und Bistrodichte hoch und insgesamt hebt sich Schwerin mit einem fröhlich entspannten Lebensgefühl ab, was vermutlich nicht zuletzt mit dem hohen Freizeitwert zusammenhängt. Und Städte am Wasser sind halt immer auch cool und mir gefällts ausgezeichnet.

Nur muss ich ja leider auch wieder weiter – noch rund 100km bis Ziel. Und so heißt es am nächsten Tag erst mal die Arschbacken und noch so manches andere zusammenkneifen angesichts der Strecke. Die ist nämlich die ersten 10 Kilometer unweigerlich und zweifelsfrei blöd. Der Vorteil des Sees an fast allen Seiten Schwerins wird zum Nachteil, wenn man die Stadt in nördlicher Richtung verlassen möchte. Einfach zu wenig Platz. Die Möglichkeit eines schönen Wanderweges entlang des Ufers bietet sich nicht – stattdessen geht's über die Inseln und ich muss mir den einzigen Korridor mit der B109 teilen. Und den vorbildlich geteerten Weg mit Radlern.

Es ist Samstag, was zwar bedeutet, dass der Berufsverkehr ausfällt – aber dafür flüchten die Schweriner aus der Stadt – und das Umland kommt dafür zum Shoppen. Gerechter Ausgleich. Und alle treffen sich auf der B109. Ich mittendrin. Nun ist es dem Menschen ohne weiteres möglich, die Ohren auf Durchzug zu schalten, ein gleichbleibendes Geräusch hört man ja schließlich irgendwann nicht mehr, so sehr ist das Gehirn in der Lage dauerhafte Töne wegzukompensieren - aber so richtig toll wird der Weg dadurch trotzdem nicht. Was aber an etwas ganz anderem liegt. Den Kollegen auf dem Rad.

So richtig viele Menschen fahren nicht gerade zum Shoppen mit dem Rad, wir sprechen hier also von der überwiegenden Anzahl Radlern, die die Stadt verlassen – ich würde mal tippen, heute kommen 70% von hinten. Auf einem kombinierten Wander- und Rad weg von ca. 1,50 Breite …Sie bekommen eine Vorstellung. Nachdem ich damit beschäftig bin, den Verkehr zu ignorieren, beginne ich die Artgenossen auf zwei Reifen etwas näher zu beobachten und Folgende Radlerregeln scheinen in Schwerin an einem Samstag im Oktober zu gelten:

1) Radler treten immer paarweise auf. Männchen und Weibchen bilden einen Trupp.

2) Radler sind grundsätzlich über 60.

3) Geradelt wird schweigend. Der Blick ist leicht angestrengt bis finster und geht streng geradeaus.

4) Das Männchen fährt immer vor. Es hat immer die totale Ahnung, wo es lang geht – oder auch die überaus überzeugende Meinung, diese Ahnung zu haben. Das Männchen übernimmt automatisch und intrinsisch die Führung. Das Weibchen fährt schweigend hinterher, weiß natürlich, dass er eigentlich von Orientierung keine Ahnung hat und ist jederzeit bereit, notfalls einzugreifen, damit sich keine Umwege über 5km ergeben. Das tut sie so geschickt, dass das Männchen immer noch behaupten kann, den richtigen Weg in letzter Sekunde selbst gefunden zu haben. Außerdem nutzt sie den Windschatten.

5) Radler klingeln entweder, wenn sie noch 5 Minuten weg sind – oder gar nicht. In jedem Fall bauen sie weitestgehend darauf, dass ein überholter Wanderer keine unbedachte Bewegung macht. Also keinesfalls stolpert. Auch gehen sie meist davon aus, dass der Wanderer seine Augen und Ohren vor allem mal hinten hat. Und gut auf den Radler aufpasst.

6) Radler grüßen nicht.

Während Punkt 5 mich das eine oder andere Mal fast einen Arm zumindest aber einen ordentlichen Schrecken kostet – Sie erinnern Sich, wir gehen an einer befahrenen Bundestraße entlang und der Wind kommt von vorne – geht mir Punkt 6 irgendwie auf den Keks. Ständig habe ich den

Eindruck, dass ein Fußgänger schlicht nicht würdig ist, vom Stahlross herunter gegrüßt zu werden. Die Kollegen kommen mir entgegen, weichen meinem Blick angestrengt aus, in dem sie an mir vorbeizielen und auch genau dort hinstarren und dann sind sie froh, wenn sie schweigend vorbei sind. Wenn ich fröhlich ein „Moin", „Hallo" oder „Morgen" loslasse, bekomme ich keine Antwort, meist, weil das Gegenüber schon wieder ein paar Meter hinter mir ist. Nun bin ich in den letzten Jahren in den Bergen „aufgewachsen" und am Berg grüßt und duzt man sich, ich halte das für eine Art Anstandsgeste, die im Outdoor-Bereich allgemein gelten sollte. Ein Hallo bricht keinem einen Zacken aus der Krone und verschönert den Tag. Ende. Keine Ahnung, ob das bei Radlern auch so ist, ist mir aber auch egal. Ich beschließe, dass heute hier auf der B109 gegrüßt wird. Und zwar jeder.

Der Anfang ist noch recht zögerlich. Denen, die von hinten kommen, werfe ich ein Hallo hinterher. Hier ist Reaktion gefragt, wenn so schon vorbei sind, bekomme ich es nicht mal mit, wenn sie etwas antworten. Also muss mein Gruß sitzen, wenn sie genau parallel sind. Ich feile etwas an der Technik, und nach dem 5ten Überholer sitzt das Timing. Jetzt grüße ich schon bei Ansicht des Vorderrades und drehe den Kopf etwas dabei, um den anderen gut sehen zu können. Was selten so richtig viel bringt, unter dem überdimensionierten Helm ist standardmäßig eine tiefschwarze Sonnenbrille festgetackert. Immerhin, wenn ich laut genug hingrüße, kommt in den meisten Fällen etwas zurück. Meist etwas gequält, eindeutig unwillig und selten verständlich, aber es funktioniert.

Mit den entgegen Kommenden habe ich mehr Spaß. Hier kann ich Zeitpunkt und Lautstärke besser austarieren. Außerdem kommen mir die Gegrüßten entgegen und können insofern nicht einfach so ausweichen – außer vielleicht mit den Blicken. Was sich mit Sicherheit sagen lässt: so ein fröhliches „Guten Morgen" auf 5m Entfernung hat nahezu zerstörerische Wirkung. Die meisten Radler bremsen unversehens, suchen nach Auswegen (die es nicht gibt) und zischen dann noch schnell etwas zurück, um sich dann schnell an mir vorbeizudrücken. Es fällt auf, dass mit den gleichen Formalitäten zurückgegrüßt wird. Keine mentale Wendigkeit zu erkennen, egal ob ich Moin, Hallo, Servus oder Guten Morgen sage. Immer das exakte Echo – wo ja Servus absolut nicht in die diese Ecke gehört. Nun denn, ein lustiges Spiel – bis ich es natürlich übertreibe – bzw. verkacke.

Der arme Rentner und sein Frauchen hinter ihm, sind nur noch rund 2 Fahrradlängen entfernt, als ich Ihnen ein „Moin" entgegenschleudere. Das ist jetzt eher Tourette als Fröhlichkeit. Ich schiebe es auf den Verkehr – aber es ist sowohl zu laut, als auch zu spät als auch eher gebellt als gerufen. Der gute Mann erleidet fast einen Herzinfarkt, steigt voll in die nicht vorhandenen Eisen seines betagten Rades und zieht sein Verkehrsmobil vor Schreck aus dem Weg – also als ob er einen Wildunfall vermeiden möchte. Da ist allerdings die Bundesstraße und beinahe landet er unter dem nächsten Toyota. Seine Partnerin hinter ihm hat mit all dem noch weniger gerechnet – vermutlich hat sie auch ihr Hörgerät nicht drin oder runtergedreht, es kommt also völlig ohne Warnung, dass ihr der Vorfahrer plötzlich abhandenkommt. Sie wird von der Vollbremsung völlig überrascht und nimmt mit einem lauten „Horst!!"-Schrei den Weg in die andere Richtung. Graben leider. Zum Glück ist sie nicht sehr schnell, als sie einschlägt und am Ende bleiben beide unverletzt und die Fahrräder intakt.

Ein paar Sekunden später, ich helfe beiden wieder auf den Radweg und auf ihre Drahtesel, werde ich wüst beschimpft und leider haben die beiden ja in gewisser Weise recht, denn so war das natürlich überhaupt nicht geplant. Was mir einfiele, ihnen einen solchen Schrecken einzujagen. Warum ich hier rumschreien und ihnen im Weg herumlaufen würde – so in der Art.

Gegrüßt? Seit wann wird vom Rad gegrüßt?? Ich höre die Verwünschungen noch, als sie schon fast wieder außer Hörweite sind.

Also jetzt lieber nicht mehr grüßen. Da vorne geht's zum Glück links weg von der Straße.

Auf den folgenden Kilometern ist die Straße weg und der Radweg dafür doppelt so breit – was erneute Konflikte mit Radlern weitestgehend unterbindet, auch verkneife ich mir ab hier jedwede Eskalation einer friedlichen Koexistenz. Der Weg führt zunächst immer am Schweriner See entlang – hin und wieder eine kleine Bucht, und nachdem auch heute wieder ein wunderbar warmer Tag ist, nehme ich gleich die zweite, die auch eine Bank hat und reiße mir die wenigen Klamotten vom Leib. Der See braucht recht lange, um Tiefe zu gewinnen – nach 20 Metern bin ich noch immer grade mit den Knien drin, also setze ich mich hin und kühle ab. Mehr muss ja gar nicht sein. Ich sitze also so rum und beobachte die vielen Vögel, lasse mir den Wind ins Gesicht pusten und carpe den Diem. Besser wird's nicht mehr. Kann gar nicht.

Leider ist der See danach nur noch selten zu erahnen – eine dicke Vegetation aus Schilf, Büschen und Bäumen – auch Uferdickicht genannt – verhindert zuverlässig die Blicke aufs Wasser. Dafür wird zusätzlich noch der Westwind abgehalten, was heute noch ein paar Grad extra bringt. Doppelt gewonnen. Einige Kilometer und einen Campingplatz später zweige ich nach rechts in den Wald ab und nehme Kurs auf Ventschow - wunderschön an einem kleinen sauberen See gelegen. Auch hier Badestelle – diesmal eine großzügige Wiese an der ostwärtigen Bucht. Einige Jugendliche toben an der Badeinsel herum. Und noch immer sicherlich 28 Grad, weshalb ich auch diese Kühlgelegenheit gerne mitnehme. Das hier muss Bullerbü sein, wieder was Bekanntes gefunden.

Erneut ordentlich heruntergechillt nehme ich wacklig die ansteigende Wiese hoch ins Ortszentrum. Lehre fürs Leben…wo Seen sind, gibt's auch Hügel, und ich weiß inzwischen schon seit Harz nicht mehr so recht, wie ich sowas eigentlich gehen soll. Die letzten Tage habe ich mich völlig an die Ebenen gewöhnt, sodass mich die kleinste Steigung ordentlich aus der Puste und die Oberschenkel zum Glühen bringt. Wow, wie soll ich jemals wieder einen Berg hochkommen?? Zum Glück kommen jetzt vielleicht noch maximal ein paar Dünen und sonst nix. Ich nehme Kurs nordostwärts auf Rostock.

EINUNDZWANZIG

Ventschow – Satow – Rostock – Markgrafenheide

Noch rund 100km bis zu meinem Ziel – in nur noch 5 Tagen werde ich in Dierhagen an der Ostsee stehen. Aber bis dahin noch mal norddeutsche Realität. Zwar ist der Weg recht abwechslungsreich und vor allem geht es hier auch mal rauf und runter – aber im Wesentlichen geht der Wald jetzt zurück und macht Äckern und Wiesen Platz. Leider mehr Äckern, was natürlich aus Agrargesichtspunkten eine gute Sache ist. Kiefern schmecken ja auch gar nicht so gut – mal abgesehen vom schlechten Brennwert. Hin und wieder ein kleiner oder auch größerer See, allerdings verbergen sich die meisten hinter Gestrüpp oder mehr und die Sicht ist mehrheitlich versperrt.

Nachdem ich hier nicht immer durchgehende Wege finde, außer ich gehe gleich die direkte A20 oder in ihrer Nähe, beides suche ich zu vermeiden, muss ich ein paar Mal abkürzen, um nicht kilometerlange Umwege zu nehmen. Und das geht heute aber mal ganz gründlich schief.

Zunächst versuche ich mich an einem Acker, der laut Sicht und meiner Karte in einen anderen übergeht. Nur ein Knick dazwischen, das sollte nicht das große Hindernis sein. Fröhlich gehe ich am Ackerrand handabwärts, immer bedacht, dass ich keine Kulturpflanzen zerstöre – und mit einem Auge und Ohr links, rechts und hinter mir. Nicht, dass der Bauer kommt. Nach 300m stehe ich am Ende des Feldes – aber statt eines Knicks ist da ein Teich und zwar gar nicht so klein. Und rund um ihn herum das übliche Dickicht.

Shit. Da komme ich nicht durch. Bzw. will es nicht. Rechts umgehen endet am Zaun vom Bauern – also wende ich mich links und folge dem Teichrand langsam um die Kurve. Als ich plötzlich vor einem Wald stehe, das läuft ja heute. Also schlage ich mich ins Unterholz, zum Glück ist es lichter Hochwald. Riesige alte Eichen und Buchen, allerdings nicht sehr intensiv bewirtschaftet – das Unterholz ist dick und zwingt mich zu Schlangenlinien und gebücktem Durchschlagen durch die Hindernisse. Immerhin geht das nicht ewig und nach 5 Minuten stehe ich vor der Waldspitze auf einer kleinen Anhöhe, neben mir der mobile Försterkarren inklusive Hochsitz. Überhaupt stehen hier alle 50m solche Türme, wesentlich mehr, als ich in Bayern gewohnt bin. Vielleicht hatte das Grenzturmkombinat irgendwann noch Kapazitäten frei und sein Produktportfolio horizontal ausgedehnt. Hochsitze, Kinderburgen usw. Die sehen nämlich seit 50km schon alle gleich aus!

Es ist windig hier „oben" und ich beginne trotz der noch ordentlichen Temperaturen leicht zu frösteln, als ich den Rucksack absetze und mich in die Wiese setze, um etwas zu trinken. Lang kann ich nicht bleiben, ohne mir was überzuziehen, aber ich will ohnehin weiter. Auf in meine zweite Malaise – die wird etwas intensiver.

Wenig später also wieder so eine Ecke. Den Wegen zu folgen bedeutet rund 2km länger – statt einer Lichtungsquerung von 200m, da ist die Entscheidung ja wohl klar. Wieder so ein Feld, diesmal frisch gepflügt und bereitet, der Rain so schmal, dass ich ihn nicht begehen kann, also muß ich durch den lockeren Boden. Mit jedem Schritt sinke ich fast bis zu den Knöcheln tief ein, ich schwanke hin und her und gehe wie auf Eiern, der Rucksack verstärkt die Fliehkräfte, die mich mal nach links und dann wieder in die Gegenrichtung ziehen - zur Anstrengung des tiefen Ackers kommt die Konzentration aufs Ausgleichen der Kräfte. Am Ende sind das hier ja nur ein paar Meter – da vorne hinter dem Waldrand müsste der Waldweg entlang gehen. Betonung auf müsste. Am Waldrand aber ist zunächst mal gar nichts außer dichtem Gestrüpp, über oder durch das ich nicht komme. Zumindest nicht mit meinem Taschenmesser. Also wieder umgehen. Links ist laut Karte kein Weg mehr, weil er nach vorne abknickt, also rechts. Ich schlage mich irgendwie in die Büsche und durch den Waldrand und stehe prompt mitten in einer Art Sumpf. Die Schneise zwischen zwei kleinen Wandrücken reicht aus, um das gesamte Regenwasser hier zu kanalisieren und genau diesen Weg nehmen zu lassen. Ist auf der Karte nicht eingezeichnet, nachdem es nicht läuft, sondern nur den Untergrund auf einer Breite von rund 10 Metern gründlich in Matsch versammelt, selbst wenn es diesen Sommer wieder viel zu wenig geregnet hat. Aber für Matsch reicht es noch. Dahinter ist eine Schneise wegen einer Stromleitung, die komplett als Brennesselwaldstück angelegt – oder zumindest in den letzten Jahren in Kauf genommen wurde. Die Natur soll sich ja ihre Flächen gerne zurückholen dürfen – aber dieses Zeug ist ja schlimmer als das Springkraut bei uns unten.

Da müsste ich also durch…und ich habe kurze Hosen an. Gut, erstmal das alte Spiel: umgehen zum dritten Mal. Ich versuche, ob es weiter rechts oder links besser geht – ohne Erfolg. Irgendwo begrenzt der Wald den Spaß mit dichten Schonungen, durch die ich nicht komme. Also wohl oder übel zwei Alternativen: alles zurückgehen oder durch. Natürlich entscheide ich mich für durch, Honecker hätte sich sicher gefreut.

Vorwäts immä, rückwäts nimmä.

Ich suche mir erst einen Stock als Macheten Ersatz und dann eine halbwegs enge Stelle im Sumpf. Langsam und vorsichtig klettere ich den kleinen Absatz herunter, als es mir so schnell den Standfuß wegzieht, dass ich es erst mitkriege, als ich auch schon wie ein Käfer im Dreck liege. Beziehungsweise eigentlich liegt der Rucksack im Morast und ich obendrauf. Soweit die gute Nachricht. Die nächste gute ist, dass ich mir nicht weh getan habe - damit ist es aber auch schon vorbei mit guten Informationen, denn ich liege tatsächlich wie ein Käfer auf dem Rücken und kann mich nicht drehen, das verhindert die Reibung Schlamm – Rucksack zuverlässig. Also abschnallen, zur Seite rollen und Stand suchen. Das ist schwierig genug, sinke ich doch mit beiden Beinen an jeder Stelle schön tief in die Pampe. Zum Glück sind die Schuhe gut gebunden, nicht das ich noch einen verliere. Fluchend versuche ich meinen Rucksack aus dem Dreck zu ziehen, was einigermaßen schwierig ist, so klebrig ist die Masse unter mir. Endlich gelingt es mir und ich wuchte das Gerät wieder auf meinen Rücken, wodurch ich wieder 12kilo schwerer werde und entsprechend weiter einsinke. Verdammt nochmal, das war so echt nicht geplant. Ich versuche mit schnellen Schritten über den Morast zu kommen – ein Unterfangen, was natürlich schon vom Konzept her nicht aufgehen kann. Sie wissen natürlich warum.

Ich bekomme zwar den einen Fuß weit genug nach vorne – den anderen aber nicht entsprechend weit aus dem Schlamm heraus. Im Ergebnis wird die Geschichte zu einem ungewollten Spagat und dann tut der Rucksack noch das, was er am besten kann. Er zieht mich nach hinten. Ich versuche gegenzusteuern, indem ich mein Gewicht nach vorne lege, aber der ungünstige Beinwinkel verhindert meine Einflussmöglichkeiten und das Manöver misslingt vollständig. Im Resultat liege ich in ähnlicher Haltung wieder im Matsch. Allerdings immerhin einen Meter weiter.

Nun ist es auch schon egal. Ich nehme keine Rücksicht mehr auf meine Schuhe, Socken oder Beine und pfeife auf Tempo. Langsam bewege ich mich vorwärts und bin irgendwann durch. Wie ich aussehe, spottet jeder Beschreibung.

Nachdem Hindernis eins so souverän gemeistert wurde, bin ich bereit für die Brennnesseln. Zum Glück – oder Unglück, bin mir nicht sicher – bin ich stinksauer wegen des Schlammintermezzos und dresche wie ein Berserker auf die Pflanzen ein, um mir eine Schneise zu schlagen. Das gelingt im Wesentlichen ganz ok, aber die Biester sind natürlich nicht umsonst überall so schnell und hoch dabei, sondern zäh und hinterhältig. Auch wenn ich glaube, eine Pflanze liegt am Boden, schaffen es doch einige noch irgendwie mit ihren letzten und kleinsten Blättern an meine Unterschenkel heranzukommen und ihre Nadeln an mir auszutesten. Sie wissen ja, wie sich das anfühlt. Das hingegen ärgert mich noch mehr, ich kloppe noch wilder und unkontrollierter auf den Urwald ein, was wiederum bedeutet, dass ich noch mehr Treffer abbekomme. Und dann bricht auch noch der Stock ab, was mich zu einem spontanen Heulkrampf anregt.

Ohne Stock finden die letzten 5 Meter durch das Drecksfeld dann auch auf einem ganz neuen Level statt.

Nun, langer Rede Abkürzung: die ganze Sache hatte irgendwann ein Ende und die Natur ein Einsehen. Ich bin mit dem Leben davongekommen, habe völlig „verbrannte" Unterschenkel, sehe aus wie ein Trüffelschwein und schwöre, beim Grab meiner Eltern dass dies die letzte Abkürzung meines Unterfangens war. Gut, die beiden sind noch absolut fit, aber trotzdem. Nie wieder, verdammte Hacke. Jetzt aber erstmal irgendwie waschen und kühlen. Zum Glück bin ich ja ausgestattet.

In Riesenschritten nähere ich mich jetzt meinem Ziel. In gut drei Tagen sollte ich angekommen sein und damit stellt sich dann auch spätestens die Sinnfrage: und jetzt? Klar, erst mal baden gehen, das ist noch recht einfach. Man geht ja nun nicht einfach 1000 km durch die Gegend, um ans Meer zu kommen und dreht sich dann im Angesicht vom Meer um und sagt, Tschüss dann. Also baden muss schonmal sein. Aber dann?

Nun gibt einem die Literatur, Film und Fernsehen und auch die Wanderexperten, die mit Multivision durch die Welt tingeln nicht allzu viel Hilfe bei der Beantwortung genau dieser Frage. Im Film ist das Ankommen immer der Höhepunkt, die Lösung des Falles, des Verlangens, die

Krönung des eigenen Wirkens. Jeder Spannungsbogen ist genau auf dieses Ende hingezirkelt und trifft punktgenau mit dem Eintreffen am Gipfel oder zumindest dem Ziel auf den Nerv des Zuschauers oder Lesers, der seiner angestauten Aufregung entsprechend Luft machen kann. Wenn man allerdings insbesondere den Profit-Abenteurern auf Ihren Erzählungen des eigenen Wirkens an den Lippen hängt, kann ich mich dem Eindruck nicht erwehren, dass es weniger ein „das habe ich geschafft" ist, was sie an- und umtreibt als um die Beschäftigung mit dem Ziel an sich. Wenn ein Weg, eine Aufgabe geschafft ist, erfüllt einen das zwar mit Glücksgefühl – aber langanhaltend wird es vermutlich nicht sein und kurze Zeit später schon macht sich die Leere des Seins wieder allzu deutlich und penetrant bemerkbar. Der Tag will gefüllt werden und schon zieht es einen wieder los. Es ist eine Sache, unterwegs zu sein und nach vorne auf das Ziel zu schielen, was immer noch ein Stück entfernt ist, was einen in den Wahnsinn treibt oder von dem man sich jeden einzelnen Tag wünscht, doch endlich dort zu sein. Aber wenn man es dann eben geschafft hat, ist es auch nicht richtig. Denn was nun?

Nun gehe ich nur an die Ostsee, weil ich es mal machen wollte, gerne laufe und die Idee lustig fand und nicht, weil ich Grenzen setzen oder verschieben, die Welt mit immer neuen Innenansichten beglücken oder einfach nur meine Zeit rumkriegen will. Ich habe ja auch noch andere Sachen zu tun und kann mich gut beschäftigen. Aber trotzdem nagt tief in mir dieser kleine Gedanke nach dem „was dann" und wenn es mir als absoluter Laie und Hobbywanderer mit einem anderen Leben so geht – wie muss es jemandem ergehen, der die körperliche Ausdauerleistung in den Mittelpunkt seiner Selbstdefinition geschoben hat?

Denke ich alles so bei mir, wie ich mich langsam aber nachdrücklich Rostock nähere.

Die westlichen Außenbezirke ziehen vorbei. Hier in einer immerhin doch großen Stadt bin ich mit meinem Rucksack ein noch größerer Exot als im ländlichen Raum. Allerdings kommt mir auch wieder die städtische Gleichgültigkeit zugute. In jeder Metropole laufen so viele Freaks rum, dass ich entweder gut reinpasse oder schon wieder so dermaßen unauffällig bin, dass es sich für den uninteressierten Bürger gar nicht lohnt, mich näher anzusehen geschweige denn sich Gedanken über mich zu machen oder mich anzusprechen. Die Tarnung in einer Großstadt ist perfekt, es interessiert überhaupt keinen. Da könnte ich auch nackt und grün angemalt durch die Gegend laufen.

Ich beziehe ein günstiges Hotel fast Downtown an der Fußgängerzone und bemerke zunächst einmal den Unterschied Stadthotel – Landhotel. Von letzteren habe ich ja inzwischen rund 50 ausprobiert. Klimaanlage war nirgendwo und nachdem der Sommer noch immer ganz ordentlich unterwegs ist, waren die letzten Nächte auch trotz offenen Fenstern kaum zu ertragen. Hier hingegen ist alles perfekt heruntergekühlt, was das Leben angenehm macht. Wenn auch beliebig, weil ich umgehend das Gefühl für das Klima draußen verliere und wieder überrascht bin, als ich abends vor die Tür gehe. Rostock ist im Krieg wohl auch eher übel zugerichtet worden – zu nah an England und damit vermutlich mehrfach bedacht. Trotzdem beeindruckt mich die Vielzahl der Kirchen und immer noch vorhandenen alten Architektur – dass ich in einer Hafenstadt stehe, ist das iTüpfelchen, auch wenn ich vom Hafen jetzt nicht allzu viel mitbekomme. Und der echte Hafen ja auch eher in Warnemünde zu sehen ist. Ich genieße die abendliche Auswahl an Restaurants, die letzte Wärme auf der Terrasse – auch wenn das Wetter jetzt endgültig gekippt ist und der Sommer definitiv seinen letzten wirklich heißen Tag hatte. 10 Grad weniger von 32 sind aber eben immer noch 22 und damit ist es angenehm, wenn auch nicht mehr so völlig urlaubssommerlich. Noch zwei Tage.

Am kommenden Morgen ist vom Sommer dann endgültig nichts mehr zu spüren, die 22 Grad haben sich nochmal um 7 oder so vermindert, es regnet und windig ist es hier in Küstennähe natürlich auch. Das erste Mal seit Tagen muss ich die Regenjacke mal wieder bemühen, als ich das Hotel verlasse und mich durch die Fußgängerzone Richtung Osten warmlaufe. Überall Horden von Touristen, die an Schildern mit Zahlen darauf durch die Stadt geführt werden. Ich tippe mal darauf, dass Aida oder Costa haben Ihre Fracht in die Stadt abgekippt und damit sind hier 5000 Touristen gleichzeitig unterwegs und müssen alle innerhalb eines Tages durch die Sehenswürdigkeiten geschleift werden. Wenn das schon in einer Großstadt wie Rostock so einen Effekt hat, mag ich mir gar nicht ausmalen, wie es aussieht, wenn sich die gleiche Menge an Menschen auf das Dorf am Ende des Geiranger Fjords in Norwegen ergießt. Spaß und Entspannung muss anders gehen. Ich möchte jetzt zumindest schnell wieder raus aus der Stadt. Das ist zunächst allerdings mit viel Lärm und Dreck verbunden. Ich gehe entlang von Hauptverkehrsstraßen, die alle irgendwie die Warnow überqueren müssen um nach Osten auf die Autobahn zu kommen. Kurz erwäge ich, die Straßenbahn, die genau parallel fährt, zu nehmen, aber die 30 Minuten Zeitersparnis sind die Schummelei absolut nicht wert und ich halte tapfer durch.

Am Dierkower Kreuz, einer Haupthaltestelle der Straßenbahn beginnt es plötzlich zu schütten, weshalb ich kurzentschlossen in die neu renovierte Bäckerei am Platz flüchte und erstmal etwas frühstücken möchte. Tapfer setze ich mich mit Brot und Kaffee auf die überdachte Terrasse. Ein gefühlt eisiger Wind bläst von Westen ins Gesicht, was mich zittern lässt. Zusätzlich treibt er die Regengischt in mein Gesicht und auf meine Semmel – und das geht natürlich gar nicht. Erfrieren ist eine Sache, aber so ein zermanscht durchgeweichtes Brötchen mag doch kein Mensch. Also rein und aufwärmen und ich flüchte nach nur 3

Minuten. Willkommen im September 2019. Hätte ja schon noch 2 Tage länger durchhalten können, der Sommer.

Heftiger Regen hat – außer in Franken – die Eigenschaft, so schnell zu gehen, wie es gekommen ist und keine 30 Minuten später ist der Spuk vorbei. Es kommt sogar ansatzweise die Sonne wieder heraus – ich bin im Norden, da geht es eben schnell. Genauso schnell stehe ich dann auch wieder auf der Straße und sehe zu, dass ich das gute Wetter ausnutze. Nach kurzer Zeit überquere ich die A19, hinter der ich dann auch die befahrene Straße hinter mir lassen kann und nach einem kurzen Weg durch etwas Industrie auf einen Feldweg einbiegen kann, der schräg auf den Küstenwald vor Markgrafenheide zielt. Noch einmal passiere ich Felder, Knicks, Wiesen. Der Wind macht inzwischen mit den Wolken kurzen Prozess, immer mehr Lücken tun sich auf und die Sonne findet immer öfter die Lücke, um mir Ihre Strahlen auf den Pelz zu brennen. Entgegen der heißen Tage zuletzt eine echte Wohltat, die ich mit etwas virtuellem Brummen goutiere.

Ich passiere Felder, die noch geerntet werden. Im Moment ist Mittagspause und die Wanderarbeiter sitzen nebeneinander unter der Plane auf einem Anhänger und sehen mich missmutig an. Kein Interesse, keine Neugier, eher ist es eine Mischung aus Gleichmut und Verachtung, die ich zu fühlen glaube. Klar, wenn ich meinen Lebensunterhalt notdürftig damit verdiene, dass ich im Akkord Zeug pflücke oder aus der Erde klaube, würde ich auch kaum Verständnis für einen vorbeilaufenden Idioten mit Rucksack aufbringen. Was genau hier geerntet wird, weiß ich nicht. Aber die riesigen langen weißen halbrunden Dome aus weißem Plastik sehen zumindest nicht besonders schön aus und ich frage mich, wie ich diese Kunstkultur mit industriell geregelter Licht- und Wasserversorgung mit dem Aufdruck der Landliebe Fruchtjoghurts in Übereinstimmung bringen soll. Ich dachte eigentlich, die Erdbeeren dafür würden von so einer hübschen Frau im Dirndl gepflückt.

Einzeln. Und dann ordentlich gewaschen und noch geküsst. Die war aber eben in der Truppe nicht dabei. Vielleicht heute kein Dirndl oder im nächsten Wagen.

Da ist sie aber auch nicht - weshalb diese Mannschaft mal definitiv nicht für Landliebe unterwegs sein kann.

Das haben sie vermutlich gehört, denn kurze Zeit später fahren sie mich beinahe platt, weil ich durch den Wind in meinen Ohren den von hinten angerauscht kommenden Traktor nicht höre und rechtzeitig von der Straße springen kann. Er steigt dann auch gleich mal voll auf die Hupe, was mir einen mittleren Herzinfarkt beschert und rauscht mit Kopfschütteln an mir vorbei, als ich Platz mache. Finstere Blicke vom Anhänger herunter – Zeit ist Geld und ich hab sie vermutlich einige Sekunden gekostet. Und stehe für Freizeit in höchster Qualität – auch kein Grund mich so recht zu mögen.

Als ich in den besagten Küstenwald vor Markgrafenheide eintauche, ist die Sonne vollends in der Übermacht und brennt erneut vom Himmel, wie ich das aus dem August noch gut in Erinnerung habe. Regenjacke und Wärmender Pullover sind längst im Rucksack verschwunden und ich bewege mich endlich wieder ordentlich schwitzend durch die Gegend. Küstenwald klingt irgendwie toll finde ich, so ganz anders als andere Wälder. So wie Jever ja auch aus Küstengerste ist, was genau genommen nicht nur ein Begriff ist, den die Marketingjungs erst erfinden mussten sondern auch rein gar keinen Inhalt hat. Außer wo die Ernte stattgefunden haben könnte. Und so ist auch mein Wald jetzt gerade völlig normal. Küste mag in der Nähe sein, dem Wald ist es egal und hier stehen die gleichen Bäume wie sonst auch. Und es ist auch nicht besonders feucht oder so wie in den Ozean-nahen Urwäldern in Kalifornien, wo man anhand der cm.-dicken Moospanzer aller Bäume erkennen kann, was die Gischt und die aufgenommene Feuchtigkeit des Meeres so mit einem Wald anstellen kann. Aber hier nicht so.

Das Bild ändert sich nicht mehr bis in den Ort hinein. Markgrafenheide mag direkt am Wasser liegen, zumeist ist davon aber erst etwas zu merken, wenn man die Sanddünen überschreitet und aufs Wasser blickt, was ich sofort tue, nachdem ich mein Hotel direkt hinter eben dieser Düne bezogen habe.

Sie kennen sicherlich den Geräuscheffekt, wenn man ans Meer kommt. Die Möwen schreien, der Wind wehr leise. Ganz unwirklich wie ewig weit weg hört man die Dünung und das damit verbundene Rauschen, Brausen, Klatschen. Meeresgeräusche, die ganz leise aber konstant im Gehör stehen. Langsam und unwirklich lauter werden bis zu dem Moment, in dem man die Düne erklommen hat und in einem einzigen Moment sämtliche Sinne angestellt werden. Wie ein großer Orchestereinsatz. Das Meer liegt vor mir. Weit, blau, ungreifbar, unstet. Ewig. Glückshormone schießen durch meinen Körper allein für diesen Anblick. Gleichzeitig ist das Wellengeräusch wie angeknipst. 20 Dezibel mehr als vorher und jetzt doch in beeindruckender Lautstärke angesichts des strammen Windes.

Nun ist Ostsee ja Badewanne und mit der wilden Nordsee nicht zu vergleichen, aber trotzdem sind die Wellen einigermaßen ansehnlich, was der Geräuschkulisse eindeutig zuträglich ist. Großes Theater heute. Die Wolken ziehen in beeindruckendem Tempo über einen blau gefleckten Himmel, die Sonne leuchtet mal ungebremst auf das Wasser und verwandelt das grau an diesen Stellen in blau und grün. Die Wolken unterbrechen ihre Strahlen in unregelmäßigen Abständen, was dafür Lichtschwerter in verschiedenen Richtungen erzeugt und aus der See einen Flickenteppich an unterschiedlichsten Farbschattierungen macht. Grau, weiß, grün, blau, alles ist dabei. Das Meer ist zwar nicht aufgewühlt, aber immerhin in hoher Bewegung und die Wellen brechen in regelmäßigen kurzen Abständen auf den Strand und laufen die eingebauten Holzpfählen entlang, die eingegraben wurden, um die Erosion zu bremsen und den Strand dort zu behalten, wo er im Moment auch ist. Ich bin zwar noch nicht in Dierhagen und damit auch nicht auf dem richtigen Längengrad – aber immerhin an der Ostsee. Was als fixe Idee seinen Anfang nahm, ist nun, nach 7 Wochen des Gehens zu einem vorläufigen Abschluss gekommen. Ich setze mich auf die Düne und blicke herum. Die Saison ist eindeutig vorbei, die paar Strandkörbe an dieser Stelle sind allesamt zugeschlossen und verwaist. Die Strandoase hat - vermutlich mangels ausreichend Kundschaft - heute geschlossen. Ein paar Unverzagte sind aber unterwegs und stecken ihre Nasen in den Wind. Wie nicht anders zu erwarten sind es vor allem ältere Menschen, keine Kinder sind zu sehen, auch wenn in Bayern und Baden-Württemberg noch ein paar Tage Ferien sind, aber dem Bayern ist Italien weitaus näher als die Ostsee, und das nicht nur geographisch.

Nach einigen Minuten raffe ich mich auf um direkt ans Wasser zu gehen. Schuhe aus, barfuß im Sand ist die Regel. Ich trete an den Rand zwischen nass und trocken. Hier, wo die Wellen den Sand in unregelmäßigen Abständen durchnässen, ein paar Körner mitnehmen oder auch wieder zurückbringen. Der Sand ist fest und feinkörnig, wie fast überall in dieser Gegend, die sich mit Stränden in der Karibik von der Sand Güte absolut messen kann. Ich krempele die Hosen hoch bis zum Knie, trete andächtig ins Wasser. Auf diesen Moment bin ich 50 Tage lang hingegangen. Es ist nicht kalt und auch nicht mehr warm. Irgendwo im undefinierbaren Bereich. Zu wenig, um entspanntes Baden zu gewährleisten, aber auch nicht so, dass ich frösteln würde. Die Wellen klatschen an meine Unterschenkel, das Wasser zieht sich wieder zurück. Ein par Schritte auf dem nassen Sand, bis die nächste Woge meine Füße umspült und hinter mir ausläuft. Das Wasser kommt wieder zurück und ich hinterlasse kleine Kuhlen im Sand. Flüchtig. Schon im nächsten Schritt sind sie wieder weg. Ich wende mich nach rechts und gehe langsam am Strand entlang, mal ein paar Schritte trocken, dann wieder im Wasser. Einmal erwischt mich natürlich eine etwas deftigere Woge und durchnässt meine Hose am Knie, ist aber sowas von egal. Ich bin ruhig, entspannt, mittig. Angekommen, auch wenn ich die letzten Wochen zu keinem Zeitpunkt so richtig das Bedürfnis hatte, endlich da zu sein und die meiste Zeit zufrieden mit mir selbst und meinem Leben durch die Gegend gelatscht bin. Nicht auf der Suche nach mir, meinem Zweck oder irgendeiner höheren Bedeutung. Nicht um Rekorde aufzustellen oder mich selbst neu zu erfinden, sondern einfach nur, weil ich von a nach b wollte. Die Strecke war etwas länger, zugegeben. Aber nur, weil die Ostsee nicht früher kam. Wenn es nur die Hälfte der Entfernung gewesen wäre, auch egal. Wäre dieses Buch vermutlich etwas kürzer geworden. Zumal ich ja eigentlich gar keines schreiben wollte...aber eventuell ist es auch diese Ruhe und dieser Frieden, den ich erfahren durfte, und den ich gerne mit Ihnen teilen würde. In dem Wunsch und der Hoffnung, dass Sie das auch irgendwo finden, wo auch immer.

Und wenn Sie dafür aus einem Flugzeug springen müssen, dann mal los.

Ich gehe noch einen Kilometer weiter, ganz bedächtig und langsam. Schmecke das Salz in der Luft und auf meiner Haut. (Und in den Haaren, aber das merke ich erst später unter der Dusche...) Höre das Rauschen, fühle die Wellen an meinen Beinen und den Sand zwischen meinen Zehen. Der Wind streicht durch Garderobe und um mein Gesicht, die Hände meinen etwas Greifen zu können, was gar nicht da ist und wenn dann als reine Luftbewegung. Als auf der Düne ein Strandrestaurant auftaucht, suche ich es auf und setze mich hinter die großen Fenster des Gastraumes. Starre in die tieferrutschende Sonne und die Wolken. Am Horizont ziehen Schiffe aus Warnemünde vorbei – vermutlich die Fähre nach Dänemark oder wo immer die hier übersetzen. Frachter, kleinere Fischerboote. Es ist ordentlich was los hier, ich bin kaum 6 Kilometer von der

Warnowmündung entfernt – vom Strandambiente könnte ich auch in Malaysia sitzen. Später genieße ich den Sonnenuntergang. Dramatisch und bunt, so wie immer, wenn das Wetter unentschlossen und aufgewühlt ist. Flüssiges Rotgold schwappt inzwischen träger ans Ufer, das Meer hat die Farben gewechselt und bietet jetzt die gesamte rot und orange Palette. Mit gelb und weiß und schwarz. Am Strand ist es voller geworden. Mit Weißbrot, Wein und in Decken gehüllt sitzen die Cracks da, die wissen, wann sie kommen müssen um ein einzigartiges Schauspiel zu erleben. Jeden Tag von Neuem aber doch immer wieder ganz anders. Lange blicke ich der Sonne nach, bis sie ganz verschwunden ist und es schlagartig kälter wird. Morgen also zum letzten Mal ein paar Kilometer weiter.

Muss jetzt eigentlich gar nicht mehr sein.

ZWEIUNDZWANZIG

Es ist der Weg, Blödmann

Am 4. September 2019 um 13:06 stehe ich mit meinen Füßen bei Dierhagen in der Ostsee und bin am Ziel. Die Schuhe habe sofort auf dem Strand ausgezogen, um die letzten paar Schritte barfuß zu gehen. Durch den tiefen Sand schwanke ich Richtung Wasser – nicht so sehr aufgrund eines im allerletzten Moment auftretenden Schwächeanfalles, sondern so wie man eben in tiefem Sand – der sich hier kilometerlang den Darß heraufzieht, versucht zu gehen – staksig, ungelenk, kräftezehrend. Die Bewegung nach vorne eine Anstrengung und zielgerichtete Willensleistung – wenn es nach dem Strand geht, kommt man ja überhaupt nicht vorwärts. Eine Schrecksekunde lang stelle ich mir vor, wo ich wohl wäre, wenn der ganze Weg aus Sand bestanden hätte – vermutlich wäre ich am Ortsende von Rimsting umgekehrt, hätte meinen Rucksack in die Ecke gefeuert und das ganze Vorhaben endgültig zu einer völlig bekloppten Idee erklärt, deren endgültige Beerdigung jetzt erstmal ein kühles Getränk zum Anstoßen erforderte. An dieser Stelle erteile ich auch allen Überlegungen, mal einen Wüstenmarathon ins Auge zu fassen, endgültig eine Absage. Auf was man alles kommt, wenn man so ein paar Tage allein durch die Walachei stapft, spottet jeder Beschreibung. Glücklicherweise ist der tiefe Sand in Deutschland fast nur hier oben am Wasser zu finden – wo er pittoresk und einladend auf mich wartet. Also werde ich die paar Meter schon noch schaffen.

Ich könnte Ihnen jetzt noch erzählen, dass ich hier einen strahlenden Spätsommertag erwischt habe, Temperatur nochmal in den angenehmen Zwanzigern, eine leichte Brise vom Meer, mich sanftes einlullendes Wellenrauschen an meinem Zielpunkt begrüßt. Und ich dann mehrere hundert Selfies in Siegerpose hinter mich bringe, Sprünge am und ins Wasser, Hand- und Kopfstände. Ich einen Flaggenmast einsetze und die bayerischen Rauten hochziehe, am besten noch mit einem kleinen Liedchen. Um dann abends im Sonnenuntergang ein Glas Rotwein auf mich und meine Leistung zu trinken.

Aber die Realität sieht eben anders aus.

Der Tag ist trübe und komplett bedeckt – immerhin regnet es nicht. Es herrscht kein Wind, die Ostsee ist glatt und träge und bewegt sich fast wie Öl – zumindest stelle ich mir das vor, live habe ich zum Glück noch keiner derartigen Katastrophe beigewohnt. Die Sonne ist nicht zu erahnen, es hat herbstliche 14 Grad – der späte Sommer, der mir die vergangenen Wochen noch schweißüberströmte Wanderungen bei über 34 Grad beschert hat, ist abrupt zuende gegangen. Und so erreiche ich den Strand bei Dierhagen recht ordentlich eingepackt und zügigen Schrittes, damit mir nicht kalt wird.

Der Weg verläuft zunächst knapp hinter den Dünen - so habe ich mir das zumindest angesehen. Aber wie so häufig ist die Planung nach den ersten paar Schritten auch schon zum Fenster raus, denn hinter den Dünen ist gar nichts und die Wegspuren auf den Dünen sind so dermaßen im tiefen Sand, dass ich weder nennenswert vorwärts komme noch dabei irgendwelche Freude aufkommt. Also andere Optionen und hier bietet sich eigentlich nur der Strand an. Wie der Profi weiß, ist der Sand ganz vorne am Rand der Dünung fest und gut gehbar. Allerdings kann ich das mit Schuhen vergessen, denn spätestens die 20te Welle ist auch bei bester mentaler Vorbereitung größer als gedacht und auch mit einem Sprung ins Trockene nicht mehr zu vermeiden. Und nasse Schuhe hatte ich weiter südlich ja eindeutig genug. Also barfuß, was ja eigentlich auch der Sinn eines jeden Strandes ist.

Einige wenige Kilometer stapfe ich am Wasser entlang, was doch schon erstaunlich kühl ist und die Durchblutung ordentlich anregt. Der Blick geht in den grauen Himmel und an den Horizont, Wasser und Luft verschwimmen und ich kann die Linie nicht genau ausmachen. Hin und wieder ist eine Fähre aus Warnemünde kommend oder in der Gegenrichtung unterwegs. Aufgrund der Entfernung kann ich sie fast die gesamten beiden Stunden verfolgen, schneckengleich bewegen sie sich – oder eher scheinen sie auf Reede zu liegen. Es ist still, kein nennenswerter Windhauch stört den Tag, die Dünung geht träge und das obligate Plätschern und Rauschen ist so ziemlich das einzige Geräusch – was allerdings alles überlagert und auf Dauer an Lautstärke zuzunehmen scheint.

Die Theorie des Gehens am Rand des Wassers bekommt gewisse Löcher, die Konsistenz ist keineswegs immer gleich und auf gar keinen Fall immer fest. Der Sand unter meinen Füßen beginnt, meine Hornhaut wegzuschmirgeln und an den Stellen, die nicht immer nur glatt aufsetzen, sondern mit dem Untergrund in Reibung treten, bewegen sich langsam in einen beginnenden Schmerzmodus. 20 Kilometer am Wasser werde ich nicht mit intakten Füßen beenden, soviel ist mal sicher.

Rechts beginnt jetzt ein ausgedehnteres Waldstück und ein Strandzugang ist durch die vorgelagerten Dünen gelegt. Ich versuche mein Glück und hoffe darauf, dass der HinterdenDünenWeg dann doch seine Existenz eröffnet hat. Ich habe Glück, sogar eine Beschilderung nach Graal-Müritz ist vorhanden, hat doch das Handy mal wieder kein Netz und ich hab gestern angesichts des simplen Weges darauf verzichtet, die Karten herunterzuladen.

Ich versuche, den klebrigen Sand von meinen Füßen zu bekommen, was sich ohne Wasser als durchaus anspruchsvolle Übung herausstellt und mit mehr als gewünschten Sandresten entere ich Socken und Füße. Uahh, endlich wieder warm ist das erste dominierende Gefühl, bevor ich beginne, den Sand in den Socken trockenzulaufen. Wenige Minuten später erreiche ich den tatsächlich parallel zur Küste verlaufenden Weg, der sich als Küstenfahrradweg herausstellt und auch so genutzt wird. Nebensaison hin oder her, hier ist die Hölle los. Autobahngleich geht es in beiden Richtungen und nahezu eine Radlergruppe nach der anderen. Was daran Spaß machen soll, erschließt sich mir mal wieder nicht, aber viele solcher Gedanken kann ich mir nicht machen, denn hier geht es als Fußgänger schlichtweg ums nackte Überleben.

Während hinter Schwerin immer nur mal ein Radler oder auch zwei auftauchten und insofern letztlich genügend Platz war, ist das hier ne andere Nummer, kommt das Glück doch grundsätzlich von beiden Seiten. Die restlichen Regeln von weiter vorne im Buch gelten uneingeschränkt, wobei mir die Sache mit dem Grüßen hier völlig egal ist und dafür die andere Geschichte mit dem Abstand in den Fokus rückt. Regelmäßig zischen e-Bikes mit atemberaubender Geschwindigkeit nur um Zentimeter an mir vorbei, von hinten versteht sich. Und klingeln tut hier keiner mehr – das würde in den Bereich Sturmklingel gehen und die waren schon zu meiner Jugendzeit verboten. Insofern drücke ich mich an den äußersten rechten Rand des Weges, mache keine unbedachten Bewegungen und schiele immer mal wieder über die Schulter nach hinten. Spaß macht das eindeutig nicht, aber die Wegoptionen sind übersichtlich bis nicht vorhanden, ohne mehrere Kilometer Umweg in Kauf zu nehmen. Also ergebe ich mich in mein Schicksal und bringe die letzten 15 Kilometer hinter mich. Lebend und unverletzt. Hurra.

In Dierhagen funktioniert mein Navi natürlich immer noch nicht, kein Netz bis auf ein dänisches – mir bleibt völlig unklar, wie und wo die ihre Masten aufgestellt haben müssen, um bis zu uns rüberzureichen. Das GPS spuckt mal wieder völlig seltsame Ortsangaben aus – immerhin nicht wieder Wien – aber es ist sich mal ganz sicher, dass ich nicht am Darß bin. Zum Glück habe ich mir die Zielgegend gestern Abend am Rechner in Maps angesehen und festgelegt, wo genau der richtige Längengrad ins Meer verläuft. Kurz vor dem FKK Strand von Dierhagen ist meine Stelle. Die letzten Meter zum Wasser verläuft ein Plattenweg für Feuerwehr und Deichwacht, rechts sind ein paar Häuser, links und geradeaus wächst der Strandhafer und wiegt sich sachte im lauen Wind, der im Laufe des Tages dann doch aufgekommen ist.

Ich passiere zwei Bänke, wie sie hier in regelmäßigen Abständen stehen, um Strandbesuchern die Gelegenheit zu geben, ihre Schuhe an- oder auszuziehen. Ich ziehe zum zweiten Mal heute die Schuhe aus, stopfe die Socken hinein und trage sie am langen Arm die Dünen hoch. Das Rauschen des Meeres – eben noch gedämpft und wie aus Kilometern entfernt schwach zu hören – schwillt an. Auf dem Boden ein Holzgitter, was beim Gehen hilft, obwohl es für die nackten Füße alles andere als angenehm anfühlt. Auch habe ich Angst, mir hier auf die letzten Meter einen Splitter einzulaufen – als ob das irgendwie von Belang wäre.

Als ich meinen Kopf das nächste Mal hebe, sehe ich wieder auf die Ostsee. Grau, dunkel, abweisend sieht sie aus – gar nicht das blau oder grün, was ich gestern gesehen habe. Die Sonne lässt sich immer noch nicht blicken, und mit ihrer Abwesenheit scheint auch der See die Lust abhandengekommen zu sein, in fröhlichen Farben zu leuchten. Wolkenfetzen lösen sich aus der kompletten Decke weiter oben und ragen nach unten, als ob sie mal kurz die Lage checken wollen. Ich gehe langsam zum Wasser. Die letzten Meter ziehe ich mit dem Fuß eine Linie in den Sand. Keine Ahnung, ob ich hier nun cm-genau auf den richtigen Koordinaten bin, aber was solls am Ende. 1111km sind gegangen – auf ein paar Meter hin oder her, wird mich VroniPlag hoffentlich nicht überprüfen. Am Ende der Linie schichte ich einen kleinen Sandhügel auf, direkt am Wasser, sodass von hinten die

Wellen daran klatschen – zumindest die höheren. Es wird nicht lange dauern, bis meine Zielburg umspült ist und dann langsam wieder ins Wasser gezogen wird, aber darum geht es ja auch nicht.

Eine Flagge habe ich ebenso wenig dabei wie einen Mast, um sie daran zu hissen. Stattdessen stelle ich meine Schuhe auf diesen Hügel, so als Zeichen des Triumphes des Willens über die Füße. Und als Ehrbezeugung meinen Wanderschuhen gegenüber, die ja immerhin klag- und schadlos durchgehalten haben. Die Sohle hat sich im Lauf der Wochen auf vielleicht 20% der ursprünglichen Dicke reduziert, das Fußbett ist rundgelaufen und sicherlich aus orthopädischer Sicht nicht mehr empfehlenswert – aber die Schnürung und das Leder haben Regen, Wind, Luft, Licht und meinen ca. 600.000 Doppelschritten standgehalten. Dafür gehören sie auf einen Thron. Dummerweise hab ich den Weihrauch vergessen.

Ich mache ein paar Bilder. Schuhe auf und Füße vor einer kleinen Sandpyramide am Wasser. Weiße Wolken, graues Meer. Ein paar Selfies von mir. Aber mangels ordentlicher Beleuchtung und Farben sind die Bilder später trotzdem absolut traurige Zeugen.

Dabei bin ich nicht trübsinnig oder wehmütig. Ich schaue in den Wind und lasse die letzten Wochen Revue passieren. Die schönen Erinnerungen, die abenteuerlichen Eskapaden, die Erfahrungen und Entbehrungen, die Schmerzen und die überaus lohnenden Erlebnisse meines Weges. Ich habe hunderte deutsche Dörfer gesehen oder durchquert. Landstriche, Waldgebiete, urbane Gegenden. Biosphärenreservate und Kulturbereiche. Anbaugebiete und wildes Land. Deutschland, wie es in seiner Vielfalt und seinen Möglichkeiten so schön und unerreicht ist – und wir doch so oft nichts Besseres zu tun haben, als nach Mallorca oder in die Türkei zu fliegen.

Ein Land, so weitläufig und leergefegt, dass jede Flucht nach Schweden oder Alaska völlig widersinnig erscheint.

Wir haben alles vor der Tür aber sehen doch lieber das, was weiter weg und scheinbar unerreichbar ist. Wie froh bin ich, dass ich mir diese Tour vorgenommen und sie umgesetzt habe!

Mir fallen meine Reisen ein, vielfältig und weit. Ich stand schon auf dem Ayers Rock in Australien – jetzt ist er ja gesperrt -, in asiatischen Megacitys wie Hongkong, Peking oder Singapur, kenne im amerikanischen Westen in manchen Gegenden jeden Park und Highway. Aber wenn ich die Wahl hätte, was ich nochmal machen würde, es wäre wieder eine Tour durch mein Heimatland, welches viel mehr Stolz verdient hätte, als wir uns angesichts unserer Vergangenheit immer wieder glauben zugestehen zu dürfen.

Für eine Stunde sitze ich da und hänge meinen Gedanken nach. Neben den Erinnerungen oder den Abschweifungen drängt sich langsam aber sicher die andere zwangsläufige Frage in den Vordergrund. Die, die man seit 7 Wochen erfolgreich verdrängen konnte, denn es war ja immer noch weit bis zum Ziel und erstmal die nächsten 5 Kilometer irgendwie schaffen. Selbst wenn ich die letzten Tage schon ein paar Mal daran gedacht habe. Aber wo ich am Strand sitze und die Wellen betrachte, ist sie da:

Und nu?

Seit 7 Wochen ist immer nur der nächste Tag der Wichtigste. Routenplanung, Vorbereitungen, Füße abkleben, Gehen. Essen, Trinken. Gehen. Ausruhen, Nachdenken, Schlafen. Also was tue ich, wenn das Ziel, auf das ich wochen- und monatelang hingearbeitet habe, plötzlich erreicht ist? Es gibt diesen Moment im Film „The Way". Die bedeutende Frage des größeren Seins: was mache ich hier, wofür bin ich, wie will ich mein Leben leben? Die Protagonisten gehen den Jakobsweg aus ihrer jeweils eigenen Motivation: Abnehmen für eine Hochzeit oder um die eigene Ehe wieder hinzubekommen, mit dem Rauchen aufhören und den gewalttätigen Ehemann vergessen, die Schreibblockade auflösen. Oder eben den Weg anstatt des eigenen verstorbenen Sohnes zu absolvieren im Gedenken an ihn. Sie alle zielen genau auf diesen Endpunkt in Santiago de Compostela. Bis dahin und nicht weiter – wenn ich es nur erreiche wird alles gut. Und so frisst und qualmt man sich durch die Etappen, denn es ist ja immer noch ein gutes Stück bis dahin und solange kann ich ja auch noch weiterfrevlen. Am Ziel hingegen angekommen, entscheiden sich alle dann doch noch ein Stück weiterzugehen, und sei es nur, um das angepeilte Ziel noch ein Stück weiter hinauszuschieben. Die Hauptperson Frank gesteht dem Polizisten am Anfang des Films, den Weg für seinen toten Sohn zu gehen, der auf dem Weg ums Leben kam. Die ruhige Antwort des Mannes ist, dass man den Camino ausschließlich für sich selbst gehen könne, nur für sich selbst. Und so ist Frank am Ende auch der Einzige, der nach dem Camino einfach wieder nachhause fährt, sondern weiterreist oder geht, in Afrika zu sehen ist und am Ende dann doch noch verstanden zu haben scheint, was sein Sohn ihm im letzten Streit sagte. Wir suchen uns kein Leben aus, wir leben es.

Genauso habe ich ein Leben gewählt, einen Job ergriffen, ein Haus gebaut, eine Familie gegründet. Und bei all dem vergessen, mein Leben auch zu leben. Ich habe es nie intensiver geschafft als auf meinem Weg durch Deutschland. Und wer weiß, der gleiche Längengrad, auf dem ich hier wieder stehe, geht hinter dem Wasser durch Skandinavien bis fast zum Nordkap. Vielleicht gehe ich irgendwann einfach weiter.

12°33′81′′East

Ich stehe auf. Keine zwei Stunden habe ich dort gesessen. Die See hat sich die Burg zurückgeholt – meine Schuhe habe ich rechtzeitig retten können. Schräg hinter mir steht doch tatsächlich eine kleine Strandbar mit Pommes und

Cocktails. Keiner da außer dem osteuropäischen Angestellten, der gelangweilt eine Zeitung liest und darauf wartet, ob nicht doch nicht einer vorbeikommt. Aber die Radler zischen alle weiter hinten vorbei. Ich bestelle mir eine Pina Colada. Mädchengetränk, wie mir eine gute Freundin immer wieder mal reindrückt. Mir egal. Zum Strand gehört eben PC.

Ein stilles Prost auf das Leben und meinen Weg.

Dann wende ich mich zum Gehen…Dierhagen ist nur ein beliebiger – wenn auch wunderschöner Punkt. Bedeckt oder nicht. Aber es kommt nicht darauf an, wo das Ziel liegt.

Denn der Weg ist es.

Ich brauch jetzt einen Bus.

DREIUNDZWANZIG

Was geht? Wandern, quo vadis?

Machen wir uns nichts vor. Die Zukunft fürs Wandern ist düster. Also insgesamt ist zu Fuß gehen ja sowas von out. Falls Sie mir das nicht glauben, geben Sie sich mal ein paar Tage Singapur, New York oder Peking. Dort bewegt man sich auf eigenen Füßen gerade noch aus der eigenen Wohnung bis zum Bus, zum Taxi oder zum Auto. Und für diese letzten Meter gibt es inzwischen auch jede Menge Diskussionen, wie man sie schneller, effizienter und überhaupt komfortabler machen kann. Siehe e-Scooter. Die Zukunft wird sein, dass man vom eigenen Dach per Drohne abgeholt wird – wenn man denn überhaupt noch irgendwo hinmuss – auch dies ändert sich ja zunehmend. Gearbeitet wird von zuhause, einkaufen geht am Rechner und sogar die Lebensmittel kommen frei Haus. Das alles in naher Zukunft automatisiert, ebenso wie unsere Fortbewegung. Machen wir uns nichts vor: unsere Kinder brauchen sehr bald keinen Führerschein mehr, weil uns selbstfahrende Taxis oder das gleiche als Flieger zuhause abholen und dort hinbringen, wo wir wollen. Ein Stadtbummel der AIDA-Nutzer findet sehr gerne in der Rikscha statt und auf den Berg gibt es Bahn oder notfalls e-Bike. Gehen ist langsam. Gehen ist gefährlich.

Gehen ist sowas von out.

Ich als international verantwortlicher Manager hatte die blendende Idee, ein Meeting mit Teilnehmern aus Südostasien und den USA (neben ein paar Europäern) dafür zu nutzen, einen Ausflug auf eine Alm zu machen. Teambuilding, Sie haben es ja gelesen. Die leichte Variante, also nur hochkommen und was essen. Und es war auch noch die nächste Alm mit dem kürzesten Anstieg im gesamten Alpenraum. 15 Minuten vom Parkplatz bis Terrasse mit Kaiserschmarrn für lauter End-Dreißiger bis Mitt-Vierziger, keiner übergewichtig (was bei Asiaten eh nicht geht). Ganz normale Leute.

Apokalyptische Zustände das Ergebnis. Der Aufstieg verlangte am Ende über 1,5 Stunden, manche meiner tapferen Mitarbeiter behaupteten, so weit hätten sie sich an einem Stück noch nie bewegt, die meisten waren oben fix und alle und benötigten erste Hilfe und fragten – wieder bei Luft - ob wir runter nicht einen Shuttle organisieren könnten. Wie gesagt, wir reden hier von ca. 1 Km Entfernung und 100 Höhenmetern. Gleichzeitig war aber das Feedback drei Tage später unisono über aus positiv. Sowas Tolles hätten sie ja alle noch nie gemacht. Der Wunsch nach Natur und ursprünglichem Erlebnis steht also offensichtlich diametral zur Fähigkeit oder dem Willen, sich dafür auch mal zu bewegen. Und das am besten auch noch regelmäßig.

Und so wundert es denn eigentlich überhaupt nicht, dass die Wanderwege leer sind.

Dem völlig widersprechend klingt zumindest der Trend, dass Wandern total in und die bevorzugte Freizeitgestaltung in Deutschland ist. Das verlangt nach Austobmöglichkeiten für den geneigten Interessenten und wo ein Bedarf ist, folgt auch das Angebot in kürzester Zeit. In diesem Fall geeignete Wege für die Wanderseele. Und nachdem man ja nicht einfach so aufs Blaue losgeht, schießen die qualifizierten Weitwanderwege förmlich aus dem Himmel – inzwischen listet das Deutsche Wanderinstitut – zu diesem noch ein paar Sätze an späterer Stelle – über 600 Wanderwege in Europa auf, die zertifiziert sind. Zertifiziert heißt in diesem Fall, mit Beschreibung, Punktevergabe nach Katalog usw. Erst ab einer Mindestpunktzahl bekommt ein Weg anscheinend das Zertifikat – dass hier inzwischen auch ganz normale Rundwanderwege von nicht mal 10 km Länge so eine

Auszeichnung bekommen, trägt wohl nicht unerheblich zu der Schwemme an tollen Wegen bei. Allein in Bayern gibt es 44 ausgezeichnete Wege – allerdings sind nur 2 jenseits der 100km Distanz, was die Lage wohl eindrucksvoll darstellt.

Ob es die Notwendigkeit gebraucht hat, jeden halbwegs schönen Rundwanderweg inzwischen zu zertifizieren, lasse ich mal dahingestellt. Was mir bei Weitwanderwegen durchaus einleuchtet – wenn ich mich auf eine mehrtägige Route begebe, will ich wissen, was mich erwartet und wie ich die Unterkünfte organisiere. Für Tageswanderungen mit teilweise unter 3 Stunden Gehdauer irgendwelche selbsternannten Siegel zu verteilen. Naja.

Ein Blick in das Impressum des Wanderinstitutes offenbart dann auch, wo die Verantwortlichen ihren Wohnsitz haben und wenn man auf der hessischen Seite nachsieht, sind es hier auch schon rund 120 Qualitätswanderwege. Also von 600 in Europa liegen 20% in direkter Umgebung des Institutes. Wie praktisch. Offensichtlich gehen die Damen und Herren gerne mal vor die Tür und dann wird auch gleich fröhlich loszertifiziert.

Wählt man die Kartendarstellung scheint dann auch alles direkt außerhalb Frankfurts absolut wunderschön zu sein – was ich auch gar nicht abstreiten will. Nun ja. Dumm gelaufen für Schleswig-Holstein, Sachsen, Sachsen-Anhalt, Brandenburg und auch Mecklenburg-Vorpommern: da gibt's rein gar nichts, was Premium-Charakter hätte. Von den Stadtländern würde ich das erwarten – aber Niedersachsen mit drei Wegen liegt nun auch nicht so ganz weit vorne – dabei wäre hier zum Beispiel ein Harz (ok, den fand ich auch nicht toll) und ein Weserbergland – mal von der Lüneburger Heide und anderen Bereichen ganz zu schweigen. Und der Heidschnuckenweg durch die Lüneburger Heide ist entgegen früherer Zertifizierung irgendwie nicht mehr gut. Was die Frage aufwirft, ob hier irgendeine Regel missachtet oder eine Gebühr nicht gezahlt wurde? Oder es ist die simple Konkurrenz zum Deutschen Wanderverband, dessen Internetauftritt allerdings auch nicht mal halb so professionell aussieht. Also ich weiß, wer mich zertifizieren dürfte.

Bei so viel Wanderschönheit fällt die Auswahl zunehmend schwer und selbst wenn jetzt noch zig verschiedene Siegel dazukommen, wird es auf den deutschen Wegen wohl trotzdem nicht voll werden. Denn so viele Menschen von Entschleunigung, Wellnessen und dem „Gegend zu Fuß erkunden" sprechen, so wenige nehmen die Strapazen weiter Wanderungen auf sich. Dann doch lieber mit dem e-Bike auf die Radfernwege, die denn auch entsprechend überlaufen – bzw. -fahren sind. Sehen Sie sich eines schönen Tags mal den Altmühltal-Radweg an oder den Küstenradweg. Das ist eher Autobahn als entspanntes Fahren und es ist nur eine Frage der Zeit, bis Fahrräder mit Adapted Cruise Control ausgerüstet werden, um Auffahrunfälle zuverlässig zu vermeiden.

Als Wanderer kann ich das Erlebnis, mit hunderten anderen in die gleiche Richtung zu fahren, allerdings auch nicht nachvollziehen. Und auch nicht den Umstand, dass auf einem Rad die Natur doch wieder nur vorbeirauscht – keine Chance irgendetwas am Wegrand zu sehen. Einen Fliegenpilz? Never. Oder Brombeeren? Bei Tempo 20 – mit e-bike auch gerne 25 oder 30 – man will ja schließlich bald ankommen – niemals auszumachen. So bin ich auch nicht überzeugt, dass per Rad noch der Weg das Ziel ist – jedenfalls nicht in dem Umfang, wie das eigentlich nur beim Gehen der Fall und gewährleistet ist. Aber dennoch dreht sich die gesamte Mobilitätsdiskussion um mehr oder weniger unterstütztes Fortkommen auf Vehikeln mit Rädern.

Und so wird das eigene Bewegen auf den Füßen als Mittel des Ankommens zunehmend in den Hintergrund treten – wenn nicht ganz verschwinden. Während vor und während des Zeitalters zunehmender Mobilität das Gehen für gewissen Bevölkerungsschichten immer noch ein Mittel zum

Zweck war – ich muss dahin, also bewege ich mich auf meinen eigenen Beinen – so hat es heutzutage diesen Stellenwert nicht mehr und verliert auch zunehmend an Boden. Das Gehen erfordert schlicht zu viel Zeit, um in unserer hochdynamischen schnellen Welt noch einen sinnvollen Beitrag leisten zu können. Als Läufer die Nachricht von Marathon überbringen – heute völlig undenkbar. Wenn er heute mit der Info zu Fuß angekommen ist, hat der entsprechende Twitter Chat schon 3 Millionen Likes.

Die Marktbedingungen diktieren, dass man so schnell wie möglich von a nach b zu kommen hat, alle unsere Diskussionen kreisen um genau dies. Neuer Bahnhof in Stuttgart – 15 Minuten Zeiteinsparung auf der Strecke von x nach y. Reicht für 4,5 Mrd. Investitionen. Plus die 300% Kostenüberschreitungen, die üblicherweise im öffentlichen Bauen stattfinden und zum Zeitpunkt der Entscheidung über ein Projekt noch ordentlich versteckt bei den Verantwortlichen in der Schublade schlummerten. Was teurer? Das haben wir aber echt nicht kommen sehen. Rüffel vom Rechnungshof, na gut. Sonst noch was?

Neue Hochgeschwindigkeitsstrecke von München nach Berlin – Zeit -x – wobei 4:30 Stunden für rund 600Kilometer auch nur ein Durchschnittstempo von 133 km/h ergibt. Ich dachte, die Kisten fahren 300? Diskussion um innerdeutsches Fliegen statt alternativer Fortbewegung – eine Entscheidung über Minutenvorteile.

Die Zulassung und Verbreitung der E-Scooter auf den Straßen birgt zwar immerhin noch die potentielle Nebeneigenschaft, den Autoverkehr zu reduzieren (eine Annahme, die sich wohl zunehmend als nicht korrekt herauskristallisiert) – aber machen wir uns nichts vor – in erster Linie geht es mal um Geschwindigkeit und natürlich auch immer Bequemlichkeit. Denn eigenständiges Gehen verlangt zusätzlich zur vielen Zeit auch zu viel Kraft. Und so ist der neue Hype ums Fahrrad neben einer Beschleunigung im Straßenverkehr und als Mobilitätsinstrument natürlich auch dem geringeren Kraftaufwand geschuldet. Was ist ausdrücklich nicht kritisiere – zumindest, wenn es darum geht, intelligente und umweltfreundlichere Mobilitätsmöglichkeiten zu schaffen. Meine betagten Eltern können nur deshalb noch ausgiebige Radtouren unternehmen, weil sie die Kraft der zwei Herzen in Form einer schönen großen Batterie am Fahrrad haben. Dass damit allerdings einhergeht, dass jetzt Hinz und Kunz im höchsten Unterstützungsgang locker und weitgehend elektrisch die Berghütten erreichen, ist zumindest fragwürdig. Natürlich hab ich lieber einen unverschwitzten Tischnachbarn – aber wo den Strich ziehen?

Gegen den gesellschaftlichen und vor allem natürlich marktwirtschaftlichen Zwang, immer schneller zu werden und unnötige (und das impliziert, dass Transportzeit unnötig ist) Zeit einzusparen, ist mit Gehen/Wandern nicht beizukommen. Man kann mit etwas Training zwar sicherlich noch ein paar Meter drauflegen – aber das bedeutet dann eben 5 Kilometer pro Stunde statt 4 und ist damit noch immer konkurrenzlos langsam gegenüber der nächst schnelleren Alternative. Jogging jetzt mal explizit unterschlagen.

Ein Fahrrad wird mit 10-25km/h – mit e-Unterstützung inzwischen auch gerne 30 – gefahren und im gleichen Bereich liegen denn auch E-Scooter. Wir reden also über den realistischen Faktor 3-8x, den die Mobilität auf Rollen vor dem Gehen liegt. Diesen Faktor aufzuholen ist mit der derzeitigen Technologie nicht absehbar. Vielleicht geht irgendwann Beamen, was das Problem der Fortbewegung ganz grundsätzlich lösen und die Bahn und Lufthansa spontan in den Konkurs treiben würde – oder es gibt irgendwann elektrische Geh- oder Sprunghilfen, die einen vorwärts katapultieren – aber im realistischen Bereich ist beides zumindest im Moment noch nicht. Exoskelette mit solchen Eigenschaften wären aber auch dann auf den Wanderwegen eher selten zu beobachten, denke ich.

Wobei, was der e-biker kann…

Fürs Wandern oder Gehen reduziert sich der Einsatzbereich also weitestgehend auf Freizeit und Sport. Heute schon, noch mehr zukünftig. Also genau die Bereiche, wo es nicht auf die Geschwindigkeit ankommt, weil die Bewegung an sich bereits das Ziel ist und somit in jedem beliebigen Tempo stattfinden kann. Oder genau andersrum, wenn die Bewegung erneut das Ziel ist aber die Geschwindigkeit den Ausschlag gibt, um ein individuelles Ziel zu erfüllen. Gleichzeitig wird der Mensch aber durch die multiplen Möglichkeiten, sowohl den eigenen Körper zu schonen und gleichzeitig bzw. dennoch schnell an ein Ziel zu kommen, weiter die eigene Leistungsfähigkeit reduzieren, was dann auch wiederum die Freizeitgestaltung beeinflussen wird. Die Ermüdung tritt früher ein, die Wege werden kürzer. Während der durchschnittliche Wanderer heute rund 15 Kilometer pro Wandertag hinter sich bringt, werden es wohl zukünftig weniger werden. Schlicht, weil das Training abnimmt und die Verfettung zu.

Im Resultat wird Wandern – wenn es nicht eine neue und nachhaltigere Renaissance erfährt – zunehmend in den Hintergrund treten und eine Randerscheinung bleiben und zunehmend werden. Gehen Sie mal ein paar Etappen auf einem deutschen Qualitätswanderweg wie dem Goldsteig für eine Woche in einem Wandermonat bei gutem Wetter und zählen Sie, wie viele andere Wanderer Ihnen entgegenkommen. Ich habe diesen Selbsttest gerade unternommen und es war 1 Wanderer auf 100km Distanz. Also alle 4 Tage sehen Sie mal jemanden außerhalb der Orte die durchquert werden. Plus diejenigen, die ich nicht sehe, weil sie mit Abstand vor oder hinter mir in die gleiche Richtung gehen sind wir immer noch nur eine Handvoll Freaks. Ich zähle jetzt absichtlich nicht die Spaziergänger mit, die sich auf eine kurze Hunderunde maximal 1 Km von ihrem Auto entfernen. Waren aber auch nicht mehr als 5 an den 4 Tagen.

So viel Platz trotz des Aufwandes, wie ihn Wanderinstitute, Wanderklubs oder Vereine treiben. Verwunderlich.

Nun hat die oben genannte Renaissance vor einigen Jahren ja durchaus eingesetzt. Wandern hat immerhin den Weg vom spießigen Wochenendzeitvertreib von Senioren und einigen anderen Verrückten zu einer akzeptierten – wenn auch nicht unbedingt allseits beliebten – Beschäftigung erfolgreich genommen. Vorbei die Zeiten, als man allgemein belächelt mit Kniebundhosen und roten Socken durch die Gegend stapfte. Es mag nicht jeder die Lust am Wandern teilen – aber wenn man erzählt, dass man im Urlaub oder in der Freizeit ordentlich wandert, ist einem großer Respekt mal ganz sicher. Was einerseits daran liegen könnte, dass in einigen Wandererzählungen immer so ein wenig Abenteuer mitschwingt und natürlich auch darin begründet sein könnte, dass es sich immer noch so wenige vorstellen können, ihre Beine so lange am Stück zu benutzen. Nach 20 Kilometern einer Wanderung sind denn auch 90% derjenigen, die sich überhaupt bewegen, ausgestiegen. An der 20 Kilometer-Linie reden also nur noch 5% der Bevölkerung überhaupt mit und wenn man dann noch die Unschärfe einer Umfrage und den dem Menschen gegebenen Hang zur Übertreibung bzw. Selbstüberschätzung berücksichtigt, wird diese Grenze wohl eher bei 15Kilometern zu suchen sein, hinter der grenzenlose Bewunderung für den tapferen Weitergeher zu finden ist.

Egal, wo genau individuelle Bewegungsgrenzen gezogen werden, Wandern ist hip, was sich natürlich auch am Aufschwung der bunten Outdoorbekleidung bis hin zum Boom ganzer Label, die diesen Trend bedienen, ablesen lässt. Oder vielleicht auch dadurch bedingt wurde. Dabei folgt der viel zitierte Wunsch nach Freiheit und der Traum vom Draußen, vom Wilden, vom Unberührten ja gerne einer romantischen Einbildung und ist denn auch nicht viel mehr als gern genommenes Feigenblatt für den Kauf der schicken 3-Lagen Goretexjacke in Crying Pink. So wie man eben auch ein SUV fährt, weil man mit dem auf einer Wiese nicht ausrutscht – um mal die mildeste Ausrede zu nehmen. Obwohl man erwiesenermaßen niemals eine Wiese auch nur ansatzweise mit dem Reifen berühren wird und das tief in seinem Inneren auch genau weiß. Aber ich könnte, wenn ich wollte. (Und wenn Sie es wirklich in Erwägung ziehen, dann schauen Sie mal, wie schön und schnell ein SUV mit den 245er Superniederquerschnittreifen auf einer nassen Wiese abhaut…)

Ebenso wird die 3-Lagen Regenjacke in aller Regel niemals einen heftigen Wolkenbruch abhalten müssen – und wenn dann in der Fußgängerzone von München, in der man sich nicht schnell genug ins nächste Café retten konnte. Wir alle lieben die Idee, draußen zuhause zu sein – solange der Cappuccino am warmen Kamin nicht weiter als eine halbe Stunde weg ist. Und diejenigen, die uns dieses tatsächlich abenteuerliche Leben in Multimediavorträgen vorführen, müssen es dann aber immer auch gleich kräftig übertreiben, um die Selbstvermarktung erfolgreich zu vollziehen. Auch hier nehme ich mich selbst gar nicht aus, was Sie hier nicht finden, ist mein Zeigefinger. Ich mag jenseits der 20 Kilometer Tageswanderdistanz liegen – aber ich bin weit davon entfernt, dies auf die „back to nature" Tour zu zelebrieren. Abends freudig in ein Zelt zu kriechen, mir auf meinem Esbitkocher einen Tee aufzukochen und dann zufrieden ein mitgebrachtes Wurstbrot zu kauen, bevor ich mich in meinen kuscheligen Schlafsack einrolle und zufrieden unter dem Sternenzelt weg penne. Keine Chance.

Ich will ein Hotel, mindestens 3 Sterne, ein trockenes warmes Bett, eine heiße Dusche und was Schönes zu essen. Und bin damit vermutlich mal wieder voll im Trend, so wie ich eigentlich ständig präzise in den Median des Wanderers bezüglich Alter, Herkunft, Geschlecht und Bildungsstand passe. Eigentlich bin ich selbst der absolut durchschnittliche Wandertyp.

An alle Statistiker: reden Sie einfach mit mir statt 1000 Fragebögen auszuwerten. Ist billiger. Geht schneller und garantiert gleiches Ergebnis.

Ob die oben genannten Wende dann aber neben einer ordentlichen Ankurbelung der Sportklamottenumsätze dafür gesorgt hat, dass die kumulierte Kilometerleistung aller Wanderer in Deutschland deutlich nach oben gegangen wäre, ist zumindest mal zweifelhaft. In einer Statistik der Jahre 2015 – 2019, in denen Personen gefragt werden, ob sie in ihrer Freizeit Wandern, sind die Werte in diesen 5 Jahren nahezu unverändert. Um die 7 Millionen Deutsche wandern häufig, und jeweils ca. 30 Millionen wandern hin und wieder mal oder gar nicht. *

https://de.statista.com/statistik/daten/studie/171162/umfrage/haeufigkeit-von-wandern-in-der-freizeit/

Obige Daten erklären mir dann auch einen Markt von immerhin 37 Millionen Regenjacken, wenn es bei einer bleibt, plus ein paar Millionen, die zwar nicht rausgehen, aber trotzdem so eine High Performance Jacke ganz schön finden. Es erklärt hingegen nicht die Leere auf Deutschlands Wanderwegen. Und bleiben wir für die Rechnung mal komplett im Land. Es gibt in Deutschland laut Internet rund 200.000km befestigter Wanderwege. Ob damit auch naturbelassene Waldpfade eingerechnet werden – ich würde sagen nein, was sicher nochmal 50.000 km dazu bringt. Aber bleiben wir mal bei 200Tkm.

Wenn wir alle hin und wieder und häufig Wanderer (37Mio Deutsche) nehmen und unterstellen, dass häufig wandern 1x die Woche für 7 Stunden und hin und wieder alle 4 Wochen für 7 Stunden unterstellen, dann kommen wir auf rund 5 Mrd. Menschen-stunden pro Jahr auf einem Wanderweg. Geschätzte Strecke pro Stunde 4km für jeden macht 20 Mrd. Wanderkilometer, die pro Jahr in Deutschland von Deutschen angeblich zurückgelegt werden. Eine andere Studie kommt auf einem Mittelwert von 15.2 Kilometern innerhalb von 4.4 Stunden Wanderdauer und ca. 1x monatlich.

Mit den 37Mio Wandernden ergäbe das sogar eine Wanderleistung von rund 30 Mrd. Kilometern pro Jahr. So über den Daumen.

Das deutsche Wegenetz hat eine Kapazität von 876 Millionen Kilometern pro Jahr – bei 12 Stunden Gehbarkeit pro Tag. Im Dunkeln machts ja auch nicht so viel Spaß. Theoretisch teilen sich dann jeden verfügbaren Wanderkilometer rund 23 Leute – also laut Statistik steht alle 50 Meter einer. Beziehungsweise wandert da. In der Praxis ist da aber keiner alle 50 Meter, sondern höchstens alle 50 Kilometer. Was die Statistik schon bei der ersten Belastungsprobe als irgendwie nicht so ganz stimmig erscheinen lässt. Dumm ist, dass die Bezeichnung „häufig" wandern und „hin und wieder" in meiner Quelle nicht ersichtlich sind. Fazit ist und bleibt aber: die Leute sind nicht da, wo sie angeben zu sein – und das wiederum passt natürlich genau zu der oben getroffenen Überlegung.

Wir könnten ja schon alle – allein uns fehlt der Wille.

Genau dieser Wille war vor über hundert Jahren um die Jahrhundertwende wohl einer der treibenden Gründe, die „Wandervogelbewegung" zu gründen. (und die Tatsache, dass dies an meiner Schule, dem Gymnasium Steglitz in Berlin erfolgte, hat eventuell nicht wenig dazu beigetragen, dass ich ebenfalls in diese Richtung abgedriftet bin…).

Die damaligen Beweggründe waren nicht viel anders, als sie heute sind. Zunehmende Industrialisierung der Arbeitswelt, weniger Freizeit und Arbeit, die sicherlich auch weniger körperlich anstrengend wurde in Verbindung mit einer romantischen Ansicht auf die Freiheit fahrender Leute oder wandernder Handwerker Dies führte dazu, dass geneigte und am wandern interessierte Berliner o.g. Verein gründeten. Wobei es sich hier weniger um einen Klub von Spinnern handelte, die ebenso auch einen Hundeclub hätten gründen können, solange der Besitzer nur pro Tag 5 Kilometer mit dem Vierbeiner ginge. Tatsächlich standen die Aspekte Freiheit, Natur und körperliche Anstrengung durchaus im Zentrum der Überlegungen und Freizeitbeschäftigungen. Wanderfahrten, die organisiert wurden, waren nicht selten mit erheblichen Entfernungsleistungen verbunden – mehrtägige Wanderungen zu 40 Kilometern pro Tag eher Regel als Ausnahme. Der Begriff des „Klotzens" beim Gehen war denn vielleicht auch nicht in der Satzung festgeschrieben aber dennoch sinnstiftend. In Kombination mit einem strikten Alkoholverbot war dies also weniger eine „wirgehenmalzusammenaufeinehütte" Gruppe als eine Vereinigung, die das Gehen und Wandern an sich in den Vordergrund stellte. Immerhin traf man mit diesem Ansatz durchaus den Nerv der Zeit und der Gründung im Jahr 1901 folgte eine rasante Ausbreitung über das gesamte Bundesgebiet – gefolgt von einem ebenso schnellen Fall in die Bedeutungslosigkeit. In diesem Fall interne Differenzen um Details und Führung – verstärkt durch externe Ereignisse, wie zwei Weltkriege und politische Entwicklungen.

Einer Spaltung des Wandervogels in zwei Vereine bereits nach 3 Jahren folgte die weitgehende Auflösung am Vorabend des ersten Weltkrieges und nach einer Phase etwas weniger organisierten Aufblühens in der Zwischenkriegszeit folgte die Übernahme der Idee durch das NS-Regime und die Übernahme in die HJ. Und damit wars dann auch vorbei mit Wandern, denn ab da wurde marschiert, schön in Reih und Glied und Uniform und mit Fahnenträger vorneweg. Aus dem selbstbestimmten Gehen eines Einzelnen, der sich trotzdem einer Gruppe Gleichgesinnter zugehörig und verpflichtet fühlte, wurde uniformer Gleichschritt.

Wobei dann auch der Kreis zu meinem Kapitel über das Militär geschlossen wäre.

Das moderne Wanderinstitut hat mit solchen Einlassungen von vor hundert Jahren nicht allzu viel gemein. Vielleicht verbindet beide Gründer noch die Freude an der Natur, am Gehen und der Freiheit, aber das Wanderinstitut nähert sich aus einer ganz anderen Richtung. Der Wandervogel ging einfach los, um Wandererfahrungen zu machen.

Das WI will erstmal die Wandererfahrung zuverlässig verschönern, um uns dadurch das Losgehen schmackhaft zu machen und natürlich zu erleichtern. Die Sache ist also ehrenhaft, ist doch am Wandern grundsätzlich nichts Negatives zu finden. Außer vielleicht, dass man immer weniger vor der Tür losgeht, sondern erstmal einige Kilometer mit dem Auto den eigenen CO_2-Fußabdruck füttert, bevor man sich ökologisch wertvoll fortbewegt. Und daran, liebes Wanderinstitut seid Ihr natürlich nicht schuldlos.

Wie immer in Deutschland, wenn wir was anpacken, tun wir es grundsätzlich (man könnte es auch kompliziert nennen) und planerisch wird nichts dem Zufall überlassen. Wo sonst in der Welt findet man ein Institut, was sich hauptamtlich mit der Zertifizierung von Wanderwegen beschäftigt und dazu auch noch einen Wikipedia Fachbegriff für die Lehre vom Weg? Eben, sowas geht nur hier.

Dementsprechend gibt es auch nur hier eine wissenschaftlich fundierte Werteskala, wie Wege zu beurteilen sind und an der hat sich der deutsche Qualitätswegaspirant messen zu lassen. Das ist umso interessanter, als auf Studien, die auf der eigenen Homepage des Wanderinstituts veröffentlicht werden, nur 10-20% der befragten Wanderer angeben, dass ein Zertifikat ihre Entscheidung für oder gegen einen bestimmten Weg beeinflusst. Also quasi die Mitteilung, dass es sich hier ja um ein nettes Hobby handelt, aber die eigene Entscheidung von anderen Kriterien abhängt. Überragend wichtig für die Entscheidung zu einem Weg sind denn auch Natur, die schiere Möglichkeit irgendwas zu machen und Ruhe – was damit auch die generelle Motivation für den geneigten Wanderer und Zweck der Wanderung an sich sein dürfte, damals wie heute.

Ich will in die Natur.
Ich will mich bewegen.
Ich möchte bitteschön meine Ruhe dabei.

Heute also nicht anders als vor hundert Jahren, Institut hin oder her, mit Zertifikat oder ohne. Einfach raus und bewegen. So einfach. Und dann eben doch nicht so out, wie eingangs erwähnt, auch wenn's für den Weg zur Arbeit wohl nicht mehr reichen wird.

Der Weg war aber ja immer schon irgendwie das Ziel. Ich für meinen Teil hoffe, das ändert sich auch nicht.

VIERUNDZWANZIG

Ausrüstung & Tipps

Schuhwerk

Es ist nichts Neues, dass zuallererst das Schuhwerk, also der Teil, der die Verbindung zwischen eigenem Körper und dem Untergrund herstellt, genannt wird. Gut eingelaufen muss er sein, wasserdicht und atmungsaktiv und so weiter.

Ich wandere seit Jahren in Outdoor-Halbschuhen. Knöchelfrei. Dabei entsprechen vor allem die Salomon X-Ultra GTX genau meinem Fuß. Die gibt's neben den hippen bunten Varianten vor allem in einer überaus soliden Ledervariante, die mich zuverlässig über die 1200 Kilometer gebracht hat. Am Ende hatte der Schuh sogar noch etwas von seinem überaus hilfreichen groben Sohlenprofil übrig, außerdem war er ebenso wasserfest wie anfangs. Und auch wenn ich mich in meiner Einleitung über den Schuh und seinen Produzenten lustig mache – ich glaube nicht, dass irgendein wandertauglicher Schuh (was Gummistiefel ausdrücklich ausschließt) hier trocken gehalten hätte.

Außerdem mag ich das Kabelzugsystem, was einem ermöglicht, auch mit quasi offenen Schuhen zu gehen, wenn es mal nicht drauf ankommt. Den Sinn von Trekkingstiefeln außerhalb der Alpen oder höheren Mittelgebirgen hat mir noch niemand zu vermitteln gewusst. Ok, man kann schlechter umknicken. Aber letztlich geht es in Deutschland zu 99% auf Wald- oder Forstwegen dahin. Oder asphaltiert. Da brauchts das Extragewicht und das Weniger an Abrollkomfort nicht wirklich.

Stöcke

Glaube ich außerhalb des Hochgebirges nicht dran, ebenso wie ich dieses Geklapper der Nordic-Walking-

Gruppen verabscheue. Zum Glück ist dieser Trend langsam aber sicher tot. Wanderstöcke haben in meinen Augen drei mögliche Grundaufgaben: (a) den Druck auf Kniee zu mindern (bergab) (b) sich vorwärts zu schieben (bergauf) und (c) zu stabilisieren oder balancieren (bergauf, bergab und wenn es rutschig oder steinig wird. All das ist auf einem Weitwanderweg nicht gegeben. Also sind Stöcke nur noch Gewicht. Wenn Sie es trotzdem brauchen, dann aber bitte 2 Teleskopstöcke und nicht so einen Hirtenstab.

Rucksack

Je größer der Rucksack, desto eher machen Sie ihn mit unnötigen Dingen voll – die Sie dann wieder schleppen müssen. Nach diesem Grundsatz reichen je nach individuellem Bedürfnis 35-50 Liter für den Weitwanderer locker aus. Achten Sie auf ein Tragesystem, welches sich in der Höhe Ihrer Statur anpassen lässt. Wichtiger als die Schulterriemen ist der Beckengurt. Das Becken ist in der Lage, ungleich mehr Gewicht als die Schultern zu tragen. Er muss so eingestellt sein, dass die Hauptlast des Rucksackes hier liegt und die Schultern zwar nicht nur ausgleichen aber doch wesentlich weniger tragen. Der Brustgurt zum Verbinden der Schultergurte ist nicht nur Zierde, sondern verhindert ein Abrutschen der Schultergurte und ist insofern ein Muss. An Deuter ist auf dem Rucksackmarkt kaum vorbei zu kommen – ich konnte und wollte es nicht - aber natürlich sind auch die anderen Hersteller nicht auf der Brennsuppe daher geschwommen.

Kleidung

Einer der überflüssigsten Punkte in jedem Wanderratgeber. Probieren Sie es aus. Zwiebelprinzip haben Sie bereits gehört und letztlich lieber eine Tube Waschmittel dabei als nochmal zwei T-Shirts. Die Kunst ist, mit dem, was in den Sack passt, auszukommen. Nicht zu unterschätzen ist die alte Regel, dass Sie vor allem mal trocken bleiben sollten.

Das gilt zuallererst für die Socken. Neben einem Wohlgefühl, was mit trockenen Socken einhergeht, ist es schiere Überlebensstrategie. Mit nassen Füßen ist es nur ein (Achtung: Knallerwortspiel...) kurzer Schritt zur Blase oder Schlimmerem. Also immer Socken wechseln, wenn sie nass sind. Moderne Fasern sind in der Lage einiges an Feuchtigkeit aufzunehmen und abzuleiten – in Zusammenspiel mit dem GTX-Schuh.

Ein weiterer Bereich, der eher selten explizit genannt wird, sind die Oberschenkel. Es könnte ein Männerproblem sein, aber ein Wolf – also aufgescheuerte Oberschenkel, wo beide an einander reiben – sind ein Killer und schwer wieder in den Griff zu kriegen, wenn er erstmal da ist. Falsche Unterhosen oder Hosen, etwas Schweiß und schon rubbelt es los. Ich bevorzuge lange Sport-Boxershorts, die deutlich die Masse des Oberschenkels abdecken.

Regen
ist in Deutschland – außer im Sommer 2018 – eigentlich immer vorhanden und eigentlich immer irgendwie blöd. Denn egal was man dazu anzieht, wenn es richtig regnet, wird man auch richtig nass. Goretex verzögert den Effekt, aufhalten kann er ihn nicht. Der Unterschied ist letztlich, in welchem Wasser man steht, im Äußeren oder im Eigenen. Wenn es nur nieselt und nicht zu warm ist, empfehle ich eine leichte Goretex-Jacke. Bei heftigerem Regen und oder kalten Temperaturen greife ich zum Poncho. Hier die Empfehlung für einen, der auch über den Rucksack geht. Der hält den Regen weitestgehend ab – allerdings ist es darunter eben gerne so irgendwie nicht warm und nicht kalt und immer trotzdem feucht. Blöd ist das Anziehen als Alleinwanderer, weil das Ding immer irgendwie am Rucksack hängen bleibt und das Ausziehen dann auch wieder wegen des identischen Rucksackes. Dann bitte keine Gewalt, sonst ist der Poncho gerne ein Poncho mit mehr als einem Loch.

Orientierung & Web …das Zeitalter der Papierkarten neigt sich eigentlich dem Ende – auch wenn anscheinend noch immer 50% der Wanderer zur Karte greift. Nachvollziehbar, weil auch ich noch immer kein vergleichbar gutes Medium entdeckt habe, was sowohl das große Ganze als auch das Detail dessen, wo man gerade steht, abdeckt. Nun bin ich ein Karten- und Orientierungsfreak und weiß zufällig immer genau, wo ich bin. Für solche unter Ihnen, die diese Fähigkeit bedauerlicherweise nicht aufbieten können, bietet sich tatsächlich ein Smartphone mit der richtigen App an.

Ich nutze entweder Outdoor Navigation Pro oder den Dienst von Outdoor-Active. Letzterer hat jetzt auch die Funktion, eine Wanderroute von (a) nach (b) auszusuchen, bei der man nicht wie bei Google Maps über alle Straßen der Welt geschickt wird. Hier werden jetzt anscheinend alle verfügbaren Wege und Steige genutzt und der kürzeste gewählt. Leider haben die Kollegen den ursprünglich kostenlosen Dienst inzwischen in eine richtig teure Variante verwandelt – mit rund 30 EURO monatlich (!) ist man dabei und erhält Wanderweg Overlays zu den Karten. Damit bin ich raus – aber entscheiden Sie selbst.

In Navigation Pro legt man sich eine Linie vom Start zum Ziel und sieht zu, sie irgendwie im Blick zu behalten und die Wege selbst drumherum zu suchen. Puristischer – reicht aber im Endeffekt völlig aus.

Außerdem eine schöne Variante für Karten- und Wanderwegfreaks ist die App von Kompass, auf der alle markierten Wanderwege Deutschlands auf einer Topokarte abgebildet werden. Gekaufte Karten kann man hinterlegen und online ansehen und danach navigieren – alle nicht gekauften kann man zumindest für 10 Minuten im besten Detail ansehen – das reicht für kurze Navigation per Wanderweg. Zusätzlich gibt's eine Downloadfunktion, mit der Sie Kartenausschnitte im WLAN herunterladen können und dann recht zuverlässig auch ohne Netz navigieren können. Denn GPS geht fast immer. Die SW bietet auch eine Orientierungs-funktion mit der das System den kürzesten Wander(!)weg zwischen mehreren Punkten suchen lassen können. Also nicht wie Google Maps, was zuverlässig die dicksten Stra-ßen aussucht. Inklusive Höhenangaben und Zeitberech-nung. Inzwischen mein Mittel der Wahl.

Bei jeder Navigation mit Handy folgenden wesentlichen Punkte nicht vergessen:

a)   Power. Ohne zusätzliche Powerbank kommen Sie je nach Handy nicht viel weiter als 4-5 Stunden mit Naviga-tion. Also entweder rechtzeitig eine Steckdose ansteuern o-der diese paar hundert Gramm zusätzlich mitnehmen. Aus-nahme: die Kompass-App mit meinem XPERIA hält rund 12 Stunden.

b)   Die Elemente haben mit Ihnen in aller Regel kein Einsehen, wenn Sie gerade versuchen, ihren Standort zu be-stimmen. Wasserabweisend – wenn nicht sogar -fest sollte das Gerät schon sein. Oder Sie versuchen's halt mal unter dem Poncho. Auch lustig.

c)   Immer, wenn man es am meisten braucht, hat das Navi gerade kein Netz. Oder nur das E von LTE. Somit geht zwar die GPS Standortermittlung – hilft nur nix, wenn die Karte nicht lädt. Nachdem die zuständige Staatsministerin eher von Flugtaxis oder Drohnen schwärmt, sehe ich nicht, dass sich diese Situation in den kommenden Jahren ändern wird. Nehmen Sie es gelassen, denn wenn Sie schon nicht wissen, wo Sie sind, wird die Situation sicherlich auch nicht wesentlich besser, wenn Sie Ihr Handy in den Wald feuern. Wobei…vielleicht befreit es.

Wenn es Ihnen doch passiert ist, umarmen Sie am Besten gleich noch einen Baum, wo Sie schon in Schwung sind und dann per Sonnenstand weiter.

Gutes Gelingen wünsche ich jetzt. Und nehmen Sie Sich selbst nie zu ernst.

Start - kurz hinter Rimsting

Wanderwegskollege

Kategorie 3

2. Tag

4. Tag

6. Tag

Hinter Abensberg

Im Altmühltal

Burg Prunn Blick

Tag 10

Wasserkuppe

E6 – im Nirgendwo

Vor Duderstadt

Harzautobahn

40km Goslar - Wolfenbüttel

Deutsche Teilung

Wandern im Norden

An der Milde

Entlang der Jeetzel

Wandersommer

Kurz vor Ventschow

Markgrafenheide – Letzter Abend

Vorabendzielfoto

Ziel: Dierhagen – 12°33′81′′E